普通高等学校"十四五"规划智能制造工程专业精品教材
中国人工智能学会智能制造专业委员会规划教材

数字孪生基础
—— 体系、建模与系统集成

Fundamental of Digital Twin
—System, Modeling and System Integration

鲍劲松　编著

华中科技大学出版社
中国·武汉

内 容 简 介

本书面向智能制造领域的本科生高年级专业课,既包括数字孪生的理论模型,也包括其实际应用,全面系统地介绍了数字孪生的基本概念、参考模型、相关定义、建模方法和系统集成。

本书共分为9章,每一章都从不同的角度介绍和探讨了数字孪生的关键要素和研究方法。首先,概述章节将带领读者了解数字孪生的概念、发展历程和应用领域,为后续章节的学习打下基础。其次,系统建模基础、几何建模和机理建模章节将深入介绍数字孪生系统建模的基本原理和方法。随后,数据驱动模型、系统集成和控制系统章节将探讨数字孪生系统中数据管理、系统集成和控制策略的关键问题。最后,数字孪生可视化和数字孪生系统开发章节将介绍数字孪生在可视化展示和实际应用中的具体方法和案例。

本书可作为开设了"数字孪生技术"课程(理论学习32学时和课程设计16学时)的机械类和自动化等专业本科生教材,也可供数字孪生的初学者参考。

图书在版编目(CIP)数据

数字孪生基础:体系、建模与系统集成 / 鲍劲松编著. -- 武汉:华中科技大学出版社,2024.6.
(普通高等学校"十四五"规划智能制造工程专业精品教材). -- ISBN 978-7-5772-0988-3
Ⅰ. F407.4-39
中国国家版本馆CIP数据核字第2024MF0953号

数字孪生基础——体系、建模与系统集成　　　　　　　　　　　　　　鲍劲松　编著
Shuzi Luansheng Jichu——Tixi、Jianmo yu Xitong Jicheng

策划编辑:万亚军	
责任编辑:罗　雪	
封面设计:原色设计	
责任监印:朱　玢	
出版发行:华中科技大学出版社(中国·武汉)	电话:(027)81321913
武汉市东湖新技术开发区华工科技园	邮编:430223
录　　排:华中科技大学惠友文印中心	
印　　刷:武汉市洪林印务有限公司	
开　　本:787mm×1092mm　1/16	
印　　张:14.75	
字　　数:387千字	
版　　次:2024年6月第1版第1次印刷	
定　　价:59.80元	

本书若有印装质量问题,请向出版社营销中心调换
全国免费服务热线:400-6679-118　竭诚为您服务
版权所有　侵权必究

前　言

数字孪生作为近年来兴起的一项综合性技术，正在深刻地改变着我们对于设计、制造和运营的理解。它将虚拟世界与现实系统紧密结合，为我们提供了一种全新的方式来理解和优化复杂系统的行为和性能。本书旨在为本科生提供数字孪生的基础知识和方法，帮助他们快速入门并掌握这一领域的核心概念和技术。

全书共分为9个章节，从数字孪生的发展、定义、组成和系统开始，以数字孪生在不同制造业场景中的应用为出发点，深入给出数字孪生系统建模基础，讲解了数字孪生的数学描述、面向对象的建模方法、语义描述语言和系统建模语言等内容。第3章是数字孪生几何建模，介绍了三维几何建模、三维场景建模以及常用的三维文件格式和建模工具。然后分两章重点介绍数字孪生机理模型和数据驱动模型，讲解了经典的机理建模方法、数据分析模型、时序数据建模和各种数据驱动模型。在第6章给出了数字孪生系统集成，详细介绍数据集成、模型集成、全生命周期应用集成以及数字孪生系统的开发方法。在数字孪生控制系统章节，给出了数字孪生控制的定义、组成和典型控制模式，以及数字孪生控制的方法。第8章和第9章是数字孪生可视化和系统开发，概述了三维场景可视化、信息可视化和科学计算可视化，以及数字孪生的可视化交互，并给出了一个锂电池数字孪生的案例实现。

本书可作为开设了"数字孪生技术"课程（理论学习32学时和课程设计16学时）的机械类和自动化等专业本科生教材，也可供数字孪生的初学者参考。

数字孪生是一个综合性技术的综合体，在一本书中将各种技术全面涵盖是一项艰巨的任务。当前面向本科生的数字孪生教材相对较少。这些现实情况促使我着手编著此书。本书讲义仅经过两年的本科生教学实践，目前出版成书，诚惶诚恐。在此，我要衷心感谢北京航空航天大学陶飞教授，广东工业大学刘强教授，西北工业大学王军强教授，山东大学胡天亮教授，北京理工大学刘检华教授，东南大学刘晓军教授、刘庭煜教授，西安交通大学徐俊教授、孙铮教授，上海交通大学郑宇教授，大连理工大学孙清超教授，浙江大学彭涛副教授，新西兰奥克兰大学徐洵（Xun Xu）教授、陆玉前（Yuqian Lu）博士，以及香港理工大学郑湃教授等的鼓励和指导。同时，我还要特别感谢刘世民博士、刘天元博士和我的博士研究生孙奕程、仝小东、张祺、温晓健帮助准备材料和校订意见，他们的辛勤工作和专业知识为本书出版提供了重要保障。最后，还要感谢东华大学智能制造专业2022级、2023级同学在使用讲义后反馈的大量意见。

显然，本书还有很多不足之处。数字孪生的快速发展使其涉及的领域日新月异，本书所涵盖的内容不全面，管中窥豹。另外，本书在追求覆盖面的同时可能导致理论深度不足。希望读者在阅读过程中能够积极思考、批判性地思维，并与实际应用相结合，以深入了解和探索数字孪生的无限潜力。

鲍劲松
2024年2月于上海

二维码资源使用说明

本书数字资源以二维码形式提供。读者可使用智能手机在微信端下扫描书中二维码,扫码成功时手机界面会出现登录提示。确认授权,进入注册页面。填写注册信息后,按照提示输入手机号,点击获取手机验证码。在提示位置输入 4 位验证码成功后,重复输入两遍设置密码,选择相应专业,点击"立即注册",注册成功。(若手机已经注册,则在"注册"页面底部选择"已有账号? 立即注册",进入"账号绑定"页面,直接输入手机号和密码,系统提示登录成功。)接着刮开教材封底所贴学习码(正版图书拥有的一次性学习码)标签防伪涂层,按照提示输入 13 位学习码,输入正确后系统提示绑定成功,即可查看二维码数字资源。手机第一次登录查看资源成功,以后便可直接在微信端扫码登录,重复查看资源。

若遗忘密码,读者可以在 PC 端浏览器中输入地址 http://jixie.hustp.com/index.php?m=Login,然后在打开的页面中单击"忘记密码",通过短信验证码重新设置密码。

目 录

第1章 概述 (1)
  1.1 数字孪生简介 (1)
  1.2 数字孪生的发展与定义 (1)
  1.3 数字孪生参考模型 (10)
  1.4 数字孪生的系统与组成 (15)
  1.5 数字孪生系统成熟度 (21)
  1.6 数字孪生的工业应用场景 (25)
  习题 (29)
  参考文献 (30)

第2章 数字孪生系统建模基础 (31)
  2.1 前言 (31)
  2.2 数字孪生的数学描述 (32)
  2.3 数字孪生系统建模基础 (37)
  2.4 数字孪生建模语言 (48)
  2.5 基于资产管理壳的建模体系 (52)
  2.6 基于AIGC的新一代建模 (57)
  习题 (59)
  参考文献 (59)

第3章 数字孪生几何建模 (60)
  3.1 概述 (60)
  3.2 三维几何建模 (60)
  3.3 三维场景建模 (65)
  3.4 常见三维文件格式 (69)
  3.5 常用开发工具 (74)
  习题 (76)
  参考文献 (76)

第4章 数字孪生机理模型 (77)
  4.1 概述 (77)
  4.2 数学模型 (83)
  4.3 计算机仿真模型 (89)
  4.4 多学科机理模型 (105)
  4.5 定性规则/专家系统 (109)
  4.6 下一代数字孪生机理模型展望 (115)
  习题 (116)
  参考文献 (117)

第 5 章　数字孪生数据驱动模型 (118)
5.1　概述 (118)
5.2　经典的数据驱动模型 (126)
5.3　时序数据驱动模型 (133)
5.4　图类型数据驱动模型 (141)
5.5　数字孪生数据驱动模型典型案例 (143)
5.6　展望 (152)
习题 (154)
参考文献 (155)

第 6 章　数字孪生系统集成 (156)
6.1　概述 (156)
6.2　数据集成 (157)
6.3　模型集成 (172)
6.4　全生命周期应用集成 (176)
6.5　数字孪生系统开发 (178)
习题 (182)
参考文献 (182)

第 7 章　数字孪生控制系统 (183)
7.1　概述 (183)
7.2　定义与组成 (183)
7.3　典型的控制模式 (185)
7.4　数字孪生控制方法 (187)
习题 (194)
参考文献 (194)

第 8 章　数字孪生可视化 (196)
8.1　概述 (196)
8.2　三维几何场景可视化 (198)
8.3　信息可视化 (201)
8.4　科学计算可视化 (207)
8.5　数字孪生的可视化交互与融合 (216)
习题 (218)
参考文献 (218)

第 9 章　数字孪生系统开发 (220)
9.1　makeTwin:数字孪生工业软件参考架构 (220)
9.2　案例实现 (221)
9.3　课程设计 (230)
参考文献 (230)

第1章 概　　述

1.1　数字孪生简介

数字孪生(digital twin,DT)是近年来备受关注的热点技术。2016年国际权威信息技术研究公司Gartner将数字孪生引入十大战略科技发展趋势,2021年数字孪生被列入我国"十四五"规划。简单来讲,数字孪生是构建物理实体的一个或多个数字化替身(模型),使得这个数字化模型能够无限接近真实的物理实体。数字孪生是动态映射、动态演化的,支持动态交互,如图1-1所示。当前制造业生产和管理模式正在发生根本性的变化,资产密集型行业正在逐渐向数字化转型,以颠覆性的方式改变了生产模式。数字孪生针对制造过程的各种要素,如资产、设备、设施和流程等提供了一个综合型的全息数字视图,加快了数字化转型的进程。数字孪生前景非常广阔,随着物联网、大数据和人工智能等技术的发展,数字孪生应用将渗入制造业的血液,变得更加强大和智能化。同时还会在其他领域(如城市管理、医疗健康等领域)发挥重要作用,为企业和社会带来更高的效率、更好的决策和更好的用户体验。本书关注制造业中数字孪生的基础理论和技术,探索数字孪生用于产品设计、生产、设备维护等方面的建模方法、集成技术。

图1-1　数字孪生简图

1.2　数字孪生的发展与定义

1.2.1　数字孪生的发展

数字孪生的提出其实由来已久,当前行业内对谁先提出这个概念还是存在一些争议。

2002年Michael Grieves教授在美国密歇根大学产品生命周期(PLM)中心成立的演讲中提出PLM概念模型,并提出"与物理产品等价的虚拟数字化表达"概念。当时"Digital Twin"一词还没有被正式提出。在该设想中数字孪生的基本思想已经有所体现,即在虚拟空间构建的数字模型与物理实体交互映射,忠实地描述物理实体全生命周期的运行,如图1-2所示。

2011年3月,美国空军研究实验室(AFRL)的P. A. Kobryn和Eric J. Tuegel发表论文 *Reengineering aircraft structural life prediction using a digital twin*,明确提到了数字孪

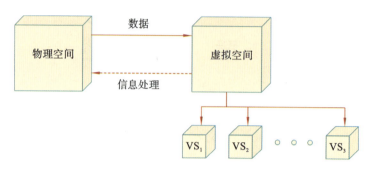

图 1-2　M. Grieves 提出的 PLM 概念模型

生,并探索了数字孪生在飞行器健康管理中的应用。这个研究来源于 AFRL 2009 年的"机身数字孪生"项目。美国航空航天局(NASA)在 2010 年也提出"Digital Twin",在技术路线图的第十一部分中将数字孪生定义为"一个数字孪生,是一种集成化了的多种物理量、多种空间尺度的运载工具或系统的仿真,该仿真使用了当前最为有效的物理模型、传感器数据的更新、飞行的历史等等,来镜像出其对应的飞行当中孪生对象的生存状态"。

其实在更早之前已经出现了利用数字孪生研究物理对象的核心理念,NASA 在 20 世纪 60 年代太空探索任务中就率先使用了类似的数字孪生技术。NASA 研制了阿波罗 13 号的模拟器,这是一套极其完整、高精度的模拟仿真系统,由多台计算机联网组成庞大系统,包含了阿波罗 13 号的所有核心部件,以及用于培训宇航员和任务控制人员的全部任务操作,涵盖了多种故障场景的处理流程。NASA 将阿波罗 13 号当前的配置状态,按质量、重心、推力等参数输入模拟器,再安排后备宇航员在模拟器中进行操作演练,对每一个操作的可行性进行充分验证。NASA 的数字孪生,基于其之前的宇航任务实践经验,以及未来的宇航任务要求,极其重视仿真的作用。

国内的数字孪生相关研究也很早,上海交通大学严隽琪、金烨、马登哲教授等从 1999 年起展开虚拟制造和虚拟样机技术研究,提出了全息产品模型。作者在该模型指导下建立了月球车全息产品模型,融合了仿月表实物环境、月球车实物样机和虚拟数字化样机,通过虚实融合,以半实物仿真的方式进行月球车的探索任务验证,如图 1-3 所示。

2004 年中国科学院自动化研究所的王飞跃研究员发表了《平行系统方法与复杂系统的管理和控制》的文章,首次提出了平行系统的概念。平行系统(parallel systems)与数字孪生系统非常相似,是指由某一个自然的现实系统和对应的一个或多个虚拟或理想的人工系统所组成的共同系统。通过现实系统与人工系统的相互连接,对二者之间的行为进行实时的动态对比与分析,以虚实互动的方式,完成对各自未来的状况的"借鉴"和"预估",人工引导现实,现实逼近人工,达到有效解决方案的提出以及学习和培训的目的。

2017 年北京航空航天大学(简称北航)陶飞教授发起了一场国内数字孪生学术会议,随后率先在国际上提出了五维数字孪生模型,并在 Nature 杂志上发表了数字孪生论文,极大地推动了国内数字孪生的快速发展。近年来,数字孪生在国内得到了越来越广泛的传播,这一发展得益于中国智能制造的迅速推进,以及物联网、大数据、云计算和人工智能等新一代信息技术与数字孪生的紧密融合。目前,数字孪生不仅在航空航天领域得到应用,还在电力、船舶、城市管理、农业、建筑、制造、石油天然气、健康医疗和环境保护等多个行业得到广泛应用。数字孪生的应用已经超越了传统的领域限制,成为各个行业提升效率、优化运营和改进决策的有力工

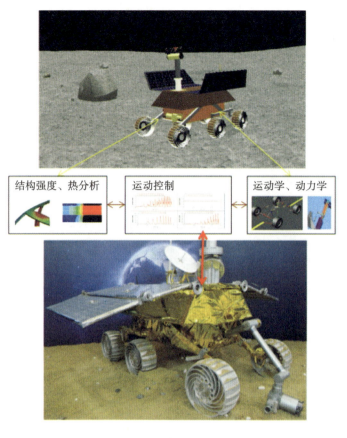

图 1-3 月球车虚拟样机

具。通过数字孪生,企业和组织可以实时模拟和监测实体的状态和行为,预测可能发生的问题,并进行优化和改进。这不仅可以提高生产效率和质量,还可以减少风险和成本,推动行业的可持续发展。

有人批评数字孪生并没有什么新技术,只是"新瓶装旧酒"。的确,数字孪生的发展是在信息化和计算机通信等数字技术的推动下逐步进行的。在数字孪生出现之前,已经存在一系列相关的数字化技术,如计算机仿真、虚拟样机、数字样机等。但是,数字孪生不仅仅是将旧有技术进行简单重复,而是在技术整合、实时性、应用范围和创新发展等方面展现了自身的独特性和价值。数字孪生在当前大数据和人工智能快速发展背景下,作为一种更加综合和高级的数字化技术逐渐崭露头角。数字孪生通过将物理实体与虚拟世界进行动态映射和交互,实现对实体全生命周期的综合性管理和优化。相比于传统的数字化技术,数字孪生更加注重虚实融合,提供更全面、更保真的模型和分析,为各行各业提供了新的思路和方法。

1.2.2 数字孪生的定义

数字孪生,英文为 Digital Twin,也被称为数字双胞胎,目前业界定义很多,还没有一致的定义,常见的数字孪生定义见表 1-1。

表 1-1 常见的数字孪生定义

机构		定义描述
国际组织	国际数字孪生联盟（DTC）	数字孪生是现实世界实体和流程的虚拟表示，并以指定的频率和保真度同步
	国际标准化组织（ISO/IEC）	ISO/IEC 30173 标准：数字孪生是具有数据连接的指定物理实体或过程的数字化表达，该数据连接可以保证物理状态和数字状态之间的同步收敛
	美国国家标准局（NIST）	数字孪生是物理实体的数字表示，基于物联网（IoT）和传感器数据创建。它监控物理世界的操作，控制物理实体，测试虚拟任务，预测物理实体的未来行为，并支持决策
国际公司	IBM	数字孪生是某一对象或系统全生命周期的虚拟再现，根据实时数据进行更新，并利用模拟、机器学习和推理来辅助决策
	麦肯锡	数字孪生是物理对象、人或流程的数字表示，其背景是其环境的数字版本。数字孪生可以帮助企业模拟真实情况及其结果，最终让企业做出更好的决策
	Gartner	数字孪生是现实世界实体或系统的数字呈现。数字孪生的实现是一个封装的软件对象或模型，它反映了一个独特的物理对象、流程、组织、个人或其他抽象概念。来自多个数字孪生体的数据可以进行汇总，以获得现实世界中多个实体（如发电厂或城市）及其相关流程的综合视图
	西门子	数字孪生是物理产品或流程的虚拟呈现，用于了解和预测物理对应物的性能特征。数字孪生贯穿产品全生命周期，用于模拟、预测和优化产品和生产系统，然后再投资于物理原型和资产
学术界	亚琛工业大学系统工程研究所	数字孪生包括一组系统模型和一组数字阴影，两者都有目的地定期更新，以及提供一组服务来有目的地使用两者相对于原始系统的服务
	国内学术界	数字孪生是以数字化方式创建物理实体的虚拟实体，借助历史数据、实时数据以及算法模型等，模拟、验证、预测、控制物理实体全生命周期过程的技术手段
	作者	数字孪生是物理世界的 1 到 n 个非同构映射，是具有多尺度模型、多维数据、多层次组织的复杂组合体，是随物理世界任务变化而动态演化的新型数字系统

综合来说，数字孪生概念简单说就是构建一个物理实体的数字化替身（模型），让这个数字化模型无限接近真实的物理实体，而且要能够结合这个物理实体的应用场景，进行虚实融合、高度交互、全息仿真、预测优化。

1.2.3 数字孪生相似概念

1. 数字化模型

数字化模型的概念比较宽广，这里特指在计算机上表达的机械产品整机或子系统的数字化模型，大致分为以下三个典型阶段模型。

1) 三维 CAD 模型

三维 CAD 模型是在计算机上表达的机械产品整机或子系统的三维数字化几何模型，它与真实物理产品之间具有 1∶1 的比例和精确尺寸表达，其作用是表达物理产品的形貌、结构和组成。三维CAD模型是包括产品数据内容、关系及活动过程的三维信息模型,用以定义和表达产品全生命周期中的产品资源。三维CAD模型是数字化的基础,也是后来MBD(基于模型的设计/定义)、MBE(基于模型的企业)、MBSE(基于模型的系统工程)等现代数字工程的基础,作为传递数字量的核心载体。

2) 仿真模型

1966年Naylor等人给出仿真(simulation)的定义:仿真是对真实场景建立数字化模型,并可在该模型上进行试验。国内学者普遍认为仿真就是在计算机上或(/和)实体上建立系统的有效模型(数字的、物理效应的或数字-物理效应混合的模型),并在模型上进行系统试验。人们经常把仿真和数字孪生混淆,它们有许多相似之处,但也有一些重要区别,如图1-4所示。

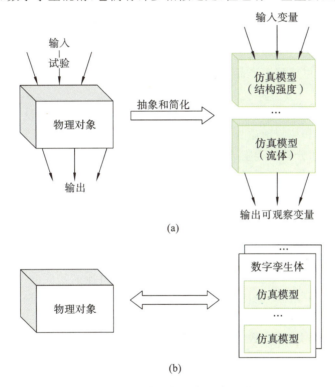

图1-4 仿真与数字孪生的区别

(a)仿真示意图;(b)数字孪生示意图

数字孪生和仿真都是通过创建虚拟模型来研究、分析和优化实际系统或过程的方法,都可以在不同的时间和空间尺度下进行,以满足对复杂现象和过程的理解需求。但是,数字孪生的目标是创建一个与实际对象具有相同属性和行为的虚拟模型。而仿真更注重于分析系统的动态行为、性能和响应,不一定要求虚拟模型与实际对象完全一致。数字孪生强调数据驱动,通过对传感器数据的实时采集和分析,可以使模型保持与实际情况的高度同步。而仿真可以通过多种方法生成数据,如基于物理模型、统计学方法等,不一定需要实时数据。另外,数字孪生的核心在于虚实融合,将虚拟世界和现实世界紧密联系起来,以便为决策提供支持。而仿真更注重于独立地研究和分析系统的行为,不一定考虑现实世界的具体约束和限制。数字孪生模型的本质体现在动态性,而仿真模型建立完成后,往往不再变化。除此之外,在数字孪生成熟度的每个阶段,仿真都在扮演着不可或缺的角色,因为数字孪生建模总是和仿真联系在一起,仿真模型甚至是数字孪生模型的一部分。数字孪生需要依靠仿真、实测、数据分析等手段对物理实体状态进行感知、诊断和预测,进而优化物理实体,同时进化自身的数字模型。本书中的数字孪生建模技术研究就大量运用了仿真技术创建和运行数字孪生模型。

3) 数字样机

数字样机英文是"Digital Prototype(DP)"或"Digital Mock-Up(DMU)"。数字样机是相对于物理样机而言的,是指在计算机上表达的机械产品整机或子系统的数字化模型,它与真实的物理产品之间具有1∶1的比例,有精确的尺寸表达,用于验证物理样机的功能和性能。在数字样机之前,学术界主要研究的是虚拟样机(virtual prototype,VP)。本书认为虚拟样机其实就是数字样机,是一种对物理产品的计算机仿真,可以从产品设计/工程、制造、服务和回收等产品生命周期的相关方面进行展示、分析和测试。我国国家标准 GB/T 26100—2010《机械产品数字样机通用要求》对数字样机的定义也采用英文"Digital Mock-Up(DMU)",即数字样机是对机械产品整机或具有独立功能的子系统的数字化描述,这种描述不仅反映了产品对象的几何属性,还至少在某一领域反映了产品对象的功能和性能。由此可见,产品的数字样机形成于产品的设计阶段,可应用于产品的全生命周期,包括工程设计、制造、装配、检验、销售、使用、售后、回收等环节。

数字样机技术以 CAX/DFX(计算机辅助设计/面向产品生命周期设计)技术为基础,以机械系统运动学、动力学和控制理论为核心,融合虚拟现实、仿真技术、三维计算机图形技术,将分散的产品设计开发和分析过程集成在一起,使产品的设计者、制造者和使用者在产品的早期可以直观形象地对数字化的虚拟产品原型进行设计优化、性能测试、制造仿真和使用仿真,为产品的研发提供全新的数字化设计方法。狭义的数字样机认识从计算机图形学角度出发,认为数字样机利用虚拟现实技术对产品模型的设计、制造、装配、使用、维护与回收利用等各种环节进行分析与设计,在虚拟环境中逼真地分析与显示产品的全部特征,以替代或精简物理样机。广义的数字样机认识从制造的角度出发,认为数字样机是一种基于计算机的产品描述,是从产品设计、制造、服务、维护直至产品回收整个过程中全部所需功能的实时计算机仿真,通过计算机技术对产品的各种属性进行设计、分析与仿真,以取代或精简物理样机。这其实非常接近现代数字孪生概念。

数字样机有多种分类,按照数字样机反映机械产品的完整程度分为全机样机和子系统样机。全机样机包含整机或系统全部信息的数字化描述,是对系统所有结构零部件、系统设备、功能组成、附件等进行完整描述的数字样机;子系统样机是按照机械产品不同功能划分的子系统包含的全部信息的数字化描述,如动力系统样机、传动系统样机、控制系统样机等。按照数字样机研制流程或生命流程阶段,数字样机分为方案样机、详细样机和生产样机。方案样机指在产品方案设计阶段,包含产品方案设计全部信息的数字化描述;详细样机指在产品详细设计阶段,包含产品详细设计全部信息的数字化描述;生产样机指在产品生产阶段,包含产品制造、装配全部信息的数字化描述。

由此可见,数字样机更多地关注于验证和模拟,和仿真的概念更靠近。而数字孪生强调实时数据的利用和物理世界与数字世界的互动。

2. 信息物理系统

信息物理系统(cyber-physical system,CPS)是一个集成了信息网络世界和动态物理世界的多维复杂系统。通过"计算、通信和控制(3C)"的集成和协作,CPS 提供实时传感、信息反馈、动态控制等服务,如图 1-5 所示。通过紧密连接和反馈循环,物理和计算过程高度相互依赖。通过这种方式,信息世界与物理过程高度集成和实时交互,以便以可靠、安全、协作、稳健和高效的方式监控物理实体。

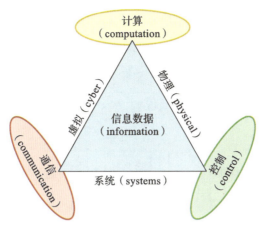

图 1-5 CPS 的"3C"模型

信息物理系统和数字孪生大约在同一时间被提出,如图 1-6 所示。直到 2012 年 NASA 和美国空军开始使用"Digital Twin"概念时数字孪生才受到广泛关注。相比之下,CPS 很早就受到了学术界和政府的广泛关注。工业 4.0 将 CPS 列为核心。

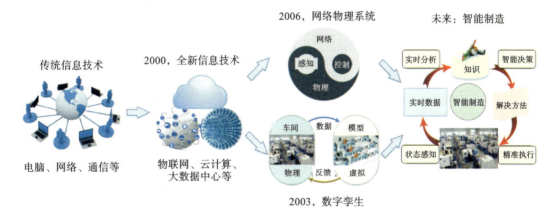

图 1-6 CPS 和 DT 的起源和发展

信息物理系统和数字孪生概念非常容易混淆,二者有很多相同点,也有明显的不一样。陶飞指出 CPS 和数字孪生共享密切的网络与物理连接、实时互动、组织整合和深度协作等基本概念。然而,从许多角度来看,包括起源、发展、工程实践、网络与物理映射和核心要素等方面,CPS 和数字孪生并不完全相同。数字孪生联盟给出了 CPS 的定义:一个通过网络连接的物理系统和数字系统组成的系统。从构成上来看,CPS 和数字孪生都涉及物理世界和信息世界。通过信息物理交互和控制,CPS 和数字孪生都实现了对物理世界的精确管理和操作。然而,对于信息世界,CPS 和数字孪生各有侧重点。数字孪生侧重于通过虚拟模型实现虚实映射,而 CPS 强调"3C"体系,通过网络连接实现虚实融合和计算。德国亚琛工业大学系统工程研究所给出了 CPS 和数字孪生的关系,如图 1-7 所示。可以看出,数字孪生可以被视为一个逻辑单元,从逻辑上讲,每个 CPS 有自己的数字孪生。

本书认为,信息物理系统的概念比数字孪生更为广泛。CPS 是一个综合性的概念,它指的是将计算、通信和控制技术与物理系统相结合形成的紧密耦合网络物理系统。CPS 通过实时感知、动态控制和信息服务,将网络世界与物理世界紧密连接在一起,从而实现物理系统的

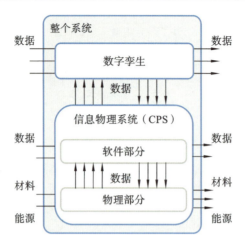

图 1-7 亚琛工业大学 CPS 和数字孪生的关系

智能化和优化。而数字孪生是 CPS 中的一个最佳实践,它是指对组件、产品或系统进行全面的物理和功能描述,通过创建高保真度的虚拟模型来与物理实体进行交互和演化。

3. 其他相关概念

1) 数字阴影

数字阴影(digital shadow)是介于数字模型与数字孪生之间的一种在虚拟空间中映射现实世界的模式,由德国亚琛工业大学提出,如图 1-8 所示。数字阴影本质是数字影子或者设备影子,而影子是物理世界中实体的映射,但是它不会对实体产生影响,只有实体会对它产生影响。所以数字阴影就是设备实例在物联网平台上的一个虚拟映射,用户可以通过数字阴影了解设备实例的实时状态,也就是对设备实例的各项数据仅有只读权限。

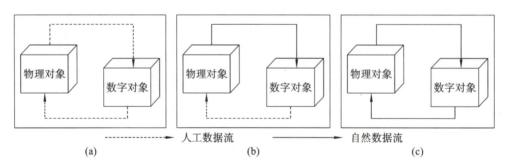

图 1-8 数字阴影与数字模型、数字孪生
(a)数字模型;(b)数字阴影;(c)数字孪生

对智能化生产中的高稳定性和高安全性设备(比如窑炉等)非常适合使用数字阴影作为映射来进行在线监控和实时分析数据。而数字孪生相对于数字阴影,新增了物联网平台上设备的虚拟映射对现实设备实例的影响。设备实例和虚拟映射会进行双向同步,从而实现相互间的控制。也就是设备实例和虚拟映射都具有互相读取和写入的权限。数字阴影一般对于安全性要求不太高的非产线设备,或是对产线源头的配料设备等这一类设备较为适用。

因此,数字阴影本质上就是指代物理对象的虚拟对象,当然与传统的数字模型是有区别的。传统数字模型的虚拟对象与现实对象之间需要手动传输信息(好比打游戏,得有控制器才能控制三维模型运动),而数字阴影的虚拟对象可以自动获取现实对象的信息(现实到模型,单向自动数据流传输),数字孪生则可以实现现实对象与虚拟对象的双工信息自动传输。

2) 数字主线

数字主线(digital thread)是指利用先进建模和仿真工具构建的,覆盖产品与全价值链,从基础材料、设计、工艺、制造到使用维护全部环节的,集成并驱动以统一的模型为核心的产品设计、制造和保障的数字化数据流。数字主线最早是由美国空军和洛克希德·马丁公司在研发 F-35 时提出的。数字主线在数字世界和物理世界之间创造了一个闭环,改变了产品的设计、制造和服务方式。

简单说,数字主线贯穿了产品全生命周期,尤其是从产品设计、生产到运维(运营)、退役的无缝集成。而数字孪生伴随了数字主线,在每一个阶段都有一个数字孪生体,该数字孪生体可由上游的数字孪生体演化而来,并且强调了迭代优化,比如产品运维获得的信息反馈给产品设计。数字主线可看作物理产品的数字化影子,通过与外界传感器的集成,反映对象从微观到宏观的所有特性,展示产品的生命周期的演进过程,如图 1-9 所示。

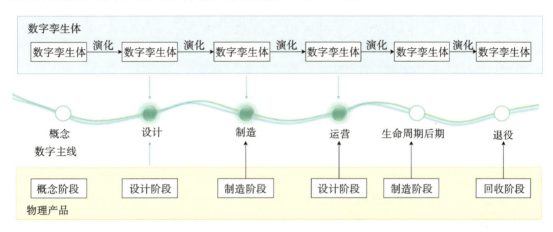

图 1-9 数字主线与数字孪生

3) 数字织锦

美国洛克希德·马丁公司对数字主线进行了扩展,他们认为单一的"线"或接口难以满足整个企业的数据连续性需求,提出了"数字织锦"(digital tapestry)。数字织锦是一个整合产品全生命周期和所有学科的人、流程、工具和数据的框架,是多个数字主线组成的网络,在每个产品全生命周期的各个领域(如设计、MBSE、质量检查、企业规划、供应链连接、集成测试等)编织众多数字主线。

4) 数字孪生衍生概念

另外,当前数字孪生的概念和内涵有很多扩展,还有以下概念需要甄别,如表 1-2 所示。

表 1-2 数字孪生相关概念一览表

概 念	说 明
数字孪生(DT)	数字孪生是一组虚拟信息结构,完整地描述了一个潜在的或实际的物理制造产品,从微观的原子级别到宏观的几何级别均有
数字孪生原型(DTP)	描述和制造与虚拟版本完全相同的物理版本所需的信息集合
数字孪生实例(DTI)	描述了一个特定的相应物理产品,一个个体的数字孪生与该物理产品在全生命周期内保持连接
数字孪生环境(DTE)	一个集成的、多领域物理应用空间,用于对数字孪生进行各种目的的操作

数字孪生的定义还没有统一，本书认为数字孪生本质上体现了高保真的数字化映射、广度和深度上的泛在连接、反映机理的分析决策与优化、实时和双向的交互，并在生命周期中进行实时演化。

1.3 数字孪生参考模型

当前数字孪生的定义并不统一，大致的区别都在于要么看问题的角度和侧重点不同，要么解释的详细程度不同，要么文字表述方式不同，但概念本身所指向的事物主体却是确定的。数字孪生目前有很多不同的参考模型，本书介绍最经典的几种。

1.3.1 信息镜像模型

Michael Grieves 首先提出了数字孪生信息镜像模型（见图 1-10(a)），指出数字孪生最核心的三要素：物理实体（physical entity，PE）、虚拟实体（virtual entity，VE）、孪生数据（digitaltwin data，DD）。IEEE 2888 标准给出了 Cyber world 和 Physical world 虚实融合体系，图 1-10(b)绿色框图中即是数字孪生体的定义、同步和控制，简而言之数字孪生可表示为 DT=⟨PE, VE, DD⟩。

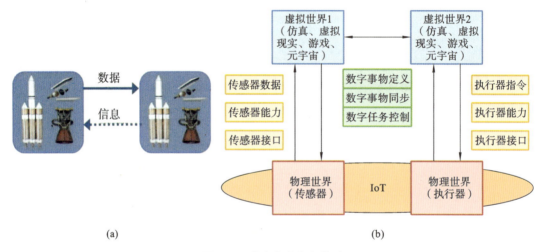

图 1-10 数字孪生参考模型
(a)信息镜像模型；(b)IEEE 2888 体系

1.3.2 五维模型

北航陶飞团队扩展了信息镜像模型，提出了非常有影响力的数字孪生五维模型（见图 1-11）。DT=⟨PE, VE, Ss, DD, CN⟩，包括了信息镜像模型的三要素(PE, VE, Ss)，还给出了实体间、实体与孪生数据(DD)间的连接(CN)维度，强调了数字孪生服务及其连接的迭代优化。

1.3.3 资产管理壳

德国电气和电子制造商协会（ZVEI）在工业 4.0(I4.0)白皮书中提出了 I4.0 组件作为 CPS 的具体实现，其中资产管理壳（AAS）类似于容器封装了 I4.0 的物理资产，通过网络系统使得 I4.0 组件之间进行通信。资产管理壳有唯一标识，由标识部分、子模型、视图等构成形式化和标准化描述，如图 1-12(a)所示。Fraunhofer IOSB 研究所实现了基于资产管理壳的数字

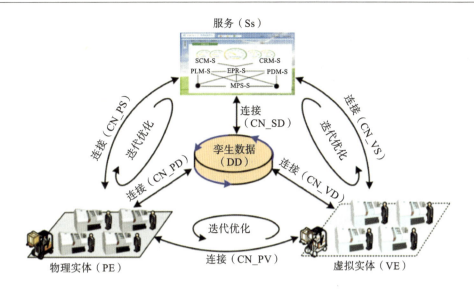

图 1-11　数字孪生五维模型

孪生系统,该数字孪生系统可简单描述为 DT=⟨AAS, CN, User⟩,这三个维度包括了 AAS、连接(CN)和上下游的数字孪生用户(User),其中 AAS 定义了物理实体的描述属性和接口,反映了数字孪生的层级关系,如图 1-12(b)所示。

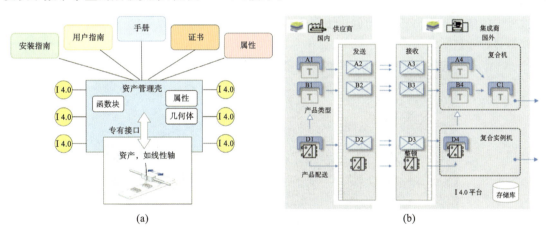

图 1-12　I4.0 数字孪生与资产管理壳
(a)资产管理壳;(b)基于 AAS 的数字孪生系统

1.3.4　商业系统参考构架

数字孪生技术作为一种前沿的创新手段,已经被多个行业领域的领先企业所采纳和推广。西门子、德勤、波音和微软等公司分别提出自己的数字孪生商业参考构架(模型),这反映了数字孪生技术在全球范围内的广泛认可和快速发展。西门子数字孪生参考模型(见图 1-13)覆盖了资产从设计、生产运营到维修和保养的全生命周期。西门子数字孪生内部集成了工程、调试、操作和服务过程中生成的物理对象的所有数据、仿真模型和其他信息,并将其提供给垂直领域的设计师、工程师、操作员和服务技术人员。其中,数字孪生的核心组件是能够模拟对象行为的模拟模型。通过为复杂产品创建数字孪生,能够更快地设计这些模拟模型,并结合数据的循环交互,使这些模型变得更加强大,同时让客户能够更有效地操作数字孪生。

图 1-13　西门子数字孪生参考模型

德勤作为全球领先的专业服务公司,提出的数字孪生商业模型更侧重于战略规划和业务流程优化,如图 1-14 所示。数字孪生以数字化的形式对某一物理实体过去和目前的行为或流程进行动态呈现,有助于提升企业绩效。其真正功能在于能够在物理世界和数字世界之间全面建立准实时联系,这也是该技术的价值所在。德勤提出的数字孪生参考构架主要用于复杂资产或流程建模,呈现了物理世界与数字世界的交互作用。德勤数字孪生参考构架主要关注两个方面:①设计数字孪生的流程和产品生命周期的信息需求,包括从资产的设计到资产在真实世界中的使用和维护环节;②创建使能技术,将真实资产及其数字孪生整合起来,实现传感器数据与企业核心系统中的运营和交易信息的实时流动。

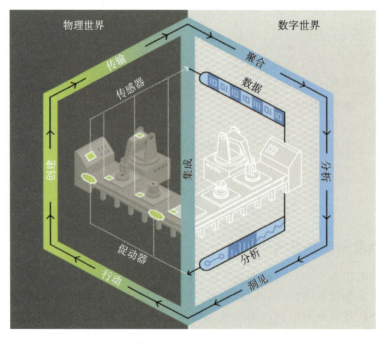

图 1-14　德勤制造流程数字孪生参考构架

美国参数化技术公司(PTC)认为数字孪生是对物理资产、流程工艺和人员的三种抽象对象进行虚拟表示的技术,如图 1-15 所示。该参考构架由三个重要的组成部分构成:首先是对物理实体本身的数字化定义,其次是对物理实体的操作和体验数据的记录,最后是信息化模型。数字孪生的价值在于将这三个要素联系起来,以推动判断、预测等决策的制订。利用数字孪生的流程洞察能力,企业可以提高生产的可见性和规划能力,增强运营的敏捷性,增加产能,并优化整个供应链的流程效率。

图 1-15 PTC 数字孪生参考构架

波音公司从 MBSE 的角度在数字孪生体构建过程中融合了传统的系统工程的确认和验证(V&V)方法,并设计了面向系统工程的数字孪生"钻石"模型(diamond model),如图 1-16 所示,旨在通过数字孪生体和数字主线在传统"V"中增加实时建模、仿真和协作。在构架图的底部是与物理系统相关的活动,与 MBSE 的"V"图非常相似。而图的上半部分则包括与物理系统的数字孪生相关的活动,主要包括实时的建模和仿真。中间部分则是数字主线,可供所有设计团队使用,包括机械、电气、电子、软件等,并在整个系统的设计、交付和部署过程中提供实时反馈。可以看出,在该参考构架中产品的数字孪生模型在产品全生命周期中是一个不断生长、不断丰富的模型,涵盖了产品的需求信息、功能信息、材料信息、使用环境信息、结构信息、装配信息、工艺信息、测试信息以及维护信息。数字孪生模型的完整性越高,就能越好地反映实体对象,从而实现对实体对象的可视化分析和优化。数字主线连接了各个阶段的数字孪生模型,集成了产品全生命周期的信息,满足产品在各阶段的确认和验证需求。

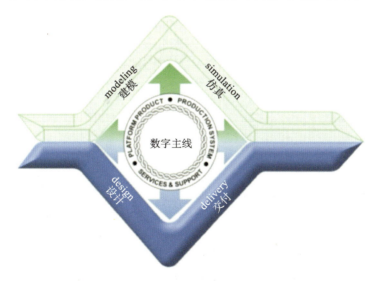

图 1-16 波音公司"钻石"模型

微软提出了云化的数字孪生平台,即 Azure digital twin(Azure 数字孪生),如图 1-17 所示。作为一种平台即服务(PaaS)产品/服务,它能够创建基于整体环境的数字模型孪生图。

这些图可以代表建筑物、工厂、农场、能源网络、铁路、体育场馆,甚至整个城市。利用这些数字模型,可以获得深入洞察力,推动产品改进、优化运营、降低成本并提升客户体验。Azure 数字孪生可用于设计数字孪生体系结构,该体系结构在更广泛的云解决方案中代表实际的物联网(IoT)设备。它与 IoT 概念和 Azure IoT 中心相连接,使设备孪生能够发送和接收实时数据。借助基于 Azure 数字孪生的领域专业知识,可以构建定制的连接解决方案。

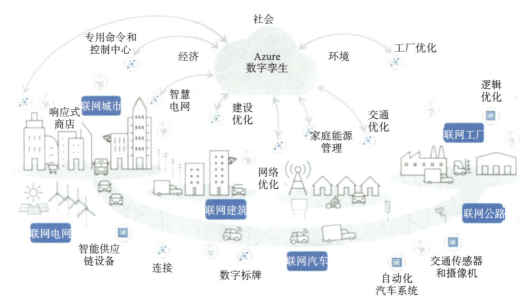

图 1-17 微软的数字孪生参考模型

1.3.5 剖面演化模型

数字孪生在全生命周期中进行演化是数字孪生落地应用的关键。针对一个复杂系统(比如航天产品)的研发,数字孪生应用在系统工程的各个环节或者阶段,这些环节或者阶段由多个部门、多个学科来协同,每一个环节或者阶段被称为任务剖面。数字孪生体沿系统工程主线,满足不同任务剖面需求,逐步进行迭代研发。受波音"钻石"模型启发,本书作者提出一种面向 MBSE 的数字孪生参考构架,如图 1-18 所示。

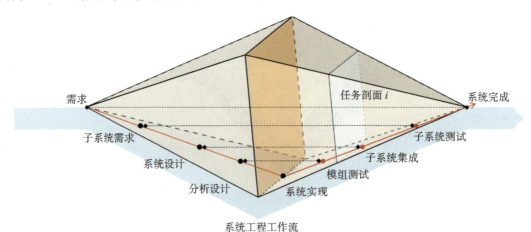

图 1-18 基于产品全生命周期任务剖面的数字孪生参考构架

不同于波音的"钻石"模型,该基于任务剖面的数字孪生参考构架不仅面向全生命周期,而且是多任务协同的,可用于复杂产品的设计。

1.4 数字孪生的系统与组成

前文讲述到数字孪生并没有统一的概念,但简单来说,数字孪生就是在一个设备或系统的基础上,创造一个数字版的"克隆体"。数字孪生可以构建从原子、器件、产品、产线到服务,从管网、建筑、城市到地球,从基因、细胞、心脏、大脑到人体,从材料科学、生命科学到制造、建筑等不同粒度的模型,这些在数字世界中构建的数字孪生体,正是人类当前新的认识和改造世界的方法论。

一辆汽车的零部件有3万个左右,波音777零部件约为600万个,航空母舰零部件则是10亿个数量级,而人体是由约37万亿个细胞组成的。物理世界的实体都将在虚拟世界里重建,不是分散而无序的。一个基于数字孪生的复杂系统是通过对复杂系统进行抽象、分解和组装,再通过一步步的虚实映射、交互反馈和优化而形成的。数字孪生系统一般分为多个子系统/模块,大的功能又会分为若干模块或者步骤,粒度一步一步细化。这既是一个粒度由粗到细的分解过程,又是一个由细到粗的组装过程。从数字孪生系统实现的角度来说,系统级的数字孪生结构是由细粒度数字孪生体关联起来的系统,系统的整体结构(架构)就是系统最粗的粒度。了解数字孪生的层次和粒度是非常重要的。

1.4.1 数字孪生的层次与粒度

Gartner将数字孪生分为三个层次:产品孪生(连接到现场的物理产品)、资产孪生(连接到工厂车间的实物资产)、流程孪生(连接到运营中实际部署的流程)。

IBM则给出了四种不同类型的数字孪生。①组件孪生/部件孪生:组件孪生是数字孪生的基本单元,是最小的功能组件实例。部件孪生大致相同,但属于重要性稍差一些的组件。②资产孪生:当两个或多个组件孪生一起工作时,就形成了所谓的资产孪生。利用资产孪生组件的交互,产生大量数据,并进行分析洞察。③系统孪生或单元孪生:对系统层级进一步放大,则达到系统孪生或单元孪生层次,该层级不同的资产汇聚在一起,共同形成一个完整的功能系统。④流程孪生:流程孪生是在更宏观层级上反映企业的业务过程,反映了系统通过协同工作来支持整个制造活动。

达索公司将数字孪生分为两个发展维度:一个是原子的维度,从原子、部件、产品、建筑、城市到地球;另一个是基因的维度,从基因、细胞、器官、人体到生物圈。

本书参考CPS白皮书的体系(见图1-19),根据数字孪生的尺度将数字孪生分为单元级、系统级和系统之系统级(SoS级)。

1. 单元级数字孪生

单元级数字孪生是指由单个物理单元与其对应的数字模型相结合而形成的系统。这种系统具有不可分割性,可以独立运行,也可称为单体数字孪生体。它将物理单元与数字模型紧密耦合,实现了数据的实时同步和相互反馈。单元级数字孪生的设计目标是将感知、分析、决策和执行等功能嵌入物理单元中,实现智能化的自动化控制和资源优化配置。

在单元级数字孪生中,物理单元通过传感器和执行器与数字模型进行实时的数据交换。传感器负责采集物理单元的运行状态和环境信息,将其转化为数字信号输入数字模型。数字

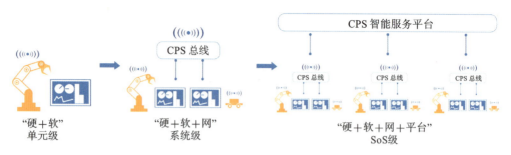

图1-19　CPS的三个层级

模型则接收这些数据,并利用内部的算法和模型进行分析和决策,生成相应的控制指令。这些控制指令通过执行器传递给物理单元,从而实现对其行为和状态的调节。

单元级数字孪生的闭环流程基于实时数据的流动和反馈。在感知阶段,传感器获取物理单元的数据,包括位置、速度、温度等信息。在分析阶段,数字模型利用这些数据进行状态监测、故障诊断、性能评估等分析,得出对物理单元的理解和评估结果。基于分析的结果,在决策阶段,模型确定最优的控制策略和资源配置方案。最后,在执行阶段,执行器根据决策阶段生成的指令对物理单元进行控制,使其按照预期的方式运行。

总体而言,单元级数字孪生通过将物理单元与数字表示相结合,实现了实时的数据交互、信息共享和资源优化配置。它提供了一个闭环的自动化流程,可以监测和响应物理单元的状态变化,从而实现更高效、可靠和可持续的运行。

2. 系统级数字孪生

如果将单元级数字孪生比作行驶在道路上的汽车,系统级数字孪生则是多条道路及其所有行驶汽车的总和。系统级数字孪生是一个基于网络连接和协同调配的集成系统,旨在实现多个单元级数字孪生和其他非数字孪生设备的协同工作。在系统级数字孪生中,多个数字孪生被整合到一个统一的框架中。每个数字孪生代表了一个特定的物理单元或设备,并通过传感器和执行器实时感知和影响其环境。这些数字孪生通过网络进行通信,共享数据和信息,以实现协同操作和决策。

数字孪生在系统级中扮演着关键的角色。它们通过建立数字模型来精确地描述物理单元或设备的特征和行为。这些数字模型与实际物理单元保持同步,并实时更新以反映其状态和性能。通过数字孪生,我们可以对物理单元进行实时监测、仿真和预测,从而实现更高效、可靠和智能的运行。在系统级数字孪生中,数据的自动流动和分析是至关重要的。数字孪生收集来自各个物理单元的数据,并进行实时分析和处理。通过对数据的深入分析,我们可以获得对物理单元性能、运行状态和潜在问题的深入洞察。这些分析结果可以用于优化资源配置、改进决策,并提供智能化的操作建议。

系统级数字孪生的优势在于它们能够实现跨物理单元的协同工作和资源优化。通过数字孪生的系统集成,我们可以实现整个系统的综合管理和控制。这种协同工作和资源优化可以提高系统的效率、可靠性和可持续性,同时减少成本和资源浪费。

系统级数字孪生是一个整个系统的全景视图,提供与产品或部分孪生相似的功能,但其范围覆盖整个系统。以发电厂为例,系统级数字孪生能够反映该工厂的历史和当前状态,并预测整个发电厂甚至是一个分区的特定动力系统的未来状态。在系统级数字孪生中,各个单元级数字孪生需要具备网络通信能力和认知系统状态变化的能力。单元级数字孪生代表了系统中的各个物理单元或设备,它们通过传感器和执行器实时感知和影响环境,并通过网络进行数据交换和信息共享。这些单元级数字孪生相互连接,形成一个整体的系统级视图。系统级数字孪生不仅能够反映系统当前状态,还能利用历史数据和实时传感器数据进行分析和预测。通过建立精确的数字模型和算法,系统级数字孪生能够预测系统的未来状态和性能,包括发电厂的能源产量、效率、故障风险等。这使得系统操作人员能够更好地了解系统的整体运行情况,并做出相应的决策和采取合适的优化措施。

3. 系统之系统(SoS)级数字孪生

系统之系统(SoS)级数字孪生通过构建智能服务平台,实现了系统级数字孪生之间的协同优化。多个系统级数字孪生相互协作,形成了一个整体的SoS级数字孪生,例如多条产线或多个工厂协作,以实现产品全生命周期流程及企业全系统的整合。

SoS级数字孪生的核心在于系统之间的协同优化和整合。每个系统级数字孪生通过准确建模和仿真,形成了系统的全面视图。数字孪生能够实时监测、分析和预测系统的状态、性能和行为。智能服务平台是SoS级数字孪生的关键组成部分,它提供了系统级数字孪生之间的数据共享和交流。通过平台,不同系统级数字孪生能够实时共享传感器数据、执行器指令和系统状态信息等关键数据,以支持协同决策和优化。通过这些组件,系统级数字孪生在SoS级联中实现了系统之间的协同优化和整合。SoS级数字孪生提供了对整个系统的全面掌控和智能化管理,实现了产品全生命周期流程和企业全系统的优化和协作。因此,SoS数字孪生的关键内涵是整合和协同。

在系统级数字孪生中,单元级数字孪生体通过独立运行和网络化连接,实现对单个系统的建模、仿真和优化。而在SoS级数字孪生中,系统级数字孪生的单元要实现云化数字孪生,并能够集群化运行,最终形成数字孪生体云。

1.4.2 数字孪生的系统框架

1. 面向产品设计的数字孪生系统

面向产品设计的数字孪生系统通过创建产品的虚拟副本来支持和优化设计过程。这种系统利用类似于数字样机的技术,允许设计师和工程师在一个高度交互和可视化的环境中进行产品的构思、建模、分析和测试。该数字孪生系统的核心在于其能够精确地反映物理产品的几何形状、材料属性、功能特性以及预期性能。通过集成多种工程分析工具和仿真模型,设计师可以在虚拟环境中评估设计的可行性,对产品进行性能测试和优化,以及预测产品在实际使用中的表现。

此外,面向产品设计的数字孪生系统还支持协作设计,使得不同专业背景的团队成员可以共享同一个模型,实时交流和更新设计信息。这种协作不仅提高了设计的效率,还有助于确保设计决策的一致性和准确性。面向产品设计的数字孪生系统的应用还扩展到了产品的后期开发阶段。通过与物联网(IoT)技术的结合,数字孪生可以实时接收来自物理产品的使用数据,从而实现对产品性能的持续监控和维护指导。这种闭环的设计和反馈过程,使得产品设计不断迭代和改进,以满足用户需求和适应市场变化。目前,Ansys Twin Builder就是典型的面向产品设计的数字孪生系统。

2. 面向生产制造的数字孪生系统

陶飞教授提出了一种数字孪生车间系统,主要包括生产要素管理、生产计划/活动、生产过程控制三个方面,如图1-20所示。

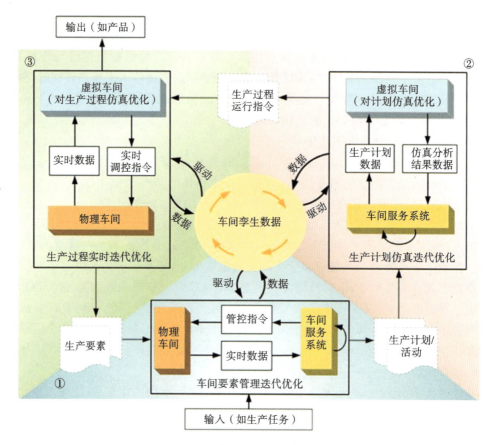

图 1-20 面向生产制造的数字孪生系统

阶段①是对生产要素管理的迭代优化过程,同时反映了数字孪生车间中物理车间与车间服务系统(WSS)的交互,其中 WSS 起主导作用。当数字孪生车间接收到一个输入(如生产任务)时,WSS 中的各类服务系统在车间孪生数据中的生产要素管理历史数据及其他关联数据的驱动下,根据生产任务对生产要素进行管理及配置,得到满足任务需求及约束条件并与其他相关环节关联的初始资源配置方案。WSS 获取物理车间的人员、设备、物料等生产要素的实时数据,对要素的状态进行分析、评估及预测,并据此对初始资源配置方案进行修正与优化,将方案以管控指令的形式下达至物理车间。物理车间在管控指令的作用下,将各生产要素调整到合适的状态,并在此过程中不断将实时数据发送至 WSS 进行评估及预测,当实时数据与方案有冲突时,WSS 再次对方案进行修正,并下达相应的管控指令。如此反复迭代,直至对生产要素的管理达到最优。基于以上过程,阶段①最终得到初始的生产计划/活动。阶段①产生的数据全部存入车间孪生数据库,并与现有的数据融合,作为后续阶段的数据基础与驱动。

阶段②是对生产计划的迭代优化过程,同时反映了数字孪生车间中 WSS 与虚拟车间的交互,其中虚拟车间起主导作用。虚拟车间接收阶段①生成的初始生产计划/活动,在车间孪生数据中的生产计划及仿真分析结果历史数据、生产的实时数据以及其他关联数据的驱动下,基于要素、行为及规则模型等对生产计划进行仿真、分析及优化,保证生产计划能够与产品全生命周期各环节及企业各层相关联,并且能够对车间内部及外部的扰动有一定的预见性。虚拟车间将以上过程中产生的仿真分析结果反馈至 WSS,WSS 基于这些数据对生产计划做出修正及优化,并再次传至虚拟车间。如此反复迭代,直至生产计划达到最优。基于以上过程,阶段②得到优化后的预定义的生产计划,并基于该计划生成生产过程运行指令。阶段②产生的数据全部存入车间孪生数据库,与现有数据融合后作为后续阶段的数据驱动。

阶段③是对生产过程的实时迭代优化过程,同时反映了数字孪生车间中物理车间与虚拟车间的交互过程,其中物理车间起主导作用。物理车间接收阶段②的生产过程运行指令,按照指令组织生产。在实际生产过程中,物理车间将实时数据传至虚拟车间,虚拟车间根据物理车间的实时状态对自身进行状态更新,并将物理车间的实际运行数据与预定义的生产计划数据进行对比。若二者数据不一致,则虚拟车间对物理车间的扰动因素进行辨识,并在扰动因素的作用下,对生产过程进行仿真。虚拟车间基于实时仿真数据、实时生产数据、历史生产数据等车间孪生数据,从全要素、全流程、全业务的角度对生产过程进行评估、优化及预测等,并以实时调控指令的形式作用于物理车间,对生产过程进行优化控制。如此反复迭代,实现生产过程最优。该阶段产生的数据存入车间孪生数据库,与现有数据融合后作为后续阶段的数据驱动。

通过以上三个阶段,车间完成生产任务,并得到生产结果(产品),生产要素相关信息存入WSS,开始下一轮生产任务。随着三个阶段不断迭代优化,车间孪生数据不断更新与扩充,数字孪生车间系统也在不断进化和完善。

3. 面向产品运维的数字孪生系统

面向产品运维的数字孪生系统是当前最常见的数字孪生系统形态,它借助实时数据和先进的模拟技术来评估产品的运行状态、预测潜在故障,并提供维护和优化建议,如图 1-21 所示。

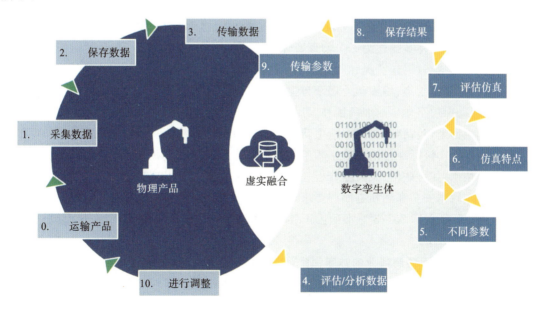

图 1-21 面向产品运维的数字孪生系统

该数字孪生系统通过与物联网(IoT)设备和传感器的连接,实时收集产品运行中的数据。这些数据包括温度、压力、速度、振动等关键性能指标,以及操作环境的条件。利用收集的数据,系统可以评估产品的实际性能,比如效率、能耗和产出质量。数字孪生系统将收集到的数据与设计规格和预期性能数据进行比较,可以确定产品是否按照设计要求正常运行。该数字孪生系统使用机器学习和数据分析技术来识别异常模式和潜在故障。通过分析历史数据和实时数据,数字孪生可以预测设备可能的故障时间和故障类型,从而实现预测性维护,并基于故障预测和性能评估的结果,提供维护计划和优化建议。这有助于减少非计划的停机时间,延长设备的使用寿命,并降低维护成本。

除此之外,系统可以为操作人员提供实时的操作指导和维护建议,帮助他们更好地理解设备的运行状态,并采取适当的操作措施。

4. 面向产品全生命周期的数字孪生系统

基于模型的系统工程(MBSE)在复杂系统的设计和开发中扮演着至关重要的角色。它不仅能提高设计过程的效率和质量,还能增强团队协作,支持全生命周期管理,确保系统的可追溯性和一致性,同时还能促进创新和灵活性,帮助系统应对不断变化的需求。近年来,MBSE和数字孪生进行融合是一个明显的趋势,数字孪生通过虚拟建模、高保真仿真和虚实融合缝合系统工程理论与实际工程实施之间的裂缝。数字孪生与系统工程在研发生命周期的开始阶段即进行集成,贯穿全生命周期过程,并不断交叉演进。

当前,将数字孪生与 MBSE 深度结合的系统框架还在不断发展,其中,前文提到波音公司数字孪生"钻石"模型就是数字孪生与 MBSE 融合构架的典型代表。

1.4.3 国际标准

1. ISO/IEC 30173

ISO/IEC 30173 是专门针对数字孪生的定义和应用的国际标准,由国际标准化组织(ISO)和国际电工委员会(IEC)共同制定,旨在为数字孪生技术提供统一的框架和指导原则,以便在全球范围内推动其发展和应用。其核心内容包括:①数字孪生定义。该标准提供了数字孪生的基本定义,将其描述为一个物理实体、系统或过程的虚拟模型,该模型能够实时反映其物理对应物的状态、工作情况和历史。②数据集成。该标准强调了数据集成在数字孪生中的重要性,包括如何收集、传输和处理来自物理世界的传感器数据,以及如何将这些数据与模型相结合,以确保数字孪生的准确性和实用性。③模型构建和管理。该标准指导如何构建和维护数字孪生模型,包括模型的创建、更新、验证和退役,涉及模型的精确度、适应性和可扩展性。④互操作性。该标准讨论了数字孪生与其他系统和模型之间的互操作性,确保数字孪生可以与其他技术(如物联网、大数据分析、人工智能等)无缝集成。⑤安全和隐私。该标准给出了数字孪生在数据安全和隐私方面的要求,确保敏感信息得到妥善保护,防止未经授权的访问和数据泄露。ISO/IEC 30173 标准适用于各种行业和领域,包括制造、建筑、医疗保健、交通运输和能源管理等。

2. ISO 23247:面向制造业的数字孪生框架

ISO 23247 国际标准制定了用于制造业的数字孪生框架,是一组用于制作和维护数字孪生的协议。数字孪生描述了产品、流程或资源的当前状态。每个数字孪生都是一个多维模型,使应用程序能够更快、更高效地创建更好的产品。ISO 23247 将数字孪生系统划分为四层,如图 1-22 所示。最底层描述可观察的制造要素,该层描述了制造车间中需要建模的物料,它作为基础实施层,没有放在框架中。第二层是设备通信实体,可观察制造要素的所有状态变化,并在需要调整时向这些要素发送控制程序。第三层是数字孪生实体,对数字孪生体进行建模,读取设备通信实体整理的数据,并使用该信息更新其模型。第四层是用户实体,包含 ERP 和 PLM 等传统应用程序以及其他新应用程序,使用数字孪生集成来提高制造效率。

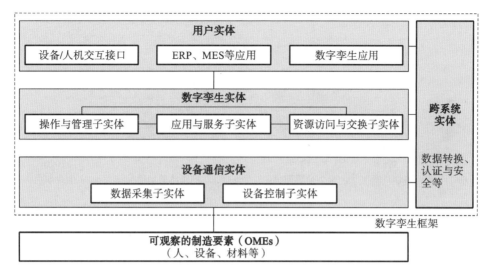

图 1-22 ISO 23247 面向制造业的数字孪生框架

1.5 数字孪生系统成熟度

提到数字孪生系统成熟度,首先可以参考 CPS 的成熟度。国内学者提出通过横向的三个属性层级与纵向的三个智能层级,可衍生出九种 CPS 落地方案,共有三组单元级的 CPS,如表 1-3 所示。

表 1-3 CPS 的二维九格层级

CPS	单元级	系统级	SoS 级
初级智能	初级智能/单元级	初级智能/系统级	初级智能/SoS 级
恒定智能	恒定智能/单元级	恒定智能/系统级	恒定智能/SoS 级
开放智能	开放智能/单元级	开放智能/系统级	开放智能/SoS 级

其中,系统的智能水平根据"状态感知、实时分析、自主决策、精准执行、学习提升"五大特征划分了三个纵向的层级。

初级智能系统:具备状态感知、自动决策、即刻执行特征,即有感知、自决策、善动作的系统。这类系统由工业装置自身即可实现。

恒定智能系统:具备状态感知、实时分析、自主决策、精准执行特征,在初级智能的基础上强调了系统的分析与决策能力。

开放智能系统:具备状态感知、实时分析、自主决策、精准执行、学习提升五大特征。系统具有一定的认知能力,并具备了自我改善、学习提升的持续发展能力。

1.5.1 数字孪生发展的五个阶段

达索公司认为数字孪生发展经历了五个阶段:CAD 几何孪生、多学科孪生、全生命周期孪生、三维体验孪生、生命孪生。现在已经进入生命孪生阶段,如图 1-23 所示。

阶段一:CAD 几何孪生。最早数字孪生所关注的是"所见即所得",人们在计算机里看到的是什么样,最终生产和建造出来的就是什么样,人们关注的是几何尺寸和几何外观。

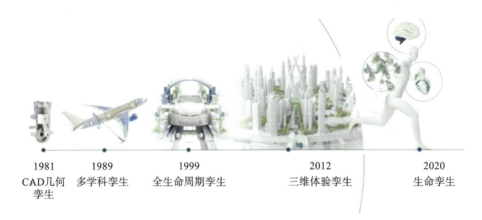

图 1-23 数字孪生的五个阶段

阶段二：多学科孪生。20 世纪 90 年代初，业界思考的问题是，数字世界里数字孪生的飞机能起飞，据此制造的飞机在现实世界也能起飞，这意味着数字孪生的飞机完成了空气动力学、结构力学、电磁学等多学科、多专业的仿真模拟。

阶段三：全生命周期孪生。人们除了思考数字孪生的飞机产品之外，还要考虑为什么要造这架飞机，如何来设计，如何来制造，如何来运营，如何来维护。从客户需求到产品退役，将飞机的数字孪生应用覆盖到产品全生命周期。

阶段四：三维体验孪生。从 2012 年左右，达索系统发现仅仅考虑产品本身是不够的，还要考虑产品的使用环境，考虑如何给最终用户带来极致的体验。如在设计汽车时，在考虑汽车功能好不好的同时，也要考虑汽车在什么样的道路上、什么样的环境中驾驶，要构造一个数字孪生的上下文环境，把数字孪生的产品放到数字孪生的环境中进行模拟、仿真、优化，以给最终用户带来极致的体验。

前四个阶段中，数字孪生的对象还主要是无生命的产品，而现在我们已经步入第五阶段——生命孪生。

1.5.2 成熟度六个等级

北航陶飞团队构建了一套数字孪生成熟度模型，将数字孪生成熟度分为以虚仿实（L0）、以虚映实（L1）、以虚控实（L2）、以虚预实（L3）、以虚优实（L4）、虚实共生（L5）六个等级，如图 1-24 所示。

1. 以虚仿实（L0）

以虚仿实指利用数字孪生模型对物理实体进行描述和刻画，具有该能力的数字孪生处于成熟度等级的第零等级（L0），满足此要求的实践和应用可归入广义数字孪生的概念范畴。在该等级，数字孪生模型从几何、物理、行为和规则等某个或多个维度对物理实体单方面或多方面的属性和特征进行描述，从而能够在一定程度上代替物理实体进行仿真分析或实验验证，但数字孪生模型与物理实体之间无法通过直接的数据交换实现实时交互，主要依赖人的介入实现间接的虚实交互，包括对物理实体的控制和对数字孪生模型的控制与更新等。

2. 以虚映实（L1）

以虚映实指利用数字孪生模型实时复现物理实体的状态和变化过程，具有该能力的数字孪生处于成熟度等级的第一等级（L1）。在该等级，数字孪生模型由真实且具有时效性的物理

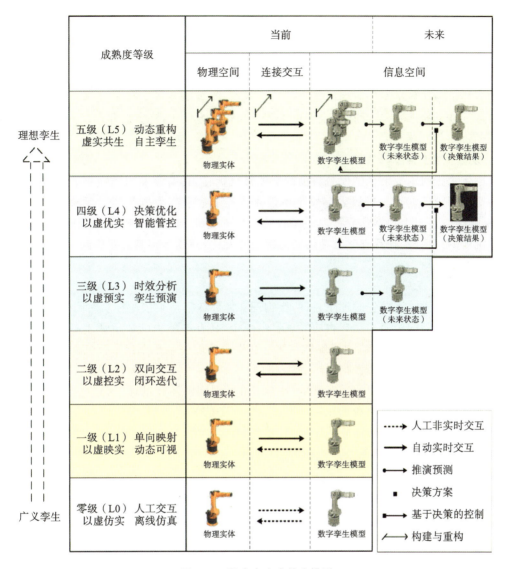

图 1-24 数字孪生成熟度模型

实体相关数据驱动运行,同步直观呈现与物理实体相同的运行状态和过程,输出与物理实体相同的运行结果,从而在一定程度上突破时间、空间和环境约束对物理实体监测过程的限制,但对物理实体的操作和管控依旧依赖现场人员的直接介入,仍无法实现物理实体的远程可视化操控。

3. 以虚控实(L2)

以虚控实指利用数字孪生模型间接控制物理实体的运行过程,具有该能力的数字孪生处于成熟度等级的第二等级(L2)。在该等级,信息空间中的数字孪生模型已具有相对完整的运动和控制逻辑,能够接受输入指令,在信息空间中实现较为复杂的运行过程。同时,在以虚映实的基础上,增量建设由数字孪生模型到物理实体的数据传输通道,实现虚实实时双向闭环交互,从而赋予物理实体远程可视化操控的能力,进一步突破空间和环境约束对物理实体操控的限制,并大幅提高物理实体的管控效率。

4. 以虚预实(L3)

以虚预实指利用数字孪生模型预测物理实体未来一段时间的运行过程和状态,具有该能力的数字孪生处于成熟度等级的第三等级(L3)。在该等级,数字孪生模型能够基于与物理实体的实时双向闭环交互,动态反映物理实体当前的实际状态,并通过合理利用数字孪生模型所描述的显性机理和数字孪生数据所蕴含的隐性规律,实现对物理实体未来运行过程的在线预演和对运行结果的推测,从而在一定程度上将未知转化为预知,将突发和偶发问题转变为常规问题。

5. 以虚优实(L4)

以虚优实指利用数字孪生模型对物理实体进行优化,具有该能力的数字孪生处于成熟度等级的第四等级(L4)。该等级数字孪生不仅能够基于数字孪生模型实时反映物理实体的运行状态,结合数字孪生数据预测物理实体的未来发展,还能够在此基础上,利用策略、算法和前期积累沉淀的知识,实现具有时效性的智能决策和优化,并基于实时交互机制实现对物理实体的智能管控。

6. 虚实共生(L5)

虚实共生作为数字孪生的理想目标,指物理实体和数字孪生模型在长时间的同步运行中,甚至是在全生命周期中通过动态重构实现自主孪生,具有该能力的数字孪生处于成熟度等级的第五等级(L5)。在该等级,物理实体和数字孪生模型能够基于双向交互实时感知和认知对方的更新内容,并基于两者间的差异,利用3D打印、机器人和人工智能等技术实现物理实体和数字孪生模型的自主构建或动态重构,使两者在长时间的运行过程中保持动态一致性,从而保证包括可视化、预测、决策和优化等诸多功能的服务的有效性,实现低成本、高质量和可持续的数字孪生。

1.5.3 系统实现三阶段

简而言之,数字孪生系统实现的成熟度可分为三个大的阶段:单向映射(面向可视化)的数字孪生、双向映射(反映机理)的数字孪生和全息映射(虚实共生)的数字孪生。

1. 单向映射的数字孪生

单向映射的数字孪生主要关注物体的几何尺寸、外观和单向的机理仿真。

在这个阶段,数字孪生主要用于实现"所见即所得"的效果,确保数字孪生在计算机中的表示与实际物体的外观和尺寸一致。这一阶段类似于达索公司提出的第一和第二个阶段,对应上文成熟度的L0和L1等级,数字孪生主要通过计算机辅助设计软件创建物体的几何模型,以实现"所见即所得"的效果。这个阶段主要关注物体的形状、轮廓和外观特征。在L1等级,数字孪生扩展到多学科仿真模拟,以反映物体在不同环境下的性能。例如,飞机的数字孪生可以进行空气动力学、结构力学、电磁学等多学科仿真模拟,以验证飞机的设计在现实世界中的可行性。

2. 双向映射的数字孪生

该阶段更多地涉及产品的全生命周期和数字孪生的决策分析能力。

这一阶段对应达索公司提出的第三和第四个阶段,对应上文成熟度的L2、L3和L4等级,将产品或制造系统放入数字孪生环境中进行模拟、仿真和优化,以提供最佳的产品体验。其中双向交互实现了物理实体和数字孪生模型的同步运行和动态重构。通过传感器、数据收集和实时反馈,数字孪生可以与物理实体进行实时交互,并提供可视化、预测、决策和优化等功能服务。

3. 全息映射的数字孪生

全息映射的数字孪生代表了数字孪生技术发展的高级阶段,这一概念强调物理实体与其数字模型之间的深度融合和互动。全息映射的数字孪生具备动态重构的能力,可以根据物理实体的实际运行情况和外部环境的变化进行自我调整和优化。同时,这种同步不是短暂的,而是在产品全生命周期中持续进行的。在这个阶段,数字孪生不仅仅是一个静态的复制品,而是一个动态的、实时更新的并且能够自我调整的全生命周期伙伴。该阶段对应上文成熟度的第五等级(L5)。

1.6 数字孪生的工业应用场景

数字孪生技术在产品的全生命周期中发挥着至关重要的作用,它通过创建一个高度精确的虚拟副本,使得从设计到退役的每个阶段都能够实现更高效和智能的管理。在设计阶段,数字孪生可以用于模拟和测试不同的设计方案,优化产品性能并预测可能的问题,从而减少物理原型的需求和相关成本。进入生产阶段,它能够监控制造过程,确保质量控制,并为生产线的优化提供数据支持。在运营阶段,数字孪生通过实时数据分析和模拟,提供设备维护和故障预测,从而提高产品的可靠性和运营效率。最后,在产品退役阶段,数字孪生能够帮助分析产品的使用寿命和回收再利用的可能性,支持更加可持续的产品生命周期管理。整体而言,数字孪生作为一种强大的技术工具,不仅提升了产品开发的质量和速度,还为企业提供了深入的洞察和有力的决策支持,使得产品全生命周期的管理更加精细化和智能化,如图1-25所示。

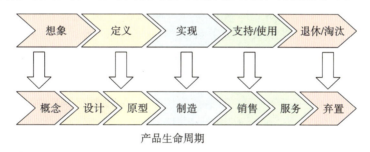

图1-25 数字孪生全生命周期应用

1.6.1 设计阶段

在设计阶段,数字孪生的应用场景是多方面的,它通过提供一个高度详细的虚拟模型来支持产品设计,主要包括以下几个方面。

1. 概念验证和设计探索

数字孪生允许设计师在虚拟环境中测试和评估不同的设计方案。通过模拟,设计师可以观察不同设计选择对产品性能、耐久性和成本的影响,从而做出更加明智的决策。这种方法减少了设计对物理原型的依赖,加快了概念验证的过程,并降低了相关成本。

2. 性能分析和优化

设计师利用数字孪生进行详细的性能分析,可以预测产品在各种工作条件下的表现。这包括对产品的结构强度、热管理、流体动力学等进行模拟。通过这些分析,设计师可以识别并解决潜在的设计问题,优化产品性能,确保产品满足预定的性能标准。

3. 多学科协同设计

数字孪生支持跨学科团队的协作，使得机械工程师、电气工程师、软件工程师等可以共享同一个模型，并在设计过程中相互协作。这种协同工作模式提高了设计的效率，确保了不同系统之间的兼容性和整体设计的一致性。

4. 可制造性和可维护性评估

在设计阶段，数字孪生可以用来评估产品的可制造性和可维护性。模拟生产过程和维护操作，可以在产品设计中考虑到制造和维护的便利性，减少后期生产和维护的难度和成本。

5. 客户参与和反馈

数字孪生可以创建产品的虚拟原型，使客户能够在设计阶段就参与进来。客户可以通过虚拟现实（VR）或增强现实（AR）技术体验产品，提供反馈和建议。这种方式使得客户需求能够更早地被整合到设计中，有助于提高产品的市场适应性。

6. 环境和可持续性考量

数字孪生还可以用于评估产品对环境的影响，包括其生命周期中的能源消耗、废物产生和回收利用。这有助于设计师在设计阶段就考虑可持续性，开发更加环保的产品。

7. 安全性分析

在设计阶段，数字孪生可以用来模拟和分析产品在极端条件下的行为，确保产品的安全性。这对于需要满足严格安全标准的行业和领域，如航空航天、汽车和医疗设备等尤为重要。

数字孪生在设计阶段为产品设计提供了一个强大的支持平台，使得设计过程更加高效、精确，并能及时响应客户需求。随着技术的不断进步，数字孪生在设计阶段的应用将变得更加广泛和深入。Ansys 使用数字孪生系统 Twin Builder 进行产品验证与优化，支持用于模型在环（MiL）与软件在环（SiL）验证工作流程的联合仿真、控制策略的设计和调整，如图 1-26 所示。

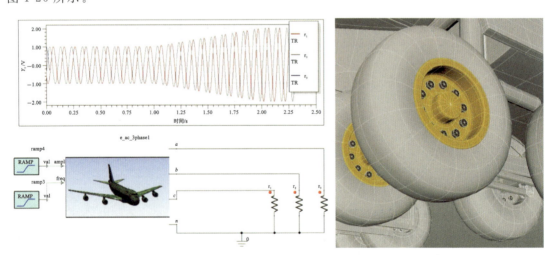

图 1-26　Ansys Twin Builder 用于产品验证和优化

Altair 的数字孪生集成平台连接了开发领域，为电气工程师、控制专家、系统工程师、结构设计师、动态专家、制造专家和数据科学家提供了一种新的仿真驱动的团队协作方式，图 1-27 为 Altair 用于机器人驱动设计示例。

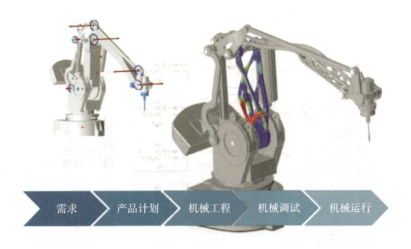

图 1-27　Altair 用于机器人驱动设计示例

1.6.2　制造阶段

数字孪生在制造阶段有很多应用场景,大致可分为以下方面。

1. 设备监控和维护

利用数字孪生技术,可以实时监测设备的状态和性能,通过模拟测试和预测分析,提前发现潜在的故障风险,减少设备维修和停机时间,提高生产效率,如图 1-28 所示。

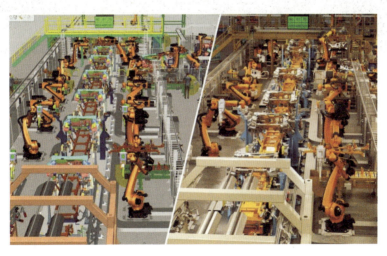

图 1-28　西门子汽车生产数字孪生应用

2. 生产计划和优化

通过数字孪生模型,可以模拟生产流程和各种因素对生产的影响,预测生产瓶颈和资源短缺,帮助企业做出更精准的生产计划和决策,提高生产效率和产品质量。

3. 基于数据驱动的决策

利用数字孪生技术,可以实时收集和分析生产过程和设备运行中的大量数据,帮助企业实现透明化管控,做出更加科学的决策,提高生产效率和产品质量。

1.6.3 运维阶段

在运维阶段,数字孪生模型可以模拟真实生产环境,让员工在虚拟环境下接受培训和进行安全练习,提高员工的技能水平和安全意识,降低工伤事故率,如图1-29所示。

图1-29 基于数字孪生的运维培训

大连理工大学与北京空间飞行器总体设计部基于数字孪生对航天器服役期间的强度状态实时监测见图1-30。

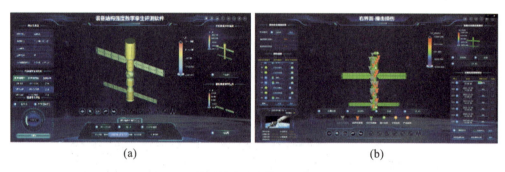

图1-30 基于数字孪生的航天器智能运维
(a)强度寿命评估;(b)损伤降价更新

1.6.4 回收阶段

再制造考虑产品的可回收性、可拆解性、可再制造性和可维护性等。数字孪生可以帮助制造商决定如何处理生命周期结束并需要通过回收或其他措施进行最终处理的产品,如图1-31所示。

作者团队基于数字孪生进行新能源汽车动力电池的拆解回收应用,如图1-32所示。应用系统包括环境、基于强化学习框架的控制方法、智能体等。根据识别出的人类行为,机器人代理获取同时要操作的拆解零件,并根据零件行为组件和/或图形找到当前的拆解子任务。

综上所述,数字孪生是一种将物理实体数字化的技术,通过可视化方式实现对实体全生命周期进行动态映射和交互。数字孪生使得现实世界中的物体可以在虚拟世界中被完整地复制,从而建立现实与虚拟之间的映射关系。虚拟世界实时而准确地映射物理世界的整个生命周期,以实现模拟、监测、预测和优化等目标,具有巨大的应用潜力。

数字孪生还处于起步阶段,但正在快速成长!

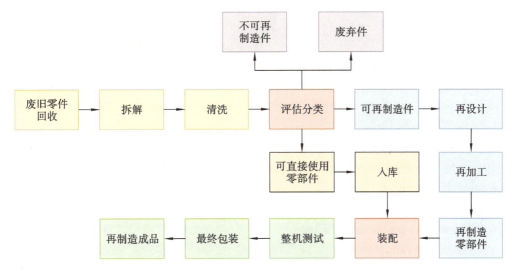

图 1-31 回收阶段的再制造与数字孪生

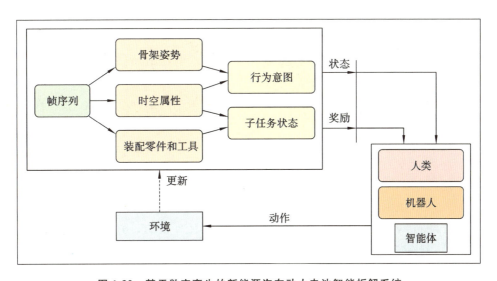

图 1-32 基于数字孪生的新能源汽车动力电池智能拆解系统

习　　题

1. M. Grieves 提出的 Digital Twin 镜像模型的本质是什么？该模型中的物理空间和虚拟空间交互有何不同？

2. 德勤和波音提出的数字孪生参考模型有什么特点？

3. 根据书中介绍的数字孪生参考模型，尝试绘制你自己的数字孪生参考模型，并给出详细解释。

4. 数字孪生与数字模型、信息物理系统的异同点是什么？

数字资源

参 考 文 献

[1] GRIEVES M, VICKERS J. Digital twin: mitigating unpredictable, undesirable emergent behavior in complex systems[M]// KAHLEN F-J, FLUMERFELT S, ALVES A. Transdisciplinary Perspectives on Complex Systems. Switzerland: Springer, Cham, 2016: 85-113.

[2] TUEGEL E J, INGRAFFEA A R, EASON T G, et al. Reengineering aircraft structural life prediction using a digital twin[J]. International Journal of Aerospace Engineering, 2011: 1-14.

[3] SHAFTO M, CONROY M, DOYLE R, et al. Modeling, simulation, information technology and processing roadmap[J]. Technology Area, 2010(11): 1-33.

[4] YANG Y, BAO J, JIN Y, et al. A virtual simulation environment for lunar rover: framework and key technologies[J]. International Journal of Advanced Robotic Systems, 2008, 5(2): 201-208.

[5] 陶飞,刘蔚然,张萌,等.数字孪生五维模型及十大领域应用[J].计算机集成制造系统,2019,25(01):1-18.

[6] 中国电子技术标准化研究院.信息物理系统白皮书(2017)[EB/OL].[2024-04-09]. https://www.cesi.cn/201703/2251.html.

[7] 陶飞,张萌,程江峰,等.数字孪生车间——一种未来车间运行新模式[J].计算机集成制造系统,2017,23(1):1-9。

[8] 胡虎,赵敏,宁振波,等.三体智能革命[M].北京:机械工业出版社,2016.

[9] 陶飞,张辰源,戚庆林,等.数字孪生成熟度模型[J].计算机集成制造系统,2022,28(5):1267-1281.

[10] BERGS T, GIERLINGS S, AUERBACH T, et al. The concept of digital twin and digital shadow in manufacturing[J]. Procedia CIRP, 2021, 101(3): 81-84.

[11] 庄存波,刘检华,熊辉,等.产品数字孪生体的内涵、体系结构及其发展趋势[J].计算机集成制造系统,2017,23(04):753-768.

[12] YOON K, KIM S-K, JEONG S P, et al. Interfacing cyber and physical worlds: introduction to IEEE 2888 standards[C]//2021 IEEE International Conference on Intelligent Reality (ICIR), Piscataway, NJ, USA, 2021: 49-50.

第 2 章 数字孪生系统建模基础

2.1 前　　言

建模是一种抽象和描述事物的过程,旨在理解事物并提供无歧义的书面描述。它是研究系统的重要手段和前提。在建模过程中,需要考虑人类对物理规律认知程度对准确性和逼真性的影响。建立模型时,需要在简化程度和分析结果准确性之间进行权衡,根据建模任务选择适当的抽象和简化方式。

数字孪生系统建模与通用系统建模相似,都是通过建立模型来描述目标系统的特征、内部运作机理、行为和对外界的响应。数字孪生系统的特点在于它基于实际系统的数据和物理模型,通过模拟和仿真实现对实际系统的精确复制,这就是虚实间的映射。同时,建立的分析和决策模型不断实时观察系统状态,进行预测性分析和决策,这就是虚实间的反馈,并且虚实融合是随着系统工况、任务、时间或者生命周期的变化而实时更新的,如图 2-1 所示。在数字孪生系统建模过程中,也需要考虑准确性和逼真性,并根据需要选择合适的简化程度。

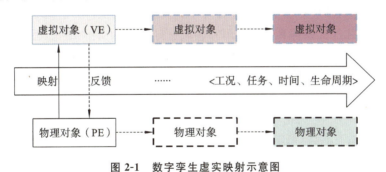

图 2-1　数字孪生虚实映射示意图

同时,结合第 1 章的数字孪生概述,可以看出数字孪生系统建模有鲜明的特点,主要体现为:

(1) 先进性　数字孪生是在近年数字技术和人工智能技术背景下诞生的,运用、集成并体现了最新一代计算机进展,尤其是人工智能的研究进展的成果。

(2) 互操作性　数字孪生中的物理对象和数字空间能够双向映射、动态交互和实时连接,数字孪生具备以多样的数字模型映射物理实体的能力,具有能够在不同数字模型之间转换、合并和建立"表达"的等同性。

(3) 可扩展性　数字孪生技术具备集成、添加和替换数字模型的能力,能够针对多尺度、多物理、多层级的模型内容进行扩展。

(4) 实时性　数字孪生技术要求数字化,即以一种计算机可识别和可处理的方式管理数据,从而对随时间变化的物理实体进行表征。表征的对象包括物理实体的外观、状态、属性、内在机理,形成物理实体实时状态的数字虚体映射。

(5) 保真性　数字孪生的保真性指数字虚体模型和物理实体的接近性,要求虚体和实体不仅要保持几何结构的高度仿真,而且在状态、相态和时态上也要仿真。在不同的数字孪生场景下,同一数字虚体的仿真程度可能不同。例如工况场景中可能只要求描述虚体的物理性质,并不需要关注化学结构细节。

(6) 闭环性　数字孪生中的数字虚体用于描述物理实体的可视化模型和内在机理,以便对物理实体的状态数据进行监测、分析推理,优化工艺参数和运行参数,实现决策功能,即赋予数字虚体和物理实体一个"大脑"。因此数字孪生具有闭环性。

2.2　数字孪生的数学描述

在数字孪生建模中,数学是描述系统行为和相互关系的基础工具。通过精确的数学定义,可以确保模型的准确性、可靠性和一致性,从而提高数字孪生的有效性和可行性。

数学定义用于建立系统模型,描述系统的结构、组成部分和它们之间的关系。准确的数学定义可以确保系统模型的一致性和准确性,从而提供关于数字孪生对象的精确描述;同时,用于描述数字孪生对象的动态行为,包括系统的物理特性、运动规律和相互作用。通过精确的数学定义,可以建立差分方程、微分方程或其他数学模型,以描述系统的时间演化和行为变化。常用的数学工具是基于离散数学的,通过定义数字孪生映射理论,分析数字孪生系统与实际物理系统之间的一致性。综合集合和映射理论,可以将数字孪生定义为一个集合系统,其中包含描述系统状态的集合和描述对象关系的映射。数字孪生建模的目标是通过建立准确的映射关系,将实际系统的行为和性能模拟在数字环境中,并提供对系统行为的预测、优化和控制。

数字孪生建模往往要根据具体的应用和领域进行定义、扩展和细化,因此理想的数字孪生系统建模应对系统进行细粒度的解耦,将细粒度的组件设计为可组合、可连接、可层次化(多层次)、可动态交互(动态性)的智能化部件,根据任务驱动来动态组合新系统。集合和映射理论为数字孪生建模提供了理论指导,在实际的数字孪生建模和应用中还需要结合其他数学工具和方法,如概率论、统计学、优化理论等,以更全面地描述和分析系统行为。

(1) 可组合　所有实体(系统)本质上都是可组合的,部件建立在松耦合的框架上,系统既可以由离散的实体组成,也可以由子系统组成。

(2) 可连接　组件提供标准化接口,满足系统之间要素的相互联系需求。

(3) 多层次　所有的组件都可以组成子系统,每个子系统又都可以和其他组件或子系统形成树状或者图等具有复杂层次关系的子系统,这种多层次特点使得子系统在构建应用时很方便按照区域、类型等进行柔性配置。

(4) 动态性　系统相互连接的方式可以是稳定的不随时间变化的,也可以是不断变化和动态的。

2.2.1　数字孪生要素定义

定义2.1:单体数字孪生。单体数字孪生是仅包含一个物理对象及其映射的数字对象的一个孪生体对⟨PE,VE⟩,是数字孪生的最小形态。单体数字孪生可表示为

$$DT_s = \{dts | PE, VE, R\}$$

其中,PE是物理实体,VE是数字对象,PE和VE构成了一对数字孪生体;R是PE和VE的连接关系,反映了数字孪生的状态。

定义2.2:多体数字孪生。相对于单体数字孪生,多体数字孪生描述了多个物理系统的数

字孪生,可表示为
$$DT_m = \{dtm | DT_s, R_{dt}\}$$
其中,R_{dt} 是 PE 和 DE 的连接关系。

定义 2.3:数字孪生状态。数字孪生状态是描述 PE 的系统状态、行为、特征和功能等的集合,可表示为
$$S = \{s | T_{behavior}, T_{feature}, T_{function}\}$$

状态 s 代表一个系统可能的状态,计算状态 s 可能是一个复杂的过程。不同物理系统有不同状态描述,比如离散状态或连续状态;不同的应用任务中,s 可能有线性的,也有非线性的。

定义 2.4:数字孪生属性。数字孪生属性是对数字孪生体的属性描述集合 A,集合 A 是数字孪生的元数据描述。
$$dt \in DT_s \| DT_m, A = \{a | AD_{dt}, AA_{dt}, AS_{dt}\}$$
其中,AD_{dt} 是描述性元数据,AA_{dt} 是管理元数据,AS_{dt} 是结构元数据。

定义 2.5:数字孪生组件。组件集合为 C,其中的元素表示数字孪生系统中的不可分离最小单元。
$$C = \{c | DT_s \| DT_m\}$$
每个组件 $c \in C$ 具有特定的标识符或名称,用于唯一标识该组件。

定义 2.6:数字孪生接口。数字孪生接口是物理系统和虚拟系统间的接口,用来获得数据、监控状态和控制决策的数字化对象和方法集合。接口往往定义在数字孪生组件上。
$$I_n = \{C_i \rightarrow C_j\}$$
I_n 表示 $C_i \rightarrow C_j$ 的接口,每个接口 $i_n \in I_n$ 也具有特定的标识符或名称。

定义 2.7:遥测数据。遥测数据是数字孪生系统的测量数据集合 $D_{tele} = \{S_{data}, S_{method}\}$,其中的元素表示传感器的遥测数据集合 S_{data} 和遥测数据的访问方法 S_{method}。

定义 2.8:数字孪生实例。数字孪生实例是一个数字孪生体的实例化,类似于面向对象的实例化。
$$DT_i \in \{DT_s | DT_m, id\}$$
数字孪生实例可以是单体实例,也可以是多体实例。实例化的数字孪生是对具体物理世界的真实复制,具有特定的标识符或名称,有唯一标识。

定义 2.9:数字孪生拓扑。数字孪生系统的组织结构是图结构,可近似描述为树状结构以简化计算。

定义 2.1~2.9 使得我们可以用集合和集合之间的关系来描述数字孪生系统中的单元、接口、属性、遥测数据、组件以及它们之间的关系。通过对数字孪生要素进行抽象定义,集合表示了数字孪生系统的不同组成部分,而集合之间的关系表示了这些组成部分之间的连接和依赖关系。这样的抽象定义有助于理解和描述数字孪生系统的结构,并为进一步的建模、分析和应用提供基础。

2.2.2 数字孪生要素广义映射

离散数学是关于离散对象和离散结构的数学,而函数与映射关系是离散数学中非常重要的概念。在离散数学中,研究对象之间的对应关系,能够帮助人类理解和描述物理现象及其规律。相似地,在数字孪生中,映射理论用于描述对象之间的关系和信息的传递。映射关系则可以表示为从一个集合到另一个集合的函数关系。

数字孪生中的映射可以分为输入映射和输出映射。输入映射将外部数据（例如传感器数据）映射到数字孪生系统中，而输出映射将数字孪生系统的状态映射为可观测的输出结果。此外，映射理论还可以用于描述数字孪生系统中的内部过程、相互作用和反馈机制，例如模型的状态转换、参数调整和控制策略。

1. 广义映射定义

数字孪生的本质是虚实融合，虚实融合从理论上可定义为"映射"。在数学上映射是指两个元素集合之间元素相互"对应"的关系，为名词。映射，或者射影，在数学及相关的领域经常等同于函数。根据映射的结果，可从下面的三个角度对映射进行分类：

(1) 根据结果的几何性质分类，映射分为满射（到上）与非满射（内的）；

(2) 根据结果的分析性质分类，映射分为单射与非单射；

(3) 同时考虑结果的几何与分析性质，映射分为满的单射（一一映射），同时理论上任何对象都可以映射。

在数字孪生系统中，映射可以是单射、一一映射或满射，具体取决于连接的特性和要求。单射映射表示数字孪生系统中的每个对象或组件都有唯一的对应物理对象或组件。而一一映射表示数字孪生系统中的每个对象都与物理对象一一对应。满射映射表示数字孪生系统中的每个对象都有至少一个对应的物理对象。A 和 B 分别代表数字孪生在物理世界和虚拟世界的两个集合，映射表示为

$$f:A \to B \tag{2-1}$$

1) 单射映射（injective mapping）

对于任意 $a_1, a_2 \in A$，如果 $a_1 \neq a_2$，则 $f(a_1) \neq f(a_2)$。换句话说，单射映射 f 将 A 中的每个元素映射到 B 中的不同元素，表示为

$$\forall a_1, a_2 \in A, a_1 \neq a_2 \Rightarrow f(a_1) \neq f(a_2) \tag{2-2}$$

2) 一一映射（bijective mapping）

对于任意 $a_1, a_2 \in A$，如果 $a_1 \neq a_2$，则 $f(a_1) \neq f(a_2)$。同时，对于任意 $b \in B$，存在一个 $a \in A$，使得 $f(a) = b$。换句话说，一一映射 f 将 A 中的每个元素映射到 B 中的不同元素，并且 A 中每个元素在 B 中都有唯一的映射，表示为

$$\forall a_1, a_2 \in A, a_1 \neq a_2 \Rightarrow f(a_1) \neq f(a_2) \text{且} \ \forall b \in B, \exists a \in A \Rightarrow f(a) = b \tag{2-3}$$

3) 满射映射（surjective mapping）

对于任意 $b \in B$，存在一个 $a \in A$，使得 $f(a) = b$。换句话说，满射映射 f 将 A 中的元素映射到 B 中的所有元素，表示为

$$\forall b \in B, \exists a \in A \Rightarrow f(a) = b \tag{2-4}$$

上述映射给出了数字孪生系统中常见的映射类型，表示了数字孪生虚实映射的几种特性。其中，单射映射是指每个输入元素在映射后都有唯一的输出；一一映射表示了一种更强的映射关系，每个输入元素都有唯一的输出，并且每个输出都有唯一的输入；而满射映射表示了数字孪生虚实映射的高级状态，即每个输出元素都至少有一个对应的输入元素。这里需要说明的是，离散数学中的映射定义并不完全适用于数字孪生，数字孪生的广义映射更加复杂。

2. 映射的表示与属性

数字孪生是否满足高保真性要求，首先取决于数字孪生模型与物理对象之间映射的完整性。然而，完全保真映射是有代价的，比如对于数字孪生的三维可视化模型，对物理对象的映射大部分是部分映射，只需要关注外观而不需要了解内部细节，这时内部几何要素不需要被映

射。另外,当前数字孪生也不可能做到完全映射,比如部分物理规律还不可知。不可知的规律只能表示为映射的空射,如图 2-2 所示。

其次,映射的连接反映了数字孪生的数字化和模型化过程,这是数字孪生的基础和核心。这种映射的连接有的简单,有的极为复杂,都可用式(2-1)来简单表述。

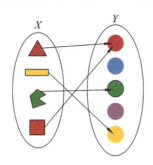

图 2-2 映射可作为函数

最后,映射的集合表示了数字孪生连接的形态,也决定了数字孪生系统的形态,如孤立的数字孪生、连接的多数字孪生、大规模网络化数字孪生或由多个数字孪生体组成的数字孪生云。这些形态可以通过映射理论中的集合和集合之间的关系来描述,例如,孤立的数字孪生可以看作单个集合,而数字孪生云可以看作多个集合的组合。

1) 映射属性

映射的属性反映了虚实融合的广度和深度,其中,连接中的接口问题可以通过映射理论来解决。

数字孪生系统中的模型和数据输入需要统一接口,可以通过映射来确保接口一致性。映射可以对不同接口之间的数据进行转换和传递,使得数字孪生系统与物理对象之间的交互更加无缝和高效。连接中的语义问题可以通过映射理论进行考虑。映射可以具有权重属性,用于表示连接的关联性强度。时间上的序列要求可以通过映射理论中的有序映射来表示,确保数字孪生系统与物理对象的连接具有时序关系。如设备宕机时,数字孪生体和物理模型的连接就是有时间效应的,等等。另外,连接的形态决定了数字孪生的形态,如孤立的数字孪生、可云化的数字孪生、多个数字孪生体组成的数字孪生云等。

由此可以看出,数字孪生的层次和组织的映射,就是对数字孪生的外观和组织结构的建模过程。数字孪生的机理模型是多学科集合的成果,反映了数字孪生的内在特性,这个映射不能为空。而数字孪生的数据模型,其映射是非线性的和黑箱。映射的方向(如双向或单向)反映了交互的方式,其中双向交互是数字孪生的高层次方式,可实现虚实融合、虚实共生。

2) 映射函数

映射的函数反映了数字孪生的驱动逻辑。根据数学上的定义,驱动本质上是映射的函数,这些函数可以是线性的和非线性的、静态和动态的、显式的和隐式的等;驱动方式有机理的,也有数据驱动的,有弱连接的,也有强连接的。驱动是数字孪生体是否真实反映物理孪生体的核心。

同时需要认识到,在映射过程存在语义鸿沟,因为不同映射表征(如语言或符号)对同一个对象的描述存在差异,一个对象的语义取决于它所处的语境。在实际应用中,这意味着对现实世界任务的任何形式化表述都需要将应用的上下文专家知识(高级)转化为计算机的基本和可重现操作(低级)。本书的映射逻辑采用基于 Zermelo-Frankel 集合论的模型理论,其中话语域(即世界中被建模的部分)表示为一个集合(通常称为 Δ);世界中的物体被解释为 Δ 的元素,类/概念(一元谓词)是 Δ 的子集,属性/角色(二元谓词)是 Δ×Δ(即 $Δ^2$)的子集,三元谓词是 $Δ^3$ 的子集等;类与类之间的子类关系可以解释为集合包含关系。

映射的本质是为了实现数字孪生虚实融合。其中虚实同步意味着使数字孪生的状态与其现实世界中的对应状态保持一致,可以通过实时或近实时地使用传感器或其他来源传输数据来更新虚拟模型,以实现同步。同步还可以涉及从虚拟模型发送命令或反馈以控制或影响物理系统。在某些特定情况下,映射可交予人来完成,这就是数字孪生中的人机交互或人机协作。根据数据映射的方向和频率,映射同步方法可分为不同类型:①单向同步。数据仅从物理域传输到虚拟域,反之亦然。②双向同步。数据在物理域和虚拟域之间双向传输。③连续同步。定期或每当状态发生变化时传输数据。④离散同步。仅在特定时间点或根据请求传输数据。根据映射同步的粒度或抽象级别,映射同步方法可以分为:①完全同步。状态的所有方面都在域之间传输。②部分同步。仅在域之间传输状态的选定方面。③聚合同步。数据在域之间传输之前先进行聚合或汇总。④详细同步。数据在域之间传输,无须任何聚合或汇总。

也有学者认为如果同步只是单向的,不能将其视为数字孪生系统。根据数字孪生系统的成熟度,本书认为当前数字孪生以更广义的方式来考虑,单向同步只是数字孪生的初级形态特征。

3. 数字孪生系统数学定义

从细粒度划分,可将数字孪生软件模型扩展为六个维度:

$$DT_v = (PE, VE, UI, DD, M, O) \tag{2-5}$$

其中,UI(用户界面)犹如一面镜子,将物理实体和虚拟实体分开。软件定义后的虚拟实体围绕 PE-VE 间的孪生数据(DD)、PE-VE 的映射模型(M)、PE-VE 间的交互(O)展开,虚拟实体内部包括了数据和模型间的交互、数据和模型的外在可视化等,如图 2-3 所示。

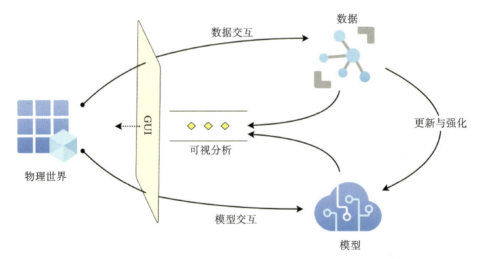

图 2-3 通用的数字孪生应用体系

图 2-3 所示的数字孪生应用体系共由六个维度构成,涵盖两方面视角,是通用孪生体单元虚实交互的六维度全方位表示。物理实体(PE)、虚拟实体(VE)、孪生数据(DD)代表数字孪生的基本方面,这三个维度是领域内最早得到普遍认同的结构,已有很多文献介绍。而交互(O)、映射模型(M)、用户界面(UI)则代表数字孪生领域前沿的智能化与"人在环"方面。

2.3 数字孪生系统建模基础

数字孪生建模本质上是对物理系统进行数字化复制,旨在描述其外部形貌和内部运行机理。然而,内部运行机理的刻画是一项困难的任务,需要同时了解物理规律并使用数据进行表达,如图 2-4 所示。正如中国古话所说:"画虎画皮难画骨。"在建模过程中,可以采用不同类型的模型,包括几何模型、物理模型、行为模型和规则模型等。在制造业领域,数字孪生建模主要侧重于构建几何和物理模型,更多地依赖于物理机理和因果关系。而在智能制造或工业互联网领域,数字孪生建模的对象更加广泛,不仅包括可观察的视觉方面,还包括不可观察的数据流、生成的组织行为、制造系统的控制流等。这些以数据为核心的要素可用于发现人类活动规律、识别过程瓶颈以及检测系统异常,从而实现系统级优化和业务策略的改进。

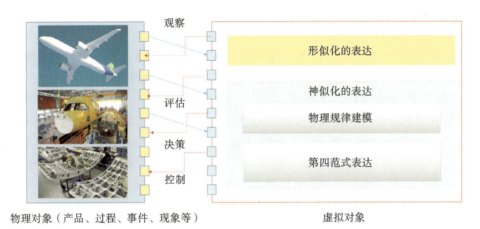

图 2-4 数字孪生的映射与表示

数字孪生建模根据复杂度可分为单元建模和系统建模,根据系统特征可分为离散系统建模和连续系统建模,根据模型类型可分为几何建模、数学建模和数据建模等。数字孪生建模可以涉及数字孪生制造、数字孪生产品、数字孪生城市、数字孪生生命等多个领域。

数字孪生系统建模跨度非常大,包括单元、系统和系统之系统不同粒度,针对制造业的连续型、离散型和离散连续型不同生产组织方式,集成结构化和非结构化、静态和动态的异构数据,整合三维几何模型、机理模型和数据模型等等。该建模过程是非常复杂的,是数字孪生的核心。本书将按照自顶向下的顺序介绍从体系到细节的建模,先进行面向业务过程的数字孪生系统建模,然后再对数字孪生内部的几何、机理和数据进行建模,分别在第 2 章、第 3 章和第 4 章进行展开。

2.3.1 面向对象的建模方法

模型是现实世界中的某些事物的一种抽象表示。抽象的含义是抽取事物的本质特性,忽略事物的其他次要因素。因此,模型既反映事物的原型,又不等于该原型。描述信息系统模型最常见的方法是形式化描述和图示化描述。形式化描述方法非常精确、严谨,易于系统以后的实现,但难以掌握和理解,模型可读性差,往往只有专业人员才会使用,因而难以推广。图示化描述方法直观、自然,易于描述系统的层次结构、功能组成,且简单易学,通常还有工具软件支持,因而成为当前系统建模的主要描述工具,但这种方法的精确性和严谨性不够。建模方法可以分为面向过程的建模、面向数据的建模、面向信息的建模、面向决策的建模和面向对象的建模五种,本书介绍目前最常见的面向对象的建模方法论,如图 2-5 所示。

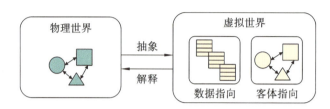

图 2-5　数字孪生与面向对象

面向对象的建模方法是以面向对象模范为基础的。面向对象的建模方法都支持三种基本的活动:识别对象和类,描述对象和类之间的关系,以及通过描述每个类的功能定义对象的行为。在分析系统需求过程中,通过静态逻辑(描述实例化、关联,聚集以及一般化等关系)、动态逻辑(对象间的相互关系)、静态物理(代码布局)和动态物理(描述软件的进程和线程体系结构)四个不同的侧面来刻画软件的体系结构。总的来说,面向对象的建模方法包括两个方面的内容:模型和方法,图例及标记规范。

面向对象建模(object-oriented modeling,OOM)是物理建模的重要特征和支持手段,类与对象是面向对象建模的基本概念。类可以认为是对一类事物的抽象,为类属;对象是类的实例,为具象。每个类都可以具有数据与行为。数据主要指不同属性的变量,按可变性可以分为常量、参量与交量,按连续性和性质可以分为代数变量、状态变量与离散变量。类的行为通常采用方程描述,方程通过对变量施加不同性质的约束,使类通过变量在时间进程中表现出动态的行为。面向对象具有三个典型性质——封装、继承和多态,目的就是对复杂的物理世界进行抽象,这就是一种映射,如图 2-6 所示。

图 2-6　面向对象的数字孪生模型示意图

(1)封装　旨在控制对数据的访问和隐藏行为实现的细节。封装有利于提供稳定的对外接口,保证模型代码的模块化,提高模型的重用性。类似于数学的描述方法,封装技术能够将复杂的事物极大简化。然而,这种封装私有化的操作,也会导致黑盒的出现。变量往往存储了数字孪生的遥测数据和属性数据,而方法则对应数字孪生系统中的接口和方法,如图 2-7 所示。

（2）继承(inheritance) 继承是面向对象建模中类与类之间的一种关系。继承的类称为子类、派生类,而被继承类称为父类、基类或超类。通过继承,子类具有父类的数据与行为,同时子类可以通过加入新变量和方程的方法,建立新的类层次,如图 2-8 所示。

（3）多态(polymorphism) 面向对象建模的多态性更加侧重于表现基于多态方便地提供模型重用、类型衍生及方程灵活表示的能力,可实现"一个接口多个实现"。多态在现实生活中的一个例子:如果你学会了如何驾驶一辆汽车,你就能驾驶任何其他汽车,这并不取决于汽车的品牌、配置或内部实现,它们具有相同的驱动界面,如图 2-9 所示。

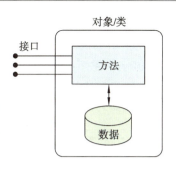

图 2-7 封装

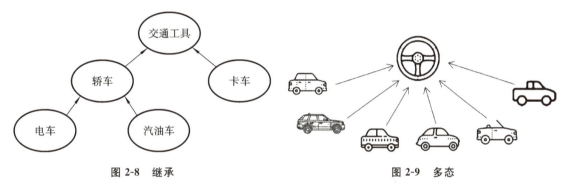

图 2-8 继承　　　　　　图 2-9 多态

数字孪生系统中有很多设备、传感器和模型,继承和多态的性质有助于简化系统的设计和实现,尤其在数字孪生建模中,多态性使得数字孪生可以使用统一的接口来处理不同类型的设备、传感器和模型使其能够以一种统一且灵活的方式进行建模和操作。

2.3.2 模型描述格式

目前主流的数据交换格式是 XML(可扩展标记语言)或 JSON(JS 对象表示法),它们对于描述系统模型非常重要。采用这些格式可以提供结构化的方式来描述和组织数据。这种描述方式有助于数字孪生模型的开发、集成和应用。同时,与 Web 技术的集成也是 XML 和 JSON 的优势之一。这样的集成能够实现数字孪生系统的在线共享和远程访问。此外,XML 和 JSON 格式促进了不同系统之间的数据交换和互操作性,使数字孪生系统更具整合能力。

1. XML

XML 是一种用于存储和传输数据的强大工具。它是一种简单而灵活的文本格式,旨在帮助组织和描述信息,使其易于理解和处理。XML 于 1998 年 2 月成为万维网联盟(World Wide Web Consortium,W3C)的推荐标准。XML 不仅被设计用来结构化、存储以及传输信息,而且也被用作进行模型描述的语言。XML 的优势之一是它的可扩展性。这意味着用户可以根据需要定义自己的标签和结构,以适应不同的应用场景和数据类型。

这里给出一个使用 XML 标签来描述一个机械产品订单的示例,如图 2-10 所示。根元素是 order,它包含了整个订单的信息。订单中包含了订单号(orderNumber)、客户信息(customer)、产品列表(products)和交付日期(deliveryDate)。在 customer 元素中,可以看到客户的姓名(name)和地址(address)信息。地址信息由街道(street)、城市(city)和邮编(zip)组成。在 products 元素中,列出了订单中的产品,每个产品都有一个名称(name)和数量(quantity)。最后,deliveryDate 元素指定了订单的交付日期。该示例展示了如何使用标签和元素来组织和描述制造业场景中的产品订单。这种方式可以清晰地表达订单的信息结构,并使计算机能够理解和处理这些数据。

```
▼ object {1}
    ▼ array {4}
        orderNumber : 12345
        ▼ customer {2}
            name : 客户A
            ▼ address {3}
                street : 人民北路2999
                city : 上海
                zip : 12345
        ▼ products [2]
            ▼ 0 {2}
                name : 零件 A
                quantity : 10
            ▼ 1 {2}
                name : 零件 B
                quantity : 5
        deliveryDate : 2023-09-30
```

```xml
<order>
  <orderNumber>12345</orderNumber>
  <customer>
    <name>客户A</name>
    <address>
      <street>人民北路2999</street>
      <city>上海市</city>
      <zip>12345</zip>
    </address>
  </customer>
  <products>
    <product>
      <name>零件 A</name>
      <quantity>10</quantity>
    </product>
    <product>
      <name>零件 B</name>
      <quantity>5</quantity>
    </product>
  </products>
  <deliveryDate>2023-09-30</deliveryDate>
</order>
```

图 2-10 XML 示例

XML 是一种定义完善的强大语言,要约束和规范化 XML 的内容,可以使用 XML Schema(或 XML Schema Definition,XSD)或者 Document Type Definition(DTD)这两种约束语言之一。

(1) XSD XSD 是一种 XML 的约束语言,定义了 XML 文档的结构、数据类型和约束规则。通过创建一个 XSD 文件,你可以定义 XML 文档中允许的元素、属性、数据类型以及它们之间的关系。XSD 可以确保 XML 文档符合特定的规范,使其更具可读性和一致性。比如要求图 2-10 所示示例中的订单数量必须是整数,其格式为

< xs:element name= "quantity" type= "xs:integer"/>

(2) DTD DTD 是 XML 的另一种约束语言,定义了 XML 文档的结构和约束规则。DTD 使用一组规则来描述元素的内容、元素的属性以及它们之间的关系。DTD 文件可以在 XML 文档中被引用,以确保文档的结构和内容符合规范。

2. JSON

JSON 是一种轻量级的数据交换格式,英文全称为 JavaScript object notation,可翻译为 JS 对象表示法。JSON 是欧洲计算机制造联合会(ECMA)提出的 ECMA-404 标准。JSON 对象是一个无序的"'名称/值'对"集合。一个对象以左括号"{"开始,以右括号"}"结束。JSON 表示的订单示例如图 2-11 所示。JSON 使用键值对的形式来表示订单的数据。每个键是一个字符串,值可以是字符串、对象、数字或布尔数组。订单对象包含了订单号(orderNumber)、客户信息(customer)、产品列表(products)和交付日期(deliveryDate)。在 customer 对象中,可以看到客户的姓名(name)和地址(address)信息。地址信息由街道(street)、城市(city)和邮

编(zip)组成。在 products 数组中,列出了订单中的产品,每个产品都是一个包含名称(name)和数量(quantity)的对象。最后,deliveryDate 键对应的值是一个日期字符串,指定了订单的交付日期。

JSON 的简洁性和直观性使得数据的读取和处理更加方便,特别适用于 Web API(应用程序编程接口)的数据交换和前端开发。和 XML Schema 类似,JSON Schema 基于 JSON 格式,用于定义 JSON 数据结构以及校验 JSON 数据内容。

XML 和 JSON 都使用结构化方法来标记数据,JSON 简单的语法格式和清晰的层次结构明显要比 XML 容易阅读,并且在数据交换方面,由于 JSON 所使用的字符要比 XML 少得多,可以大大减少传输数据所占用的带宽。然而,XML 是自描述的,XML 的巨大优势是它可以处理注释、元数据和名称空间,支持各种数据类型(例如图像和图表),而 JSON 仅支持字符串、对象、数字和布尔数组。因此 XML 作为建模语言是非常合适的,网络本体语言(Web ontology language,OWL)、资源描述框架(resource description framework,RDF)等都是基于 XML 进行建模的。另外,不少控制系统的数据交互标准也是基于 XML 进行建模的,比如 AutomationML、PLCOpen XML、PackML 等。

```
{
"orderNumber": "12345",
"customer": {
  "name": "客户A",
  "address": {
    "street": "人民北路2999",
    "city": "上海",
    "zip": "12345"
  }
},
"products": [
  {
    "name": "零件A",
    "quantity": 10
  },
  {
    "name": "零件B",
    "quantity": 5
  }
],
"deliveryDate": "2023-09-30"
}
```

图 2-11　JSON 示例

2.3.3　语义描述语言

数字孪生通过整合多源数据、多尺度仿真和实时反馈,实现了对物理实体的全生命周期建模、仿真和管理。数字孪生的成功实施离不开语义网和相关的技术支持。数字孪生涉及多源数据的整合和多尺度仿真的建模,需要将不同来源和形式的数据进行有效集成和语义映射。语义网提供了一种标准化的方式来描述和链接数据,使得数字孪生中的各种数据能够互相理解和交互。通过语义网的技术,数字孪生可以实现更好的数据集成、信息共享和知识发现,提升整体的效能和决策能力。面向数字孪生的语义网技术包括:

(1) 本体建模　通过定义本体(ontology)来描述实体、属性和关系,从而实现数据的语义化。本体建模可以通过 RDF 和 OWL 等语义网技术来实现。本体能够帮助数字孪生定义通用的概念、属性间关系,类似"字典"。

(2) 语义标注　对数据进行语义标注,将其与本体进行关联,使得数据的语义信息得以表达和共享。语义标注可以使用 RDF 注释、RDFa(RDF in attributes)和 microdata(微数据)等技术来实现。

(3) 语义链接　通过识别和建立数据之间的语义链接,将不同数据源中的相关信息进行关联。语义链接可以通过 RDF 链接、Linked-Data、SPARQL 查询和 OWL 推理等实现。

(4) 知识图谱　将数据和知识组织成图谱结构,通过节点和边的关系来表示实体和关联。

数字孪生的复杂运行和决策需要整合全生命周期中的数据,其信息集成是指将不同来源和形式的数据进行合并和整合,形成一致且可用于分析和决策的数据集。在数字孪生中,通过构建语义网络或知识图谱,将不同数据源的信息进行链接和整合,从而形成一个综合的、具有语义关联的数据集,可以实现对整体系统的全面分析和决策支持。

1. 本体

本体是在信息科学和计算机科学领域中使用的一个概念,它用于描述现实世界中实体、属性和实体之间的关系。本体建模是将领域知识形式化表示的一种方式,它定义了一组概念和概念之间的关系,以及属性和关系的约束条件。如图 2-12 所示是汽车本体关系示意图。

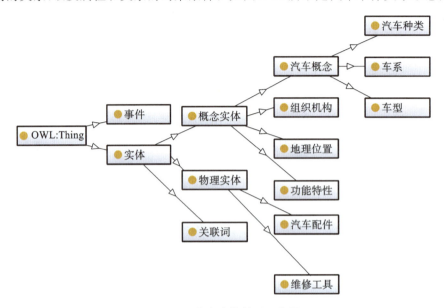

图 2-12 汽车本体关系示意图

本体提供了一种标准化的、共享的、可重用的方式来描述和组织知识。在数字孪生应用中,本体同样发挥了重要作用,一方面限定了术语集合(即规定大家必须采用共同承认的一套词汇,禁止私自发明新词),另一方面定义术语之间的上下位关系(如:数字孪生体是数字孪生的实例,数字孪生类似于 CPS 等)。本体的主要作用有:

(1) 数据语义化 本体技术可以用来对数字孪生中涉及的实体、属性和关系进行语义化描述。通过定义本体,可以明确表示数字孪生模型中各个实体的特征、属性和行为。例如,对于一个物理设备的数字孪生,本体可以定义该设备的特征(如型号、制造商)、属性(如温度、压力)和行为(如启动、停止)等。

(2) 数据集成 本体技术支持不同数据源之间的集成和交互。数字孪生通常涉及来自多种数据源的数据,如传感器数据、实验数据、模拟数据等。通过定义共享的本体,可以对这些不同数据源的数据进行统一的语义描述,使得它们可以互相理解和链接。本体提供了一种共享的语义模型,使得数据的集成和交互更加方便和可靠。

(3) 知识推理 本体技术支持基于已知知识进行推理和推断。数字孪生中的本体可以定义实体之间的关系和约束条件,例如设备之间的拓扑关系、部件之间的依赖关系等。应用本体推理技术,可以基于已知的实体和关系,推断出新的知识和结论,帮助理解和预测系统的行为。

(4) 决策支持 本体技术可以为数字孪生中的决策提供支持。将领域知识和专家经验以本体的形式进行建模,可以为决策过程提供背景知识和规则。本体中的约束条件和规则可以用于验证决策的合理性和一致性,帮助优化系统的运行和决策过程。

2. 语义描述

描述语义层面的本体关系的语言就是 RDF 和 OWL。RDF 即资源描述框架,其本质是一个数据模型(data model)。它提供了一个统一的标准,用于描述实体/资源,简单来说,就是表示事物的一种方法和手段。RDF 形式上表示为 SPO 三元组,其中 S 表示主语(subject),P 表示谓语(Predicate),O 表示宾语(object),有时候也称为一条语句(statement),在知识图谱中也被称为一条知识。

RDF 由节点和边组成,节点表示实体/资源、属性,边则表示实体和实体之间的关系以及实体和属性的关系。目前 RDF 序列化(存储和传输)的方式主要有 RDF/XML、N-Triples、Turtle、JSON-LD 等几种。RDF/XML,顾名思义,就是用 XML 的格式来表示 RDF 数据。N-Triples,即用多个三元组来表示 RDF 数据集,是最直观的表示方法。Turtle 应该是使用得最多的一种 RDF 序列化方式了。它比 RDF/XML 紧凑,且可读性比 N-Triples 好。JSON-LD(JSON linked data)用键值对的方式来存储 RDF 数据。

类似于 XSD,RDF Schema(RDFS)是用来刻画 RDF 资源的属性和类的词汇描述语言。RDFS 是在 RDF 基础上定义的一种简单的本体描述语言。它允许对 RDF 数据进行一些基本的本体建模,如定义类和属性,并描述它们之间的层次结构和关系。RDFS 提供了一些基本的推理能力,如子类推理和属性传递。

OWL 是一种更加丰富和表达力强的语义网建模语言,它扩展了 RDFS 的功能。OWL 提供了更多的本体建模机制,如定义更复杂的类和属性、支持约束和规则、提供更丰富的关系描述等。OWL 的设计目标是支持语义网的推理、查询和推断。

3. JSON-LD

JSON-LD 是一种在 JSON 数据中嵌入语义链接数据的语言。它使用特定的语法和约定,将结构化数据与语义信息关联起来,以便在 Web 上共享和链接数据,如图 2-13 所示。JSON 并不是 XML 的子集,JSON 是一种与 XML 具有相同目的且更现代的方法。对 JSON 进行扩展以支持语义网和知识图谱建模的技术在快速发展,JSON-LD 就是其中之一,目前已经被列为 W3C 标准。

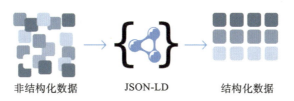

图 2-13 JSON-LD 语言

语义 Web 的组成部分 RDF 即是用于描述网络资源的 W3C 标准,RDF 工作组已经将 JSON-LD1.0 及 JSON-LD1.0 处理算法和 API 推进到了 W3C 的标准状态。

JSON-LD 通过将概念映射到 IRI(国际化资源标识符)使得数据自描述(self-descriptive),通常 JSON-LD 文件中需包含一个上下文@context,并使用 http://schema.org/提供的数据结构,@type 指定被标记的项目类型(在 http://schema.org/Person 上找到它),使得 JSON 里的描述字段 name、jobTitle 都有了约定的精确定义。

与普通的 JSON 和 XML 相比,JSON-LD 具有以下特点:

(1) 数据表达形式 JSON-LD 与 JSON 具有相似的数据表达形式,都使用键值对的形式来表示数据。它们都使用了 JavaScript 对象的语法,使得数据易于理解和处理。相比之下,XML 使用封闭标签和标记来表示数据,语法相对冗长。

(2) 语义链接 JSON-LD 使用特定的语法来嵌入语义链接数据。它使用@context 关键字来定义所使用的词汇表或本体,并使用@type关键字来指定实体的类型。这样可以使得数据在不同的上下文中具有一致的语义解释,促进数据的互操作性和语义链接。

(3)可扩展性　JSON-LD具有良好的可扩展性,可以方便地在数据中添加自定义的词汇和扩展。使用自定义的@context或引用外部的词汇表,可以定义和使用特定领域的术语和属性。这使得JSON-LD适用于复杂的数据模型和语义建模。

(4)可读性　JSON-LD相对于XML来说,具有更简洁和可读的语法。它使用了更少的标记和封闭元素,使得数据在文本形式下更易于理解和编写。

(5)Web语义　JSON-LD是为了支持Web语义而设计的,它与RDF和Linked Data原则紧密相关。JSON-LD的语法和结构可以与RDF进行互操作,并且可以与Linked Data的实践相结合,从而实现数据的广泛共享和链接。

当前语义网络已经进化到知识图谱,知识图谱对复杂异构数据的集成是至关重要的。本书将在系统集成部分再详细讲述知识图谱相关知识。

2.3.4　系统建模语言

数字孪生系统建模的需求包括对系统进行统一和标准化的描述,提供可视化和图形化的表示方式,以及支持高层次抽象和系统级视角。当前主要有两种主流建模语言:UML和SysML。

1. UML

UML被称为统一建模语言,其中的"统一"意味着形成了一种标准。UML本身是一套符号规范,描述了软件模型中各个元素及其之间的关系,例如类、接口、实现、泛化、依赖、组合、聚合等。UML既可以描述某个问题领域,也可以表达软件设计的构思,甚至可以描述已经完成的软件实现。UML建模过程主要分为以下几个阶段。

第一个阶段是通过建模将现实世界转为业务模型。业务模型真实映射了参与者(业务活动的驱动者)在现实世界的行为。从图2-14中可以看出,现实世界映射到业务模型后,使用参与者和用例这两个UML的核心元素来表达。参与者充当特定事件的驱动者,而用例描述了该驱动者的业务目标。在后续将继续提到这两个元素。第二个阶段是对业务模型进行概念化,建立适合于计算机理解和实现的模型,也就是概念模型或分析模型。分析模型在向上映射原始需求的同时,为计算机实现规定了一种高层次的抽象表示,它是一种过渡模型。

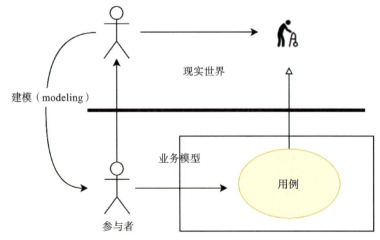

图2-14　从现实世界到业务模型

概念模型或分析模型有助于更深入地理解业务需求,并为软件实现提供了高层次的抽象。它是需求分析和设计的中间产物,既不同于原始需求,也不同于最终的软件实现。通过这一阶段的建模,可以更好地定义系统的功能、结构和行为,为后续的详细设计和开发奠定基础,如图 2-15 所示。

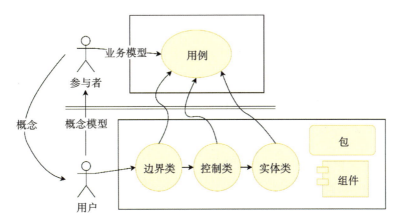

图 2-15 从业务模型到概念模型

现实世界中存在着各种千差万别的业务,可以使用边界类、控制类和实体类等来描述它们。此外,为了更好地组织模型,UML 还引入了包和组件等概念,虽然它们与现实世界可能没有直接关联。在建模过程中的第三个阶段,对概念模型进行实例化,从而得到相对详细的设计模型,如图 2-16 所示。这一阶段的目的是将概念模型进一步细化,以满足具体的技术平台要求和实现需求。在实例化过程中需要考虑软件架构、模块划分、接口设计等方面的内容。设计模型包括更加详细的类图、序列图和状态图等,用于描述系统的静态结构和动态行为。

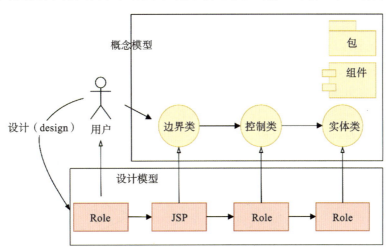

图 2-16 从概念模型到设计模型

在设计模型中,可以将概念模型中的边界类转化为操作界面或系统接口,用于与外部交互。控制类可以被转换为计算程序或控制程序,例如工作流或算法体,用于实现业务逻辑的控制和处理。实体类则可以转化为数据库表、XML 文档或其他具有持久化特征的类,以便将数据存储和管理起来。然而,在这个过程中需要注意的是,"边界""控制"和"实体"这些对象化的概念并不是真正的对象实例,尽管计算机可以理解它们。因此,可以将设计模型视为概念模型在特定环境和条件下的实例化,通过实例化后的对象来执行概念模型所描述的信息。图 2-17 展示了面向对象分析设计的完整过程,它表达了现实世界通过 UML 映射到对象世界的过程。

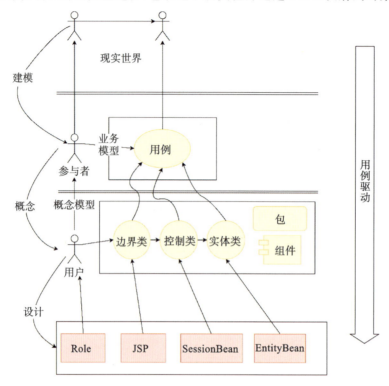

图 2-17 基于 UML 的面向对象分析设计完整过程

2. SysML

系统建模语言(SysML)由对象管理组(OMG)和系统工程国际委员会(INCOSE)联合开发,是从 UML 中演化而来的。SysML 已经成为基于模型的系统工程(MBSE)应用程序的标准系统架构建模语言,它扩展了软件密集型应用程序的统一建模语言(UML)的标准,并成功应用于系统工程应用程序,如图 2-18 所示。提到 SysML 就不得不提 MBSE,即基于模型的系统工程。MBSE 是一种系统工程过程规范,强调在系统开发全生命周期中严格遵守体系结构建模原则和最佳实践,包括需求分析、功能分析、性能分析、系统设计、贸易研究、系统架构规范以及 V&V 等系统工程活动。

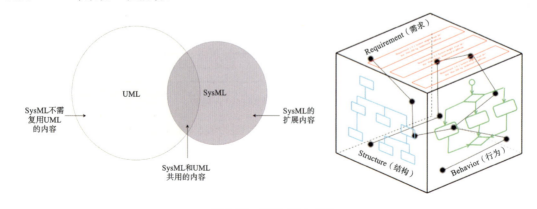

图 2-18 UML 和 SysML

与 UML 相比,SysML 有以下优点:

(1) 更好地表达系统工程语义(符号解释) SysML 减少了 UML 的软件偏差,并引入了两种新的图表类型——需求图和参数图,以更精确地表达系统工程的语义,帮助系统工程师进行需求管理和性能分析。

(2) 更小、更易学 相较于 UML,SysML 更为精简,删除了许多与软件开发相关的构造。这使得 SysML 整体语言的规模更小,更易于学习和掌握。

SysML 模型如图 2-19 所示。

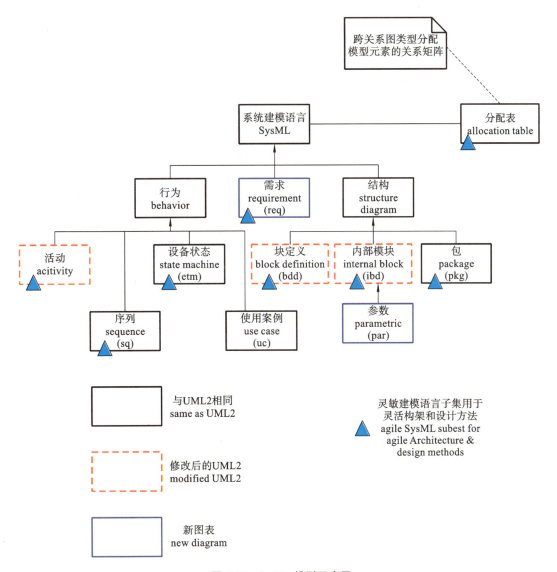

图 2-19 SysML 模型示意图

目前的 SysML 包含九类视图,它们可以分为三大类:需求(requirement)、结构(structure)和行为(behavior)。从名称上可以看出,它们分别用来描述系统要满足的需求、结构和行为方式。

2.4 数字孪生建模语言

2.4.1 DTDL 概述

DTDL 称为数字孪生定义语言,是微软提出的一种基于 JSON-LD 和 RDF 的开放式建模语言,其独立于编程语言,可以对任何实体进行建模。DTDL 表示的模型,提供通用的特定领域本体以引导解决方案开发,并使开发人员能够快速建模和创建连接环境(如建筑物、工厂、农场、能源网络、铁路、体育场和城市)的复杂数字表示,然后将这些实体引入集成物联网和其他数据源的实时执行环境。

2.4.2 DTDL 领域本体

DTDL 在实施中需要进行标准化。数字孪生解决方案的词汇是使用模型定义的,这些模型描述了环境中存在的实体类型。本体是一组全面描述给定领域的模型,例如制造、建筑结构、IoT 系统、智能城市、能源网格、Web 内容等,本书介绍智能制造的 DTDL 本体。创建这些本体是为了帮助解决方案提供商加快数字孪生解决方案的开发,以用于资产状况监视、模拟、OEE(设备综合效率)计算和预测性维护等制造用例。微软开源了面向制造的本体,其改编自 OPC UA、ISA-95 和资产管理壳,如图 2-20 所示。

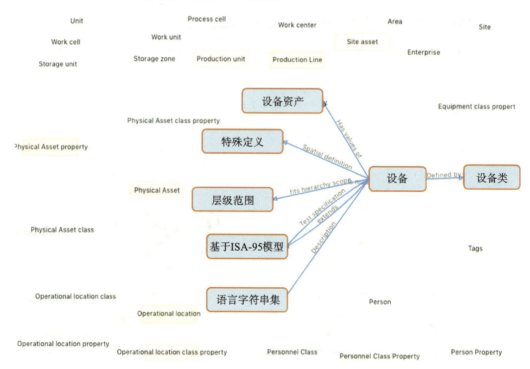

图 2-20 基于 ISA-95 的制造业本体

2.4.3 数字孪生模型定义

所谓数字孪生模型是指使用 DTDL 规范,用接口(interface)来定义真实工作环境中一个特定实体的数字孪生模型(可参考微软官网描述)。该模型包含实体的名称、元素,例如属性、遥测,以及描述此实体类型在环境中的作用的关系。一个 DTDL 模型可以包含以下每种字段的 $0\sim n$ 个字段:

(1) 属性　属性是表示实体状态的数据字段(类似于面向对象编程中的属性)。

(2) 遥测　遥测(telemetry)字段表示度量结果或事件,通常用于描述设备传感器读数。与属性不同,遥测数据不会存储在数字孪生体上;它是一系列有时间限制的数据事件。在这些事件发生时就需要对其进行处理。

(3) 关系　使用关系可以表示一个数字孪生与其他数字孪生的关联方式。关系可以表示不同的语义含义,如包含关系(contains)("汽车 contains 车轮")、谓词关系("空调 cools 房间")等。关系用来描述相互关联的实体,关系还可具有其自己的属性。

(4) 组件　模型的子组件,可组合出复杂的模型。比如:手机有前置相机(frontCamera)、后置相机(backCamera)等组件。

DTDL 语言遵循 JSON 语法,使用扩展名.json 存储模型。DTDL 示例如图 2-21 所示,其中字段及其说明如表 2-1 所示。

```
{
  "@id": "dtmi:com:adt:dtsample:home;1",
  "@type": "Interface",
  "@context": "dtmi:dtdl:context;2",
  "displayName": "Home",
  "contents": [
    {
      "@type": "Property",
      "name": "id",
      "schema": "string"
    },
    {
      "@type": "Relationship",
      "@id": "dtmi:com:adt:dtsample:home:rel_has_floors;1",
      "name": "rel_has_floors",
      "displayName": "Home has floors",
      "target": "dtmi:com:adt:dtsample:floor;1"
    }
  ]
}
```

图 2-21　DTDL 示例

表 2-1　DTDL 示例字段及其说明

字　　段	说　　明
@id	模型的标识符
@type	标识所要描述的信息类型
@context	设置 JSON 文档的上下文
displayName	提供用于定义模型的易记名称的选项,为可选项
contents	所有剩余的接口数据将作为特性定义数组放在此处,每个特性都必须提供 @type(Property、Telemetry、Relationship 或 Component),用于标识它所描述的接口种类;同时必须定义一组属性来描述(例如,提供 name 和 schema 来定义 Property)

1. 属性

属性字段的描述格式为"@type":"Property"。属性字段存储的可访问类型值可以随时被系统读取并检索。

2. 遥测

属性和遥测字段都可以表示数值数据,但是二者有区别。遥测是事件流,它是一组生存期较短的数据消息。在 IoT 术语中"遥测"通常是设备发送的单个度量结果,"遥测"通常用于 IoT 设备,将这些值作为"遥测"事件流发出。

大多数情况下数字孪生会使用属性来建模,数据存储在模型中,可以读取和查询数据字段。而遥测和属性通常协同工作来处理从设备流入的数据。

DTDL 定义的属性和遥测属性值,可以是标准类型(如 integer、double、string 和 boolean),还可以使用复杂类型(如 Object、Map、Enum 和 Array)。

3. 关系

数字孪生模型描述了以下几类关系。

(1) 基本关系　定义为"@type": "Relationship",如图 2-22 所示。

```
{
  "contents": [
  {
    "@type": "Property",
    "name": "id",
    "schema": "string"
  },
  {
    "@type": "Relationship",
    "@id": "dtmi:com:adt:dtsample:home:rel_has_floors;1",
    "name": "rel_has_floors",
    "displayName": "Home has floors",
    "target": "dtmi:com:adt:dtsample:floor;1"
  }
  ]
}
```

图 2-22　基本关系

(2) 目标和非目标关系　可定义含目标或不含目标的关系。目标指定关系可以描述孪生体类型,如指定住宅模型只能与楼层孪生体之间具有 rel_has_floors 关系。因此定义不含特定目标的关系,可以连接到许多不同类型的孪生体。

(3) 关系属性　DTDL 允许关系具有其自己的自定义属性,在 Property 字段中定义。自定义的属性用来描述特定于关系的状态。

4. 组件

数字孪生中包括各种有形或者无形的组件,@type 属性为 Component。组件必须与任何使用它的接口定义在同一个数组中,如下所示:

　　　　　([dtmi:com:adt:dtsample:room;1,dtmi:com:adt:dtsample:thermostat;1])

@context 都是 dtmi:dtdl:context;2,以便找到组件引用。

DTDL 定义的模型和面向对象的类一样,提供继承功能,使用 extends 符号,允许扩展接口从多个父模型继承。单个父模型可以充当多个扩展接口的基础模型。应用继承后,子模型会公开整个继承链中的所有属性。

2.4.4　数字孪生体定义

通过 DTDL 语言定义好数字孪生模型后,即生成了数字孪生模型,这个模型相当于面向对象的类。该模型描述了特定孪生体可以具有的一组属性、遥测消息和关系等。例如,在模型中定义了 Floor 模型与 Room 模型的 contains 关系,就可以创建任何 Floor 和 Room 数字孪生体,以及 Floor 与 Room 数字孪生体的 contains 关系。

1. 数字孪生体

使用接口定义了数字孪生模型之后,即可进行数字孪生的具体实例化,即得数字孪生体,其字段名称及其说明如表 2-2 所示。

表 2-2 数字孪生体字段名称及其说明

字 段 名 称	说　明
\$ dtId	用户提供的字符串,表示数字孪生体的 ID
\$ etag	由 Web 服务器分配的标准 HTTP 字段
\$ metadata. \$ model	将此数字孪生体特征化的模型接口的 ID
\$ metadata.〈property-name〉	数字孪生体属性的其他元数据信息
\$ metadata.〈property-name〉. lastUpdateTime	Azure 数字孪生处理属性更新消息时的日期/时间
\$ metadata.〈property-name〉. sourceTime	可选。在现实世界中观察到属性更新时的时间戳
〈property-name〉	属性值,表示为 JSON 形式
\$ relationships	关系集合的路径的 URL
〈component-name〉	JSON 对象,包含组件的属性值和元数据
〈component-name〉. \$ metadata	组件的元数据信息,类似于根级别 \$ metadata
〈component-name〉.〈property-name〉	组件的属性的值,表示为 JSON 形式

在如图 2-23 所示的数字孪生体示例里,有两个属性 Humidity 和 Temperature,以及一个名为 Thermostat 的组件。

```
{
  "$dtId": "myRoomID",
  "$etag": "W/\"8e6d3e89-1166-4a1d-9a99-8accd8fef43f\"",
  "$metadata": {
    "$model": "dtmi:example:Room23;1",
    "Humidity": {
      "lastUpdateTime": "2021-11-30T18:47:53.7648958Z"
    },
    "Temperature": {
      "lastUpdateTime": "2021-11-30T18:47:53.7648958Z"
    }
  },
  "Humidity": 55,
  "Temperature": 35,
  "Thermostat": {
    "$metadata": {}
  }
}
```

图 2-23 数字孪生体示例

2. 数字孪生体关系

当表示为 JSON 对象时,数字孪生体中的关系会显示表 2-3 所示字段。

表 2-3 数字孪生体关系字段名称及其说明

字 段 名 称	说　明
\$ relationshipId	用户定义字符串 ID,在数字孪生体的上下文中是唯一的
\$ etag	由 Web 服务器分配的标准 HTTP 字段
\$ sourceId	源数字孪生体的 ID

字 段 名 称	说 明
$ targetId	目标数字孪生体的 ID
$ relationshipName	关系的名称
〈property-name〉	可选。此关系的属性的值,表示为 JSON 形式

数字孪生体关系示例如图 2-24 所示。

```
{
  "$relationshipId": "relationship-01",
  "$etag": "W/\"506e8391-2b21-4ac9-bca3-53e6620f6a90\"",
  "$sourceId": "GroundFloor",
  "$targetId": "Cafe",
  "$relationshipName": "contains",
  "startDate": "2020-02-04"
}
```

图 2-24 数字孪生体关系示例

2.4.5 基于 DTDL 的开源平台

微软提供了 Azure Digital Twin Explorer 平台,如图 2-25 所示,该平台可读取 DTDL 定义的数字孪生模型,并生成数字孪生体。同时数字孪生体可接入 Azure 平台提供的 IoT 数据,实现虚实融合。

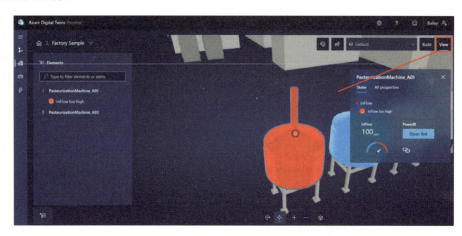

图 2-25 微软 Azure DT Explorer 数字孪生可视化平台

2.5 基于资产管理壳的建模体系

资产(asset)是工业 4.0 信息世界中的对象,涵盖的范围很广,从机器及其组件、供应材料、产品和软件到计划、合同或采购/服务订单等文件都可以称为资产。而资产管理壳(asset administration shell,AAS)则是资产的数字表示。AAS 由多个子模型组成,其中包含了给定资产的所有信息和功能,包括其特性、特征、属性、状态、参数、测量数据和能力的描述。它允许使用不同的通信渠道和应用程序,旨在实现工厂内和跨价值网络的灵活性和可变性。AAS 提供一套描述语言和建模工具,使得设备、部件等企业的每一项资产之间可以完成互联互通与互操作。借助其建模语言、工具和通信协议,企业在组织生产线的时候,可使用通用的接口,即实现"即插即用"性,大幅度缩短工程组态的时间,更好地实现系统之间的互操作性。目前德国工业数字孪生协会(IDTA)负责制定资产管理壳的相关标准、开源框架和平台代码。

2.5.1 AAS 基本结构

工业 4.0 参考模型中每个资产都有一个 AAS,每个 AAS 有唯一标识,如图 2-26 所示。

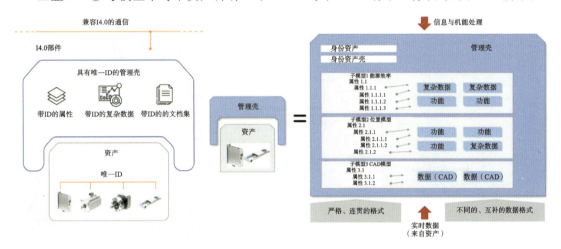

图 2-26　AAS 组成

资产有多种,如最常见的机器人、机械臂、AGV(自动导引车),同时操作员/人类也可作为一种资产。在 AAS 中有多个子模型,子模型描述了给定资产的所有信息和功能,包括其特征、特性、属性、状态、参数、测量数据和能力。

图 2-27 中,资产管理壳定义了各角色及其关系,指出资产管理壳与资产有关联,提供一个或多个接口,列出一个或多个子模型,负责其创建和管理。资产管理壳的用户应用程序通过 IT 接口访问资产管理壳的信息。子模型模板用于指导子模型的创建,它可能引用概念字典和本体,而概念字典和本体定义了作为互操作性基础的共同词汇。子模型可能引用资产集成提供的资产服务,还可以引用与资产相关的其他服务。

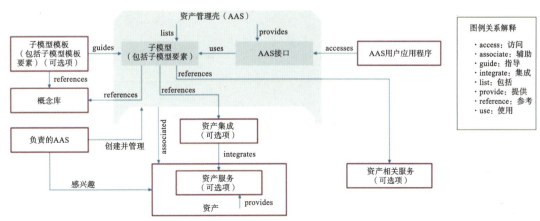

图 2-27　管理壳及其相关角色

2.5.2 AAS 信息元模型

资产管理壳提供了信息元模型，由 UML 来定义，如图 2-28 所示。资产通常可以由几个不同的标识属性来表示，比如序列号、制造商部件 ID 或不同的客户部件 ID、RFID 代码等。这些外部标识符被定义为特定的资产 ID，每个资产 ID 都由用户定义的名称、值和用户域（租户、在基于属性的访问控制中的主体）所描述。此外，在生产和运营阶段，应为资产分配一个全球唯一的资产标识符（assetinformation/globalAssetId）。资产管理壳、子模型和概念描述应当满足全球唯一可识别（identifiable）要求。其他元素，如属性等，只需要在模型内部可引用，因此只需要一个本地标识符。

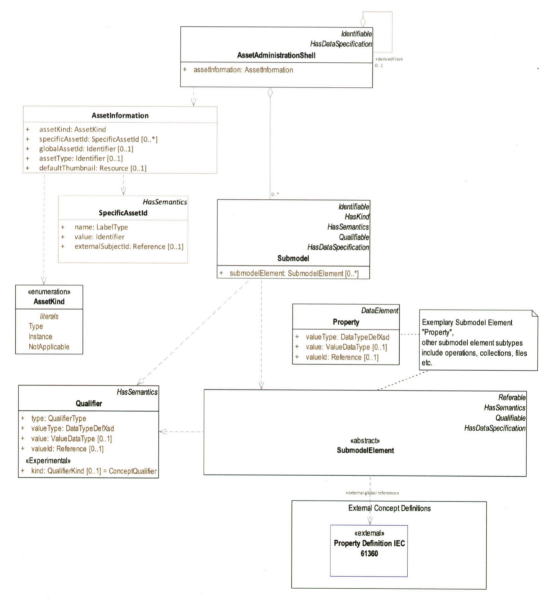

图 2-28 资产管理壳总体信息元模型

子模型由一组子模型元素组成。子模型元素可以通过限定符（qualifier）进行限定。子模型元素有不同的子类型，比如属性、操作、列表等。图 2-28 中展示了一个典型的子模型元素：属性（property）。属性是一种数据元素，具有简单类型（如字符串、日期等）的值。每个数据元素都是一个子模型元素。每个子模型元素都需要一个语义定义（在 HasSemantics 中的 semanticId），以拥有一个明确定义的含义。子模型元素可以直接引用外部提供的相应的语义定义，也可间接引用一个概念描述（concept description）。

2.5.3　应用程序接口

资产管理壳通信方式有三种：基于文件通信、基于应用程序接口（API）服务通信和点到点通信。其中 API 服务是工业 4.0 服务模型的一个核心实现，提供的各种特定 API、满足可重用性的单元、互操作服务的基础，以及符合性声明的参考单元。AAS 服务器和外部应用程序之间的通信采用标准的 HTTP/REST 接口，如图 2-29 所示。

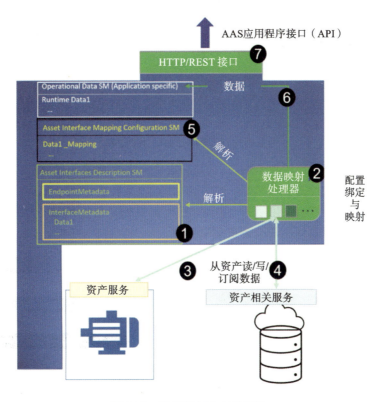

图 2-29　资产管理壳 API 框架

2.5.4　AASX 包

AASX（asset administration shell exchange）是一种基于特定要求定义的文件格式，旨在支持资产管理壳的结构、数据以及其他相关文件的交换和持久化存储。这种格式的设计考虑了组织间/合作伙伴间的信息交换和 AAS 信息的存储/持久性，同时确保了格式的通用性、易用性、开放性和安全性。如图 2-30 所示，在基于 AASX 协作过程中，首先将现有的 AAS（例如 D1 和 E1）序列化到文件中，同时导出其他补充文件（即在 AAS 结构中提到的文件，如手册、CAD 文件等）。所有这些文件将被打包到 AASX ZIP 文件（AASX 包）中，随后进行多个安全步骤,这些步骤定义了 AASX 内部文件的可修改性、加密性和数字签名的政策。最终的 AASX 可以通过数字媒体(如电子邮件、USB 闪存驱动器等)从 AASX 生产者(A 公司用户)传输到 AASX 消费者(B 公司用户)。消费者首先需要验证和核实传入的 AASX,解包文件,并将它们导入消费者环境中以生成新的 AAS。

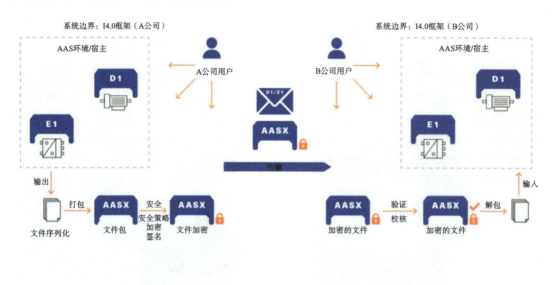

图 2-30 基于 AASX 的协助过程

AASX 包的内容可使用树视图列出,遵循标准中定义的文件命名约定。图 2-31 给出了一个示例,其 AAS 规范文件是以 XML 格式序列化的,该文件包含两个 AAS、两个子模型和一个单一的概念描述。子模型引用了三个文件,它们被添加到包的 suppl 文件夹中。这些文件可以从两个 AAS 中引用,即从两个子模型中引用。

图 2-31 AASX 文件结构示例

最后,IDTA 提供了软件工具 Eclipse AASX Package Explorer,使用 C 语言开发,专门用来创建、编辑和查看序列化 AAS 文件(*.aasx),可以方便地处理和检查 AASX 文件。

2.6 基于 AIGC 的新一代建模

2.6.1 AIGC 概述

当前大语言模型(LLM)快速发展,人工智能生成内容,即 AI 生成内容(AIGC)是一种新型的内容创作方式,能够自动地生成大量的内容,从而提高生产效率。AIGC 不仅可以在短时间内生成大量内容,节省了人力资源和时间成本,更重要的是可以通过学习和分析大量数据,产生与传统创作方式所得结果不同的、创新的内容,从而丰富了创作的多样性。数字孪生建模涉及的内容非常复杂,重复性工作多,利用大语言模型进行建模是一个探索性的工作。这里介绍作者团队研究的新一代建模方法供读者参考。当然,由于采用的是本地部署的自己微调的大语言模型,因此基于 AIGC 进行数字孪生建模有很多不足,比如模型生成的精度还有欠缺、一次性成功率不高等。

2.6.2 GPTwin:一种基于 AIGC 的数字孪生建模

1. 基本原理

1)生成式(Generation)

作者团队基于大语言模型提出了新一代的生成式数字孪生建模方法,称为 GPTwin,其框架如图 2-32 所示。

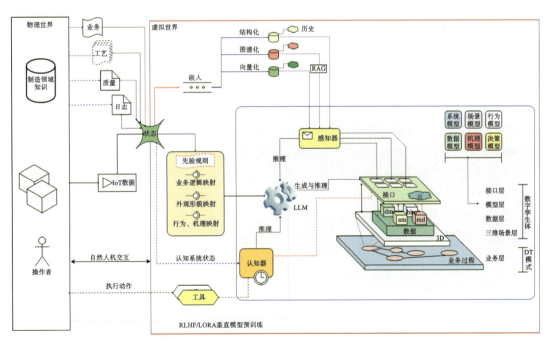

图 2-32 GPTwin 框架

传统的数字孪生系统中的场景模型、行为模型、数据模型等都需要专业人员一步一步构建出来,非专业人员难以修改和调整模型,同时系统也难以直接理解用户的意图和要求。因此,目前的驱动数字孪生模型运行的方式都需要专业人员的构建与参与,无法实现友好的人类与数字孪生体的交互模式。优化交互方式可以提升数字孪生体在实际应用中的可操作性和用户体验,促进数字孪生技术的广泛应用。

OpenAI 发布的 ChatGPT 凭借在阅读理解、开放式问题回答和代码生成等领域出色的表现吸引了大量的关注。大语言模型因具备强大的理解和生成能力可以成为人类和数字孪生模型之间交互的桥梁。具体来说,在大语言模型的支持下,数字孪生模型可以理解人类的各种指令和引导,同时为人类提供可解释性强、易理解的反馈。因此,为了提高数字孪生模型的可解释性以及友好的人机交互性,GPTwin 以制造领域数字孪生数据、规则和模型为核心,在大语言模型的支持下不仅可以处理工业场景中的多源异构数据(包括业务数据、工艺数据、质量数据和日志文件等),同时还能理解人类提供的指导,在用户友好的环境中生成相应的孪生模型。

2) 预训练模型(Pre-training)

大语言模型(如 GPT-3.5)通常通过两个阶段进行预训练:无监督预训练和有监督微调。经过这两个阶段的预训练和微调,大语言模型可以具备广泛的语言理解和生成能力,适用于各种自然语言处理任务。GPTwin 基于开源大模型(如 ChatGLM 系列、QWen、Yi-34 等)并通过数字孪生领域知识进行微调,获得性能可靠的、具有较好领域适应性的垂直领域大模型。

3) 骨干网络(Transformer)与孪生集成(Twin)

Transformer 是一种深度学习模型架构,用于处理序列数据,特别是在自然语言处理任务中。它主要用于解决传统循环神经网络(RNN)在处理长序列时面临的一些问题,如难以捕捉长距离依赖关系和并行计算的限制。大语言模型(如 GPT-3.5)是基于 Transformer 架构构建的一种特定类型的模型。它采用了多层的自注意力(self-attention)机制和前馈神经网络(feed-forward neural networks),使得模型可以同时考虑输入序列中的不同位置和关系,并且可以进行高效的并行计算。

Transformer 架构在自然语言处理任务中取得了巨大的成功,尤其是在机器翻译、文本生成和语言理解等方面。大语言模型是 Transformer 架构在自然语言处理任务中的具体应用之一,通过在大规模文本数据上进行预训练和微调,它可以实现强大的自然语言生成和理解能力。

总体而言,大语言模型是基于 Transformer 架构的一种具体实现,利用 Transformer 的强大序列建模能力,为自然语言处理任务提供了高效、准确的解决方案。GPTwin 由大语言模型驱动,本质上也是经由 Transformer 架构实现的。

2. GPTwin 生成式方法

GPTwin 建模共分为以下阶段。

1) 三维场景生成

AIGC 可以利用生成对抗网络(GAN)等技术生成逼真的三维场景。首先,通过对大量真实场景的学习,AIGC 可以获取场景的特征、结构和纹理等信息。然后,在生成阶段,AIGC 可以根据输入的条件或指导生成与之相匹配的三维场景。例如,根据输入场景的描述或样本,AIGC 可以生成具有相似特征和风格的三维场景模型。

2) 机理模型生成

AIGC 可以利用大型预训练模型和自然语言处理技术生成机理模型。首先,AIGC 可以学习大量的领域知识和科学原理,理解机理模型的构建方式和规则。其次,在生成阶段,AIGC 可以根据给定的条件或指导生成机理模型。例如,根据输入机理模型的描述或样本,AIGC 可以生成符合要求的机理模型。

3) 数据建模

AIGC可以利用生成模型和模式识别技术对给出的数据进行建模。通过对大量数据的学习和分析,AIGC可以识别数据之间的关联性和规律,并生成能够准确描述这些数据的模型。例如,根据输入的一系列数据样本,AIGC可以生成能够解释和预测这些数据的模型,提供对数据的深入理解和分析。

4) 文本增强

AIGC可以利用检索增强生成(retrieval-augmented generation,RAG)模型进行文本增强。RAG模型结合了检索和生成技术,能够根据给定的上下文和问题生成相关的文本。在数字孪生建模中,可以利用RAG模型生成与建模任务相关的文本,如模型描述、参数说明等。根据输入的问题或上下文,AIGC可以生成符合要求的文本,提供更丰富的信息和解释能力。

AIGC可以与外部工具进行连接,生成建模相关的代码,并完成复杂的推理工作。通过与编程语言、开发框架或软件工具的集成,AIGC可以生成可执行的代码,实现自动化的建模和推理过程。

例如,在数字孪生建模中,AIGC可以生成与建模任务相关的代码,包括数据处理、模型搭建、训练和推理等步骤。通过学习和理解现有的建模代码和规则,AIGC可以生成新的代码,根据给定的需求和问题进行定制化的建模和推理。

AIGC还可以与现有的机器学习、深度学习框架如TensorFlow、PyTorch等进行集成。通过与这些框架的连接,AIGC可以生成包含各种网络结构、层次和参数设置的代码,用于训练和推理数字孪生模型。

此外,AIGC还可以与其他建模工具和软件平台,如CAD软件、仿真工具等进行集成。通过与这些工具的连接,AIGC可以生成与三维建模、物理仿真等相关的代码,实现更复杂的建模和推理任务。

利用外部工具的连接,AIGC可以将自动生成的代码转化为可执行的操作,实现自动化的建模和推理过程。这样可以大大提高建模的效率和准确性,减少人工干预和错误,同时充分发挥AIGC的优势。

习 题

数字资源

1. 数字孪生要素有哪些定义?请给出数字孪生的数学化描述。
2. 如何理解数字孪生系统的广义映射?请给出映射的概念和思想。
3. 针对一个具体的生产制造系统,使用基于面向对象的建模方法设计一个数字孪生系统。
4. 针对习题3,使用UML进行系统建模。
5. 请自己选择一个具体的生产制造系统,基于DTDL设计一个数字孪生系统。

参 考 文 献

[1] Digital Twins Definition Language (DTDL. v3)[EB/OL]. [2024-04-05]. https://azure.github.io/opendigitaltwins-dtdl/DTDL/v3/DTDL.v3.html.

[2] IDTA. AAS Specifications[EB/OL]. [2024-04-05]. https://industrialdigitaltwin.org/en/content-hub/aasspecifications.

第3章 数字孪生几何建模

3.1 概　　述

通过使用三维场景和模型,数字孪生可以提供更逼真、令人感到身临其境的虚拟体验。三维场景能够准确地再现真实世界的空间关系、物体形状和位置,使用户感觉仿佛身处其中。这有助于提高用户的参与度和对虚拟环境的信任感。同时,三维场景和模型能够提供对真实世界的高度精确的空间模拟。通过准确地建模和渲染物体、环境和场景,数字孪生可以在虚拟环境中准确地再现物理特性、光照效果和运动行为。这对于模拟和预测物理过程、系统行为以及交互效果至关重要。在某些情况下,三维几何模型可能还需要包含物体的动态属性和行为信息。例如,一个机械模型可以包含零件的运动轨迹和运动学约束,一个人体模型可以包含骨骼和关节的动作信息。这些动态属性可以用于模拟和预测物体的运动和行为。

数字孪生虚实融合,实时交互是其显著特征之一。三维场景和模型使得用户可以在虚拟环境中进行位置移动和互动。通过传感器和输入设备,用户可以在虚拟空间中与系统进行实时的交互,例如触摸、抓取、移动物体等。三维模型提供了准确的参考框架,使得交互行为可以与场景和物体的几何特性相对应。同时,三维场景和模型使得数字孪生具有一定的主观性和构想性。虚拟环境可以对现实世界进行改造和重建,以满足特定的需求和目标。通过构建不同的三维场景和模型,数字孪生可以探索不同的设计方案、优化生产过程、提高效率等。这种构想性使得数字孪生成为一个强大的工具,可以应用于各种领域,例如制造业、城市规划、医疗保健等。

通过准确地建模和渲染物体、场景和环境,三维场景和模型可以提供具有一致性和准确性的虚拟体验。用户可以对虚拟环境中的物体进行准确的观察、测量和其他操作,得到可靠的结果。这种一致性和准确性增强了用户对数字孪生系统的信任感,使其更愿意参与和依赖虚拟环境中的模拟和预测。同时数字孪生集成了物理世界的各种传感器数据,有助于用户与物理世界进行交互和互动,实现观察、判断和预测。

3.2 三维几何建模

对于工业产品,常利用专业三维工业软件,比如达索CATIA、西门子NX等来进行实体建模,而对于车间等大尺寸场景建模、仿真和渲染,常利用3D max、Sketchup、Blender等软件进行表面建模,如图3-1所示。常用建模方式有两种:简单三维几何建模和复杂三维几何建模。

3.2.1 简单三维几何建模

简单几何体就是一些基本几何体素,比如点、线、球体、圆柱体等,目前很多图形引擎都提供相关功能,可在系统中实时创建和组装简单的示意性模型,常用来进行概念验证和测试。尤

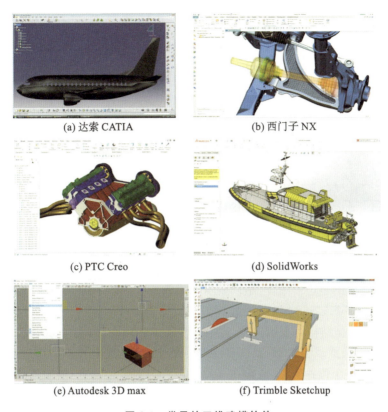

图 3-1 常见的三维建模软件

其是基于增强现实环境的数字孪生系统,往往需要实时创建三维模型以进行交互,基于简单几何体素的建模还是很有必要的。

3.2.2 实体建模

制造系统的仿真往往需要包括许多复杂的几何对象,比如机床、机器人、生产线等,这些复杂几何对象无法由简单的几何对象来构成,需要利用本节介绍的实体建模方法来建模。

工业建模软件系统采用实体建模(solid modeling)的方式来建模,而实体建模方法的核心是边界表示(B-Rep)和构造表示(CSG)。B-Rep 是指许多曲面(例如面片、三角形、样条)粘合起来形成封闭的空间区域,如图 3-2(a)所示。而 CSG 是将一个物体表示为一系列简单的基本物体(如立方体、圆柱体、圆锥体等)的布尔操作的结果,其数据结构为树状结构,叶子为基本体素或变换矩阵,节点为运算,最上面的节点对应着被建模的物体,如图 3-2(b)所示。

目前三维建模软件大多融合了 B-Rep 和 CSG 两种方法。

3.2.3 模型离散化与网格化

当前,数字孪生体的几何模型大多采用的是表面网格模型,也称三维多边形网格模型。

1. 数据结构

1) 基本要素

三维多边形网格模型简称为"网格"。我们给网格下一个简单定义:网格,由顶点(vertex)、边

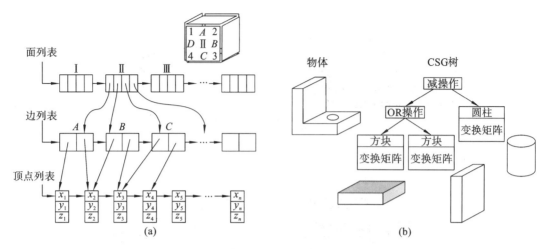

图 3-2 边界表示(B-Rep)与构造表示(CSG)

(a)边界表示(B-Rep); (b)构造表示(CSG)

(edge)、面(face)构成的多边形集合,用以表示三维模型表面轮廓的拓扑和空间结构。网格英文称作"polygon mesh"或"mesh",简记为 M。

用多边形网格数据结构可表示顶点、边、面、多边形和曲面,如图 3-3 所示。许多应用程序中仅存储顶点、边以及面或多边形,但许多渲染器还支持四边形和更多的多边形。

顶点(vertex):一个位置坐标(通常在 3D 空间中)以及其他信息,例如颜色、法向量和纹理坐标。

边(edge):两个顶点之间的连接。

面(face):一组封闭的边,其中一个三角形面具有三个边,而一个四面体具有六个边。

多边形是一个共面设置的面。在支持多面的系统中,多边形和面是等效的。但是,大多数渲染硬件仅支持三个或四个面,因此多边形可表示为多个面。

除了多边形网格的顶点、边、面三要素之外,我们为了方便处理,还对这些要素进行组合,包括表面(surface)和组(group)。

表面(surface):一组有语义的表面,所有的表面法向量必须水平地指向远离中心的方向。

组(group):将若干网格构成组,对于确定骨骼动画的单独子对象等可以整体操作。

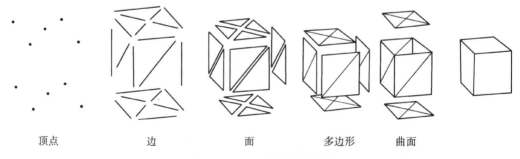

图 3-3 多边形网格数据结构

数字孪生系统不仅要对三维模型进行显示,而且需对三维模型进行各种操作(如变形、着色等等),单纯的顶点和面的列表数据结构不够,还需要建立顶点和面之间的关联(经常也被称为拓扑结构)。

2) 常见拓扑结构

(1) 基于面的(face-based)数据结构。

面集合模型中,基于面的数据结构最为普遍。模型的表面被离散为一系列三角形集合,分别存储在集合 Triangles 中。对该集合进行范式分解,分为两个集合 Vertices 和 Triangles,分解后的 Triangles 集合中存储了三个顶点索引号,通过该顶点索引号,可以方便地获取存储在 Vertices 中的所有顶点值。目前主流的中间格式数据,如 OBJ、OFF、STL 等多边形网格模型,就采用该数据结构。

(2) 翼边(winged-edge)数据结构。

翼边数据结构是计算机图形学中描述多边形网格的一种常用的数据边界表示。相较于边面数据结构,它明确地描述了三个或者更多表面相交时表面、边以及顶点的几何和拓扑特性。边(edge)是主体,不仅定义了边的起点和终点,还描述了其所连接的四条边,形态如翅翼,故称为"翼边"。

(3) 半边数据结构。

翼边数据结构有非常好的溯源性,但是耗费的内存不容小觑,尤其对于制造系统的大规模场景,该结构耗费极大内存。半边结构(half-edge)是一个有向图,把一条边表达为两个有向半边。当前,半边结构在三维网格处理引擎中得到广泛应用。

(4) 其他数据结构。

三角形带(triangle strip)是一系列连接的三角形序列,三角形带中的顶点是顺序排列的,存在共用的顶点,从而更有效地使用计算机图形。

2. 离散化

三维场景中的模型经常采用多边形网格模型,因此基于实体建模的三维工业软件需要把连续的三维实体模型转为离散化的三维表面模型。这种转换过程也经常称为三角化、多边形网格化,如图 3-4 所示。

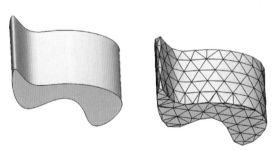

图 3-4　实体模型离散化

三维模型网格离散的基本思想是定义一个网格离散的精度(见图 3-5(a),可理解为弦高),采用一定的细分规则(一般是加权平均),在给定的初始网格中插入新的顶点,不断细化出新的网格,重复运用细分规则,直到达到精度要求,该网格即收敛于一个曲线或者曲面。在实际应用中,如果要生成高精度的模型,需要用上百万个三角形来逼近。因此,一般根据应用需要来控制模型离散的精度,如图 3-5(b)所示。

3. 网格化

大型景物或者工厂的模型,经常采用扫描或者航拍倾斜摄影的数据建模,如图 3-6 所示。其中单体化模型或需要逼真外观的模型,大多可以使用点云数据构建。

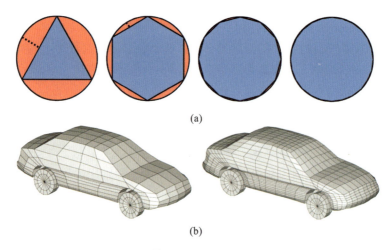

图 3-5 模型的离散化与精度控制

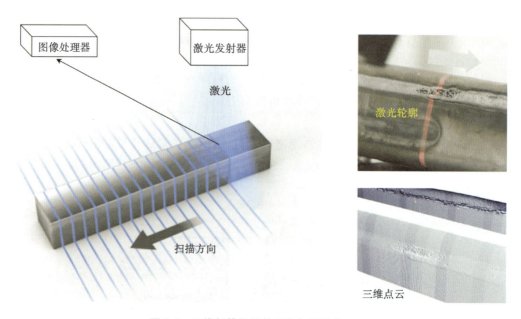

图 3-6 三维扫描数据的采集与可视化

点云的数据结构非常简单,就是一系列空间三维位置(x,y,z)的集合,很显然点云没有面,也没有拓扑结构,完全离散化。著名的点云开源软件库 PCL 给出了点云数据结构定义,如下:

```
pcl::PointXYZRGB::PointXYZRGB (
    float           _x,
    float           _y,
    float           _z,
    std::uint8_t    _r,
    std::uint8_t    _g,
    std::uint8_t    _b
)
```

显然,这些离散的点处理起来非常复杂,目前常用的点云处理方法是对其建立空间索引以提高处理效率。空间索引一般是自顶而下逐级划分空间的各种空间索引结构,比较有代表性的包括 KD 树、八叉树等索引结构,其中八叉树使用比较广泛。八叉树(octree)的每个节点表示一个正方体的体积元素,每个节点有八个子节点,这八个子节点所表示的体积元素加在一起就等于父节点的体积。

其次,点云数据往往包括很多噪声和缺陷,需要进行噪声过滤、点云快速生成多边形方法、光滑等预处理。

最后,用点云来显示三维形体不够直观,二义性大,需要对点云进行网络重构,得到三维多边形网格。目前成熟的算法有 Marching Cubes、Poisson 面重构等。网格化的精度和细节可以根据需求进行调整。对于高精度的模拟和分析任务,模型可能需要更精确的表示和更高的细节级别,以便准确地捕捉物体的形状和特征。对于实时交互和可视化应用,模型可以采用较低的细节级别以提高性能和响应速度。

3.3 三维场景建模

3.3.1 什么是三维场景

三维场景是一个由虚拟空间、物体、灯光、材质等元素构成的立体环境,通过计算机图形技术模拟现实世界的空间关系和物质形态。在这个环境中,用户可以与三维物体实时互动,查看和操作各种三维物体,体验身临其境的感觉。三维场景在游戏、动画、地理信息系统等领域具有广泛应用,为用户提供了一种全新的立体视觉体验。一个简单的三维场景示例如图 3-7 所示。

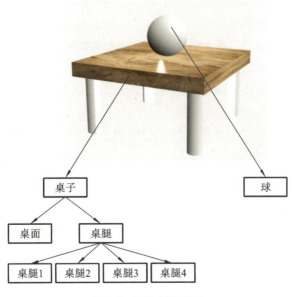

图 3-7 三维场景示例

3.3.2 场景图数据结构

场景图(scene graph)是一种数据结构,定义了场景里各个对象的逻辑和空间的组织关系。

场景图是一组节点的集合,采用图(graph)或者树作为数据结构,更常用的是一个有向无环图(DAG)。对场景图的简单定义如下。

定义1:有且只有一个根节点。

定义2:任何一个节点可以含有多个子节点,但是通常只有一个父节点,对父节点的操作将影响到它的全部子节点。

定义3:叶节点没有子节点。

场景图大多为树结构,如图3-7所示场景可以用一个树结构来描述,其中球、桌面、桌腿1~4都是叶节点,这些节点没有子节点,场景(scene)为根节点,如图3-8(a)所示。由于图3-7中桌子的4个桌腿都一样,在场景建模中为了节约存储空间和提高效率,它们都指向一个几何节点(圆柱体),这时候的场景就是一个有向无环图结构,如图3-8(b)所示。

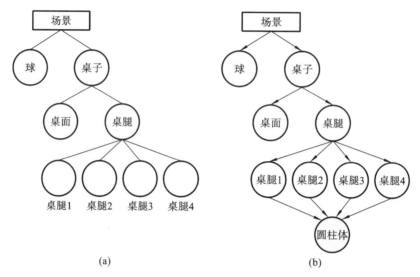

图3-8 场景图的两类数据结构
(a)树结构场景图;(b)图结构场景图

场景图的基本结构是树结构,那么就具备树结构的层次特点。场景图中的所有节点可分为两种类型。

(1) 叶节点(没有子节点):通常是实际的可渲染对象,主要包括几何元素,包括多边形网格、基本体素(球体、立方体等)。

(2) 组节点(可能有一个或多个子节点):这些节点通常用于装配体、控制节点状态(比如颜色、几何变换、材料属性和动画等)。对组的操作以"一组节点"为单位,将自动影响到组内的全部节点。比如如果设置桌腿节点的颜色,由于桌腿节点(组节点)包括4个叶节点(桌腿1~4),因此,这个操作会让4个叶节点同时获得与桌腿节点一样的颜色。显然对组节点的操作非常方便,在场景建模和控制中,对组节点的操作非常普遍。

3.3.3 场景图的基本要素

构成场景的很多要素并没有体现在图3-8所示的数据结构中,例如桌面有材质、纹理,场景环境包括灯光,4个桌腿位于指定的位置,这些都应该在场景图中描述,因此完整的场景图如图3-9所示。其中,叶节点下包括几何节点、材质和纹理节点,变成了组节点;场景中各物体包含几何变换节点(T);场景中的光照则由光源节点负责,在后文我们会讲到该场景图中还应包括更多其他的节点,如相机节点、动画节点、细节程度节点等,以满足对复杂的场景进行渲染和交互的需求。

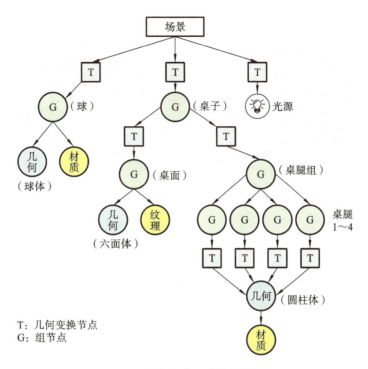

图 3-9 更多要素组成的场景图

在场景图中,叶节点大部分为几何变换节点,是可被渲染绘制的。几何变换节点主要分为两类:简单几何体和复杂几何体。真实制造仿真场景中主要是复杂几何体,通常从三维模型文件中加载到场景中,这些模型文件格式已经在第 2 章中详细描述。在场景图的叶节点中可以挂载多边形网格,一般来说一些多边形网格构成了一个零部件或者物体,形成一个复杂几何体,用于成组管理,同时通过实例化技术,允许多次重复使用某一成组/单一的几何模型,如图 3-10 所示,对模块 3 中的 4 个蒸馏装置,仅建立一个几何模型,其余克隆即可。

1. 几何变换节点

场景坐标系一般采用世界坐标系(WCS),而场景中的几何物体坐标系大多采用物体坐标系(OCS)。场景图中的 T 节点将物体的物体坐标系和世界坐标系按照正确的位置摆放在一起。在场景的布局中,几何变换节点是非常重要的。场景中的几何对象、纹理、光照和相机参数等都用向量方式表达,其几何变换主要可以分为旋转、平移、缩放三种类型。

当场景图中存在多个转换矩阵,计算某个对象在整个场景中的位置时,可自下至上用一个累积转换矩阵(CTM)决定,位于场景图更高层级的变换矩阵被附加在累积转换矩阵的前面。

2. 光源节点

光源节点包括:类型设置(通常有平行光、点光源和投射光三类)、各类型光源属性设置(如位置、光源方向、强度、颜色等)。在 Unity 软件中,还可以设置区域光源(area light)和环境光(ambient light)的更多属性,比如光线强度的衰减系数、漫反射等。

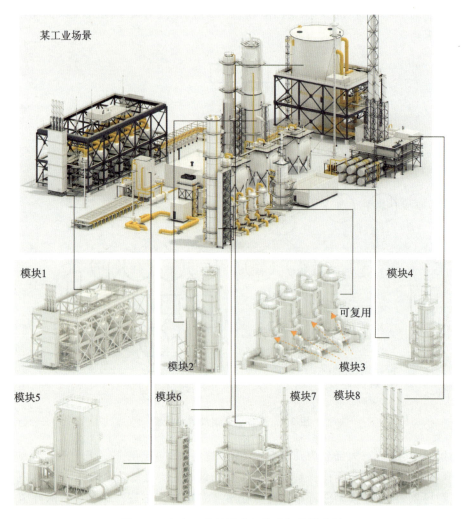

图 3-10 复杂工业场景成组管理与模型重用

3. 相机节点

对场景的观察,是通过相机节点来进行的,其中的设置主要包括相机外部位姿设置(6 DOF)、相机的固有属性设置(焦距、光圈、视场角、图像纵横比等)。视点是空间中观察者所在的位置,大规模场景中存在着大量的观察者的视角旋转以及变换,因此对视点的操作至关重要。

4. 材质和纹理节点

材质和纹理节点,经常也被称为外观节点(appearance)。该节点的设置内容非常丰富,包括材质类型、纹理种类、纹理贴图方式等等。其中如何实现外观的真实感渲染,可查阅计算机图形学相关内容。

5. 动画节点

数字孪生体现了动态性,在场景中动画是不可或缺的。场景图中一般也包括动画节点,不同的图形引擎中动画节点的定义不尽相同。简单的循环式动画采用 Switch 或者 Sequence 节点,不断切换或者按序列加载场景的对象(包括几何、光线、相机等),利用人眼视觉暂留现象,来产生动画。复杂的机构运动,比如机器人关节运动,往往是通过场景树上的几何变换节点(T)实现的。

3.4 常见三维文件格式

3.4.1 glTF 格式

glTF 是一种开放的三维文件格式,由 Khronos Group 开发,旨在成为一种轻量级、高效的三维文件格式,适用于 WebGL、OpenGL ES 和其他图形 API。glTF 格式的优势在于其轻量级和高效性,可以快速加载和渲染,适用于 Web 和移动设备等资源受限的环境。glTF 格式支持基于物理的渲染(physically based rendering,PBR)材质系统,可以实现更真实的渲染效果。glTF 格式还支持几何形状、材质、纹理、动画等信息,可以关联多个场景和节点,如图 3-11 所示,说明如下。

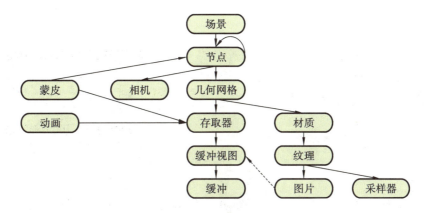

图 3-11 glTF 的层级结构

场景(scene):根节点,glTF 资源包含零个或多个场景。

节点(node):场景图中的一个节点。它可以包含一个几何变换(比如旋转或平移),连接了几何网格、相机和蒙皮节点。

相机(camera):定义了用于渲染场景的相机参数,如指定投影的透视或正交类型等。

几何网格(mesh):描述了场景中出现的 3D 几何网格数据,通过存取器(accessor)对象访问真实的几何数据,引用关联的材质(material)对象来设置 3D 对象的外观。

蒙皮(skin):定义了用于蒙皮的参数。

动画(animation):描述了某些节点如何随时间进行变换(比如旋转或平移)。

存取器(accessor):几何网格(mesh)、蒙皮(skin)和动画(animation)的所有二进制数据都存储在缓冲区内,通过存储器检索。

材质(material):包含定义 3D 对象外观的参数。它通常引用用于 3D 对象渲染的纹理(texture)对象。

纹理(texture):定义了一个采样器(sampler)对象和一个图片(image)对象。

3.4.2 USD

统一场景描述(universal scene description,USD)是由皮克斯动画工作室开发的一种用于表示和交换三维图形场景的文件格式和工具集。USD 的目标是提供一个高效、可扩展且灵活的框架,使得多个应用程序能够共享和处理复杂的三维内容,包括动画、几何形状、灯光、材质等,如图 3-12 所示。

USD 在元宇宙的诸多场景中得到应用,具有以下特点。

分层结构:USD 采用分层的数据结构,允许用户创建具有继承关系的场景描述。这使得对大型、复杂场景的管理和协作更为便捷。

组件化:USD 允许将场景拆分为独立的组件,每个组件可以在不同的场景中被重用。这种组件化的方法促进了可重用性和协作性。

强大的引用系统:USD 引入了强大的引用系统,允许多个场景共享相同的数据,从而减少存储空间占用量,并简化数据更新和维护工作。

多版本支持:USD 支持多个版本的数据,允许用户在不同时间点保存和恢复场景的状态。这为团队协作和版本控制提供了更大的灵活性。

高性能:USD 的异步加载机制使得其在处理大型场景时仍能保持较高的性能。它支持对场景的增量加载,提高了渲染的效率。

图 3-12　USD 描述的场景示例

3.4.3　简单格式

1. STL 格式

STL 文件格式是一种广泛应用于快速原型制造技术的三维图形文件格式。它由 3D Systems 公司于 1988 年制定,旨在为快速成形和分层制造领域提供一种通用且易于使用的接口协议。STL 文件格式基于三角形面片来表示复杂的三维表面。它将三维模型表面近似为若干个小三角形,这些三角形的顶点坐标和法向量存储在文件中。STL 文件与具体的 CAD 系统无关,因此几乎所有的 CAD 系统都提供将各自特定格式的实体表示转换成 STL 文件的功能。

STL 文件具有两种格式:ASCII 格式和二进制格式。

1) ASCII 格式

ASCII 格式较为常见,文件内容以文本形式呈现,包括三角形面片的定义、顶点坐标和法向量。下面是 ASCII 格式的 STL 文件的基本结构。

(1) 文件头：ASCII 格式的 STL 文件以一个或多个空行开始。这些空行用于表示文件头，便于识别 STL 文件类型。

(2) 实体定义：ASCII 格式的 STL 文件中，一个实体模型由一个或多个面片组成。每个面片由一个法向量(normal)和三个顶点组成。

面片的定义如下。

①facet normal：表示一个面片的法向量。法向量通常是一个三维向量，用 3 个浮点数表示。

②outer loop：表示面片的边界循环开始。

③vertex：表示一个顶点的坐标。每个顶点坐标由 3 个浮点数表示。

④endloop：表示面片边界的结束。

⑤endfacet：表示面片的结束。

(3) 面片组：多个面片组成一个实体模型。在 ASCII 格式的 STL 文件中，面片之间通常没有分隔符。但是，在某些情况下，可以使用空行或特殊字符(如；)来表示面片组之间的分隔。

(4) 文件尾：ASCII 格式的 STL 文件以"endsolid"关键字表示模型结束。此关键字之前，应该包含一个或多个面片组。

ASCII 格式示例如下：

```
solid filename  //自定义文件头(ASCII 码)
    facet normal x y z //三角形面片法向量的 3 个浮点数
        outer loop
            vertex x y z //三角形面片第 1 个顶点坐标
            vertex x y z //三角形面片第 2 个顶点坐标
            vertex x y z //三角形面片第 3 个顶点坐标
        endloop
    endfacet //完成一个三角形面片定义
    …
endsolid filename //整个 STL 文件定义结束
```

2) 二进制格式

二进制格式用固定的字节数来给出三角形面片的几何信息。文件起始的 80 个字节是文件头，用于存储文件名；紧接着用 4 个字节的整数来描述模型的三角形面片个数，后面逐个给出每一个三角形面片的几何信息。每一个三角形面片占用固定的 50 个字节，其中包括：

①3 个 4 字节浮点数(三角形面片的法向量)；

②3 个 4 字节浮点数(第 1 个顶点的坐标)；

③3 个 4 字节浮点数(第 2 个顶点的坐标)；

④3 个 4 字节浮点数(第 3 个顶点的坐标)；

⑤2 个字节，用于描述三角形面片的属性信息。

二进制格式示例如下：

```
UINT8[80] - Header (文件头)
UINT32 - Number of triangles (三角形数量)

for each triangle (三角形遍历)
```

```
REAL32[3] - Normal vector (法向量)
REAL32[3] - Vertex 1 (顶点 1)
REAL32[3] - Vertex 2 (顶点 2)
REAL32[3] - Vertex 3 (顶点 3)
UINT16 - Attribute byte count (属性字节计数)

END

UINT8[4] - Footer (文件尾)
```

尽管 ASCII 格式的 STL 文件较大,但它具有较好的通用性和易读性。在很多情况下,ASCII 格式适用于三维建模、分析和可视化软件之间的数据交换。然而,在实际制造和加工应用中,二进制格式的 STL 文件更为常见,因为它具有更紧凑的数据存储方式和更快的处理速度。

2. OBJ 格式

OBJ 是一种三维模型格式,支持多边形和曲面,可以包含材质和纹理信息,是一种通用的三维文件格式。OBJ 文件可以 ASCII 格式编码或二进制格式编码,分别对应后缀名为.obj 和.mod 的文件。OBJ 格式的主要组成部分如下。

(1) 注释(#):通常会包含一些关于模型的元数据,如作者、版本等。

(2) 材质库(mtllib):用于存储模型的材质信息。材质库包含一个或多个材质对象,每个材质对象包含若干个属性,如颜色、纹理等。

(3) 对象(o):可以包含一个或多个 3D 对象。每个对象定义了一个封闭的三维空间,由顶点、面片和法向量等组成。

(4) 顶点(v):每个顶点包含 3 个浮点数,分别表示 x、y 和 z 坐标。

(5) 纹理坐标(vt):表示 uv 贴图坐标(x,y)。

(6) 法向量(vn):用于表示模型的表面法向量方向。

(7) 面片(f):使用标准的 Polygon 格式存储面片信息。每个面片由 3 个顶点组成,遵循右手法则。

一个表示简单立方体的 OBJ 格式如下。请注意,"//"后面是添加的说明,不包含在 OBJ 文件中。

```
# 头部描述
mtllib mycube.mtl      // 外部材质文件
o Cube      // 指定了模型名称为 Cube
v 1.000000 1.000000 -1.000000     // 顶点坐标
v 1.000000 -1.000000 -1.000000
v 1.000000 1.000000 1.000000
v 1.000000 -1.000000 1.000000
v -1.000000 1.000000 -1.000000
v -1.000000 -1.000000 -1.000000
v -1.000000 1.000000 1.000000
v -1.000000 -1.000000 1.000000
vt 0.625000 0.500000     // 贴图坐标
vt 0.875000 0.500000
vt 0.875000 0.750000
```

```
vt 0.625000 0.750000
vt 0.375000 0.750000
vt 0.625000 1.000000
vt 0.375000 1.000000
vt 0.375000 0.000000
vt 0.625000 0.000000
vt 0.625000 0.250000
vt 0.375000 0.250000
vt 0.125000 0.500000
vt 0.375000 0.500000
vt 0.125000 0.750000
vn 0.0000 1.0000 0.0000     // 面的法向量
vn 0.0000 0.0000 1.0000
vn -1.0000 0.0000 0.0000
vn 0.0000 -1.0000 0.0000
vn 1.0000 0.0000 0.0000
vn 0.0000 0.0000 -1.0000
usemtl Material      // 表示使用 mycube.mtl 文件中 Material 定义的材质
s off     // 表示关闭光滑组
f 1/1/1 5/2/1 7/3/1 3/4/1     // 表示由顶点、uv 纹理坐标、法向量索引确定的表面
usemtl Material.001      // 表示使用 mycube.mtl 文件中 Material.001 表示的材质
f 4/5/2 3/4/2 7/6/2 8/7/2
f 8/8/3 7/9/3 5/10/3 6/11/3
f 6/12/4 2/13/4 4/5/4 8/14/4
f 2/13/5 1/1/5 3/4/5 4/5/5
f 6/11/6 5/10/6 1/1/6 2/13/6
```

mycube.mtl 材质文件的完整内容如下：

```
# 头部描述
# Material Count: 2

newmtl Material
Ns 359.999993     // 高光色的权重
Ka 1.000000 1.000000 1.000000     // 环境光
Kd 0.800000 0.582192 0.154415     // 漫反射光
Ks 0.500000 0.500000 0.500000     // 高光
Ke 0.000000 0.000000 0.000000     // 发射光
Ni 1.450000     // 光学密度
d 1.000000     // 透明度
illum 2     // 指定的光照模型
newmtl Material.001
Ns 250.000000
Ka 1.000000 1.000000 1.000000
Kd 0.800000 0.002207 0.009875
Ks 0.500000 0.500000 0.500000
```

```
Ke 0.000000 0.000000 0.000000
Ni 1.450000
d 1.000000
illum 2
```

3. 其他格式

(1) FBX：FBX 是一种由 Autodesk 开发的三维文件格式，包含几何形状、材质、动画、光照等信息，可以用于游戏、建筑设计、工业设计等多个领域。FBX 格式的优势在于其广泛的应用和兼容性，可以在多种平台和软件之间进行导入和导出，方便用户进行协作和共享。此外，FBX 格式还支持多种材质和纹理类型，可以实现更丰富的渲染效果。

(2) MAX：3Ds Max 是一款强大的三维建模、动画和渲染软件，应用于多个领域，如广告、游戏、建筑和设计等。MAX 格式是 3Ds Max 软件所使用的文件格式，可以保存 3Ds Max 的模型、动画、材质、纹理等信息。

3.5 常用开发工具

3.5.1 三维设计

1. 3Ds Max

Autodesk 3Ds Max（通常简称为 3Ds Max）是一款专业的三维计算机图形（3D CG）制作和渲染软件，提供了高性能的 3D 渲染和物理引擎，支持多种导入、导出格式和插件，由 Autodesk 公司开发。它是一种广泛用于电影、动画、游戏开发、建筑可视化等领域的三维建模、动画和渲染软件。

2. Blender

Blender 是一款功能强大的开源三维建模软件，提供了高性能的 3D 渲染和物理引擎，支持多种导入、导出格式和插件，适用于动画制作、游戏开发、影视制作等领域。

3. SketchUp

SketchUp 是一款由 Trimble 公司开发的三维建模软件，旨在提供直观、易学的建模工具，适用于建筑设计、室内设计、景观设计、工程和游戏开发等领域。

3.5.2 模型解析与转换

模型解析与转换通常涉及将一个三维模型从一种文件格式或编码形式转换为另一种，或者在不同的三维建模软件之间进行转换。这种过程可能包括文件格式转换、坐标系转换、模型数据解析与编辑等。

1. 文件格式转换

不同软件建模生成的文件格式不相同，文件格式可能不符合当前使用的软件的要求。可使用专业的模型转换工具（如 Autodesk FBX Converter、Blender），使用通用的中间格式（如 FBX 或 OBJ）进行文件格式转换。

2. 坐标系转换

三维零件在建模的过程中可能不在一个坐标系下，需要将其转换到另一个坐标系中，使用建模软件的内置工具或脚本，执行坐标变换。例如，Blender 中有强大的坐标转换工具。

3. 模型数据解析与编辑

通过解析三维模型的数据以进行编辑或分析,编写脚本或使用专门的解析工具来提取所需的数据,使用建模软件或编程语言中的相关库,例如 Python 的 Blender 库或 Three.js 等。其次,一些开源的三维模型处理库(如 Assimp),提供多种三维模型文件格式,并提供了一些基本的编辑功能。

4. 三维模型压缩与优化

建模过程中,可能需要对三维模型进行优化以减小文件或提高其性能,可以使用专业的模型优化工具,例如 Simplygon、MeshLab 等。

5. 在线服务

利用一些在线服务,如 Online 3D Model Converter,可上传模型并将其转换为不同的格式。

在进行模型解析与转换时,应确保了解所使用工具的功能和限制,以及目标文件格式的要求和规范。

3.5.3 应用软件和工具

1. Unity3D

Unity3D 是一款功能强大的游戏引擎,它提供了丰富的工具和功能,使开发者能够创建高质量的三维和二维游戏、可视化应用以及其他交互式内容,目前在数字孪生应用开发领域应用比较普遍。其特点主要如下。

(1) 跨平台支持:Unity3D 支持多个平台,包括 Windows、MacOS、Linux、iOS、Android、WebGL、PlayStation、Xbox 等,开发者能够在不同设备上轻松发布和部署游戏。同时,Unity3D 提供了可视化的编辑器工具,包括场景编辑器、资源管理器、粒子系统编辑器和动画编辑器等,使得开发者可以直观地设计、构建和编辑游戏世界。

(2) 脚本编程和 C 语言支持:使用 C 语言作为主要的脚本编程语言,提供了强大的 API 和工具,简化了游戏逻辑的编写和管理。同时,集成了脚本调试工具,方便开发者查找和解决代码中的问题。

(3) 扩展性和插件支持:Unity3D 的 Package Manager 允许开发者轻松管理项目依赖和引入新功能。开发者可以创建自定义的编辑器工具,以适应项目的特殊需求。

2. Unreal Engine

Unreal Engine 是一款功能强大的游戏引擎,提供了高性能的 3D 渲染和物理引擎,支持多种平台和编程语言,具有良好的可扩展性和易用性。其特点主要如下。

(1) 图形引擎:Unreal Engine 以其先进的图形引擎而闻名,支持高度逼真的图形和渲染效果,包括实时全局光照、实时反射、高级材质系统等功能,使得游戏能够呈现出引人入胜的视觉效果。

(2) 蓝图系统:主要使用 C++语言进行底层引擎的开发,但引擎引入了蓝图系统,通过可视化脚本系统,允许开发者使用图形界面设计游戏逻辑,无须编写代码。蓝图系统使得游戏设计师和艺术家也能够参与到游戏逻辑的创建中,极大地降低了编程门槛。

(3) 物理引擎:Unreal Engine 包含一套强大的物理引擎,支持逼真的物理交互和仿真,同时支持碰撞检测、刚体动力学、液体模拟等物理效果,为游戏世界的真实感和交互性提供了基础。

3. 开源 WebGL 引擎

开源 WebGL 引擎是一类用于在 Web 浏览器中创建和展示三维图形的软件工具。它们提供了一套 API 和功能,使开发者能够轻松地在浏览器中创建交互式的三维场景和动画。

其中,three.js 是目前应用最广泛的开源 WebGL 引擎之一。它是一个轻量级、易于使用的库,提供了丰富的功能和工具,用于创建高质量的三维图形和动画。three.js 提供了一个简洁的 API,使开发者能够轻松地定义和操作场景中的对象、光源、材质和相机等元素。它还支持纹理贴图、阴影投射、粒子系统等高级特性,以及与用户交互的功能,如鼠标和触摸事件处理。在数字孪生应用开发中,开源 WebGL 引擎如 three.js 具有重要的作用。通过使用这些引擎,开发者可以在网页中实现高度逼真的三维模型和场景,与用户进行互动,展示物理特性和行为。这对于数字孪生的可视化和模拟非常有帮助,使用户能够更好地理解和分析复杂的现实世界系统。

除了 three.js,还有其他一些开源 WebGL 引擎可供选择,如 Babylon.js、A-Frame 等。这些引擎具有不同的特点和适用场景,开发者可以根据项目需求选择最合适的引擎。

本书提供的案例都是基于开源 WebGL 引擎如 three.js 开发的。

习 题

数字资源

1. 什么是 BRep?什么是 CSG?请描述一下它们各有什么优点和缺陷。
2. 几何模型的基本要素包括哪些?
3. 三维模型网格离散主要应考虑哪些因素?
4. 什么是场景图?它有哪些基本要素?请绘制一辆汽车的场景图,并给出解释。
5. 打开一个 glTF 格式的文件,分析文件的格式,并解释各节点的含义。

参 考 文 献

[1] The Point Cloud Library (PCL)[EB/OL].[2024-04-05]. https://pointclouds.org/.

[2] glTF 2.0 Specification. The Khronos® 3D Formats Working Group Version 2.0.1[EB/OL].[2024-04-05]. https://registry.khronos.org/glTF/specs/2.0/glTF-2.0.html.

[3] Universal Scene Description[EB/OL].[2024-04-05]. https://openusd.org/release/index.html.

第 4 章 数字孪生机理模型

4.1 概　　述

数字孪生的目标是以高保真方式复制和模拟物体、系统或过程,并揭示其机理和物理规律。在实现这一目标时,机理模型被视为数字孪生系统的"大脑"。通过建立机理模型,我们能够精确描述和仿真物理世界的运行方式,深入理解和模拟实体的运行机制,并实现对真实系统的精准复制和模拟。

4.1.1 科学研究范式

人类进行各种科学研究以揭示物理世界的机理。吉姆·格雷将科学研究的范式分为四种类型:实验范式、理论范式、仿真范式和数据密集型科学发现范式,如图 4-1 所示。

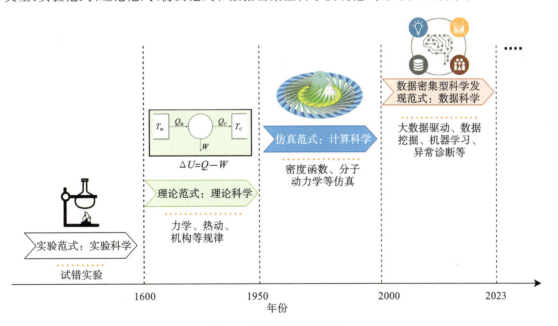

图 4-1　科学研究范式发展

实验范式(第一范式)是基于实验的科学研究模式,通过设计和进行实验来验证假设。实验范式的核心思想是在受控条件下进行实验,通过操作自变量并观察其对因变量的影响,从而推断因果关系和验证理论。

当实验条件不可行时,理论范式(第二范式)成为研究更精确自然现象的基础。理论范式通过简化复杂因素,将无法通过实验模拟的科学原理用模型表示出来,提出假设和理论模型,并通过推理、分析和推断来解释现象和预测未知情况,例如牛顿三大定律、麦克斯韦方程等。理论范式强调理论构建和验证的重要性,但验证理论的难度和经济投入逐渐增大。

随着计算机技术的发展,仿真范式(第三范式)通过电子计算机模拟科学实验得到广泛应用。在仿真范式中,研究者建立数学模型、物理模型或计算模型,利用计算机技术模拟仿真实际系统的行为和特性。通过调整模型参数、设定场景和交互实验,可以观察和分析模型的行为,推断和预测系统的动态变化。计算机仿真越来越多地取代实验,在基础科学研究和工程实验中成为常用的方法。

在当前的大数据时代,数据密集型科学发现范式作为第四范式从第三范式中分离出来,成为一种新兴的科学研究方法。传统的实验、理论和仿真范式无法满足处理和分析海量数据的需求,第四范式强调数据的重要性和数据驱动的科学研究,使用数据挖掘、机器学习、人工智能等技术,从大数据中发现模式、关联和规律,获得新的科学洞见和发现。另外,需要关注大语言模型(ChatGPT、Sora 等)的出现,这些模型也从某种程度上引领了一场范式革命,为科学研究提供了全新的方法和工具。它们在实验、理论、仿真和数据密集型科学发现等方面的应用,为研究者们带来了更广阔和多样化的研究空间,促进了科学的进步和创新。

数字孪生站在这些范式的基础上,集成实验范式、理论范式、仿真范式和数据密集型科学发现范式等,应用在系统的不同成熟度阶段,推动其在模拟、预测和优化等方面的发展和应用。

4.1.2 机理及机理模型的范畴

所谓机理是指事物变化的理由与道理,包括构成要素和形成要素之间的关系两个方面。相似的概念还有机制,机制与机理有细微的差别。机制这一概念最早源于希腊文,本义原指机器的构造和动作原理。机制包括两方面含义:其一是机器由哪些部分组成和为什么由这些部分组成,其二是机器是怎样工作的和为什么要这样工作。下面就机制与机理的各自特点展开对比介绍。

机理更广泛地应用于自然科学、工程和社会科学等领域,用于解释各种系统和现象的运行原理,涵盖更广泛的范围,包括自然系统、人工系统、社会系统等。而机制更常用于描述机械、电子、生物等方面的系统和设备,特别是具有明确定义的组成部分和相互作用的系统。

机理更关注"为什么"和"如何",它试图揭示系统内部的因果关系、物理规律和运行机制,以解释系统的行为和性能,关注的是系统的内在特征和内部机制。而机制更关注系统的组成部分、构造和相互作用方式,强调系统的结构和工作原理。

虽然机理和机制有一些区别,但在本书中我们认为二者为类似或可交替使用的术语。

数字孪生机理模型是基于对象和生产过程的内部机制或物质流传递机理而建立的精确数学模型。它利用质量平衡方程、能量平衡方程、动量平衡方程以及物性方程、化学反应定律、电路基本定律等来获取对象或过程的数学模型。机理模型的优点在于其参数具有明确的物理意义,需要充分的输入条件,并能模拟整个过程,因此也被称为白箱模型。机理分析法的建模特点是能够在生产设备尚处于设计阶段时建立其数学模型。然而,对于某些复杂系统或对象,建立其数字孪生机理模型可能存在困难。一方面,可能无法编写出数学表达式,或者表达式中的某些系数难以确定。另一方面,机理模型需要大量参数,而这些参数的获取也可能面临困难。因此,数字孪生还需要非机理模型,非机理模型也被称为黑箱模型或灰箱模型,即数据模型。

非机理建模在当前人工智能技术快速发展的背景下迅速占据重要地位。这类模型通过网络采集海量数据,并将数据组织成信息的形式。然后,对相关信息进行整合、统计和提炼,在数据的基础上进行训练和拟合,形成自动化的决策模型。非机理模型不依赖于明确的物理机制,而是通过数据驱动的方法来建模和预测。

综上所述,数字孪生的建模过程既包括基于对象和过程内部机制的机理模型,也包括基于数据的非机理模型。这些模型相互补充,可以在不同情况下灵活应用,以实现数字孪生在模拟、预测和优化等方面的应用。本书在本章主要介绍数字孪生的机理模型,将在第5章介绍数字孪生的非机理模型。

4.1.3 工业机理模型分类

工业机理模型是指应用于工业领域的机理模型,用于描述和解释工业系统的运行机制和行为。工业机理模型的作用是帮助理解和优化工业过程、设备或系统的性能,以提高效率、质量和可靠性。工业机理模型通常基于物理原理、工程知识和经验数据构建。它们可以涵盖各种工业领域,如制造业、能源行业、化工工艺、交通运输等。这些模型可以描述工业系统的各个要素,包括设备、工艺参数、物料流动、能量传递等,并揭示它们之间的相互关系和作用规律。通过工业机理模型,我们可以模拟和预测工业系统的行为,例如生产过程中的物料流动、能量消耗、产品质量等。这有助于优化工艺参数、改进生产计划、减少资源消耗和废物产生,从而提高工业系统的效率和可持续性。

工业机理模型可以使用不同的数学和计算方法进行建模和仿真,如基于物理方程的模拟、离散事件模拟、Agent模型等。这些模型可以通过实时数据采集和监测来验证和校准,以确保其准确性和可靠性。工业机理模型通过设计开发专业的数据模型和算法组合,对特定的工业数据输入进行计算处理,输出工业控制相关参数。工业机理模型的种类如表4-1所示。

表 4-1 工业机理模型的种类

序号	分类维度	类别
1	行业	航空航天行业、机械行业、汽车行业、电子行业、石化/化工行业、建材行业、轻工业、能源行业、医药行业、冶金行业、材料行业等模型
2	业务使用范围和产品生命周期	基础理论模型、研发设计仿真模型、生产过程管理模型(工艺、物料、仓储、生产管理等)、设备故障诊断模型、产品质量控制模型、服务效能提升模型和物流优化模型等
3	应用场景(生产流程)	节能减排、研发设计、生产制造、质量管控、运营管理、产品服务、运维服务、仓储物流和安全生产等模型
4	专业学科	力学模型(固体或流体、多体动力学等)、电磁学模型、热力学模型、化学模型、声学模型、核磁模型、计算机视觉模型、几何模型等
5	实现方式	机理算法模型、仿真(部件)模型、流程逻辑(数据驱动)模型、工艺模型、基础理论模型等
6	工业对象维度	部件、设备、产线、车间、企业、跨企业等模型
7	机理求解算法技术	参数表、非线性方程组、常微分方程(ODE)、偏微分方程(PDE)、随机仿真、机器学习等模型
8	使用方式	文件类模型、接口类模型等
9	业务目标和分类目标	分析模型、推演模型、预测模型、决策模型、优化模型等
10	模型作用原理	几何模型(外观形状、尺寸大小、内部结构、空间位姿、装配关系、运动学原理等)、物理模型(力学特性、电磁特性、流体特性、热力学特性等)、行为模型(动态功能、性能退化、周期运动、随机扰动、响应机制等)、规则模型(数据关系、专家知识、领域标准、历史经验、相关准则等)等

数字孪生的机理模型驱动了数字孪生的仿真优化,因此数字孪生与仿真并不是完全相同的概念。仿真是一种将包含确定性规律和完整机理的模型转化为软件形式,以模拟物理世界的技术。只要模型正确,并且具备完整的输入信息和环境数据,仿真就能基本准确地反映物理世界的特性和参数。仿真技术用于验证和确认对物理世界或问题的理解的正确性和有效性。因此,数字孪生的仿真技术是创建和运行数字孪生体,确保数字孪生体与对应物理实体实现有效闭环的核心技术。数字孪生体不仅仅是物理世界的镜像,它还能接收物理世界的实时信息,并能反过来实时驱动物理世界。数字孪生体还能进化为物理世界的先知先觉。

在工业领域,机理模型可应用于设备、产线和工厂这三个典型的数字孪生场景。在设备仿真方面,机理模型可以用于设备的预测维护。通过建立设备仿真模型,并综合利用采集的设备数据和故障诊断模型,可以分析和预警设备问题,避免设备故障引发的生产停滞和安全风险。此外,机理模型还可用于产品设计,通过在虚拟空间中对产品模型进行修改、测试、验证和分析,减少物理样机的制造次数、时间和成本,加速产品的研发和推向市场的进程。

在产线仿真方面,机理模型可用于产线布局优化、车间管理和工艺优化。通过模型的综合优化,可以改善产线布局,提高资产利用率。同时,机理模型还可以将生产过程中的工艺知识和经验转化为可调用的模型,结合设备、环境和材料等参数,确定最优加工计划,实现生产过程的无缝化和智能化运行。

在工厂仿真方面,机理模型可用于实现智能生产和智能服务。通过数据采集、大数据处理和人工智能建模分析,可以建立数字孪生工厂,实现生产数据的可视化、监管的即时化、调度的一体化和管理的智能化,为生产管控提供全面的决策支持。此外,机理模型还可以改善产品质量追溯制度,加强全流程产品质量的跟踪和自动控制,提升产品质量控制的精度和效率。

综上,工业机理模型就是描述工业领域系统、过程机制或原理的模型,不仅仅包括定量的数学模型,也应该包括定性的描述变量间的驱动关系的模型,还包括专家规则等非数学语言刻画的业务逻辑或处理程序。在本章我们重点聚焦于常见的工业机理模型,讲解基于数学变量的模型、面向机械和制造领域的计算机仿真模型、针对复杂系统的多学科机理模型以及定性规则/专家系统等。

4.1.4 数字孪生机理建模流程

数字孪生机理建模的完整流程包括需求分析阶段、设计阶段、开发阶段、测试阶段、部署与运维阶段。数字孪生机理建模是数字孪生的一个重要组成部分,它涉及对物理系统的运行原理、物理特性和相互作用进行建模和仿真,通过将物理过程转化为数学方程,可以更好地理解和预测系统的行为。

1. 需求分析阶段

数字孪生机理建模需求分析阶段的主要目标是了解客户的各项需求,明确数字孪生机理模型的描述对象、需求场景、待解决问题和实现功能,使开发人员和用户达成共识。在需求分析阶段,具体考虑但不限于以下内容:

(1) 明确业务需求和模型对象使用目的,梳理机理关系,初步建立模型目标要求;

(2) 明确需求场景、待解决的问题、预期收益、模型的功能、模型的应用模式(人工参与程度、与外界环境的交互等)、数据的类型、采样频率、数据质量和可得性、业务的成熟度、适用的范围和推广价值、算力满足情况、运行软硬件环境要求(芯片、存储、操作系统等)和部署环境要求(温度、湿度、噪声等);

(3) 明确机理模型、数据、业务耦合关系;
(4) 明确模型的泛化能力、可扩展性、安全性要求;
(5) 明确机理模型复用、灵活配置、场景编排、协作和管理需求;
(6) 明确业务需求、底层源数据的实际情况、关键性能指标、确认维度、数据域等;
(7) 明确工业机理模型与系统融合度、调用、层次化接口级耦合度、应用系统的标准化程度等;
(8) 模型之间通过接口可灵活抽取,进行关联组合、对等组合或层级组合,实现不同领域之间模型的融合;
(9) 明确实现复用和二次开发,有效地减少建模的重复性劳动,提高建模的工作效率;
(10) 明确模型开发工作量和开发周期。

2. 设计阶段

数字孪生机理建模设计阶段的主要目标是根据需求分析要点,描述构建数字孪生机理模型的方案并提供在特定平台环境下的设计方案。在设计阶段,具体考虑但不限于以下内容:
(1) 根据建模对象的内在机理,模型的应用场景、应用条件、功能要求等,并倡导结合相关的前沿知识,设计形成完整的机理模型体系框架,以保证模型未来的优化、扩展等的便利性和一致性;
(2) 明确模型特征参数、输入变量、输出变量、约束条件、性能要求、部署条件等;
(3) 确定工业机理模型功能实现的流程、算法并完成相关的技术论证;
(4) 确定机理模型定位的合理性、选取数据质量的可靠性、建模方法的适用性、模型输出的准确性,以及模型表现的稳定性;
(5) 支持云计算资源调度和容器化部署;
(6) 支持持续迭代和运维自动化。

3. 开发阶段

数字孪生机理模型开发阶段的主要目标是根据设计要点,高效、规范地进行开发编码工作。在开发阶段,具体考虑但不限于以下内容:
(1) 选择主流的、普适化、程序运行稳定、自主可控的开发环境;
(2) 明确机理模型云侧、边侧、云边协同等部署及使用方式;
(3) 支持多源异构数据的接入和存储,将不同的数据格式转换为标准格式,供模型训练使用;
(4) 实现对公式快速封装,模型快速搭建,快速测试,快速审核,快速发布;
(5) 支持加速训练过程,训练过程不断调参优化;
(6) 采用配套软件工具进行管理,开发过程中不断丰富和完善训练数据;
(7) 选择支持可视化建模或低代码的开发工具;
(8) 充分考虑跨工业细分行业的共性问题,提升模型的泛化能力,提升模型的多场景兼容性和成熟度;
(9) 支持模型二次开发;
(10) 支持机理模型数据驱动、离/在线训练、离/在线测试等开发测试方式;
(11) 形成规范的模型开发说明文档,对采用的机理,模型的输入、输出、版本、应用条件等进行总结说明。

机理模型呈现形态为系统、微服务功能模块或API。根据算法模型上传、管理及调用过程的特点,算法模型库的模式设计如图 4-2 所示。

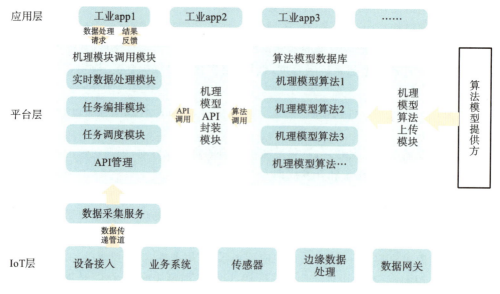

图 4-2 算法模型库的模式设计

4. 测试阶段

数字孪生机理模型的测试阶段旨在验证模型的正确性,并确保满足相关要求,以保证数字孪生机理模型的质量。在测试阶段,需要考虑以下几方面内容。

首先,需要进行功能性、性能效率、易用性、可靠性、信息安全性、维护性和可移植性等方面的验证。这包括验证模型是否按预期功能运行,并具备高效、易用、可靠、安全、易于维护和可移植等特性。

其次,需要验证模型是否基于场景输入而输出。换句话说,需要根据不同的场景和输入数据来验证模型的输出结果是否符合预期。

再次,需要对模型进行分析、验证和评估,以确定模型及其结果是否满足特定场景的应用要求。这涵盖评估模型结果的合理性和准确性,以及整体应用性能,如计算效率、流畅度等。

此外,还需考察模型的开放程度,即模型是否与数据规范标准兼容,能够与不同类型的数据和异构信息系统实现统一标准的时空数据底层框架,实现多模态数据的精准融合表达。

最后,需要考察算法对数据扰动的鲁棒性。这意味着需要验证模型对数据干扰的抵抗能力,以确保模型在实际应用中的稳定性和可靠性。

通过以上验证,可以确保数字孪生机理模型的质量,使其能够有效地支持智能制造领域的应用需求。

5. 部署与运维阶段

数字孪生机理模型的部署与运维阶段旨在实现高效的模型产出与发布,优化资源配置,并规范运维管理过程。具体考虑的方面包括:支持设备端、边缘侧、云端等常见工业互联网应用 app 部署方式;考虑模型应用创建、持续集成、持续发布、扩容、缩容、监控、版本回退等功能;具备针对不同客户进行服务质量管理的能力,包括速率限制、请求大小限制、计量、机器人检测和 IP 地理围栏等;支持模型容器镜像文件部署,统一集成部署环境,并能够实现容器快速启动和环境隔离;满足系统对应的网络安全防护要求以及数据安全防护要求;明确提供方、管理平台、使用方的责任与业务;设计易于人员操作,提供充分的示例,以确保系统具有良好的可学习性;确保安全可靠地被灵活调用和下载;向用户提供完整详细的操作手册;提供有效的用户意见反馈途径,以实现模型在全生命周期内迭代优化的可能,特别是要有合适的途径接收用户对模型准确率、误报率和漏报率等的反馈意见。

4.2 数学模型

数学模型是使用数学将一个系统简化后予以描述的模型。常见的数学模型包括动力系统、概率模型、微分方程等等,广泛应用于自然科学、工程学科(如制造、计算机科学等)以及社会科学。由于篇幅所限,这里只对每种模型的代表性技术进行介绍。

4.2.1 数学模型的分类

数学模型通常由关系与变量组成。关系可用算符描述,例如代数算符、函数、微分算符等。变量是数字孪生所关注的可量化的系统参数的抽象形式。算符可以与变量相结合发挥作用,也可以不与变量结合。通常情况下,数学模型可被分为表4-2所示种类。

表4-2 数学模型的种类

数学模型种类	描 述
线性与非线性	待建模型中,如果所有变量表现出线性关系,该数学模型为线性模型。否则,该模型就为非线性模型。 需要注意的是,对线性与非线性的定义取决于具体数据,线性相关模型中也可能含有非线性表达式,如在一个线性统计模型中,假定参数之间的关系是线性的,但预测变量可能是非线性的。同理,如果一个微分方程定义为线性微分方程,指的是它可以写成线性微分算子的形式,但其中仍可能有非线性的表达式
静态与动态	动态模型对系统状态随时间变化情况起作用,通常用微分方程描述。 静态(或稳态)模型是在系统保持平稳状态下进行计算的,与时间无关
显式与隐式	如模型的所有输入参数都已知,且输出参数可以由有限次计算求得(称为线性规划),则这样的模型称作显式模型。如喷气发动机涡轮和喷管喉道面积的物理特性,可在给定特定飞行条件和功率设置的热力学循环(空气和燃油的流量、压力、温度)的情况下显式计算出来。 如输出参数未知,相应的输入必须通过迭代过程隐式求解得出,如牛顿法(线性)或布洛登法(非线性)。如在设定的飞行条件和功率下喷气发动机的工作周期
离散与连续	离散模型将对象视作离散的,如分子模型中的微粒,又如概率模型中的状态。 连续模型则由连续的对象所描述,如管道中流体的速度场、固体中的温度和压力、电场中连续作用于整个模型的点电荷等
确定性与概率性(随机性)	确定性模型是所有变量集合的状态都能由模型参数和这些变量的先前状态唯一确定的一种模型,在一组给定的初始条件下确定性模型总会表现相同; 随机模型(通常称为概率模型)中存在随机性,而且变量状态并不能用唯一值来描述,而用概率分布来描述

续表

数学模型种类	描述
演绎、归纳与漂移	演绎模型是建立在理论上的一种逻辑结构。 归纳模型由实证研究及演绎模型推广而得。 漂移模型则既不依赖于理论,也不依赖于观察,仅是对预期结构的调用

数学模型在数字孪生系统中发挥着关键作用,用于描述和模拟物理系统的行为、性能和相互关系。它在几个关键方面的应用如下。

(1) 物理系统建模:数学模型用于描述物理系统的结构、特性和行为。通过将物理系统的关键参数、方程和约束转化为数学表达式,可以创建物理系统的数学模型。这些模型可以基于物理原理、工程理论、统计分析等方法构建,并用于描述物理系统的状态、变化和响应。

(2) 动态仿真:数学模型可以用于数字孪生系统中的动态仿真,通过模拟物理系统随时间的演化来预测其行为。动态仿真模型可以基于微分方程、差分方程、离散事件模拟等方法构建,以模拟和预测物理系统的动态行为和性能。这种仿真可以用于优化控制策略、预测故障和异常行为,并支持决策和优化过程。

(3) 参数优化和灵敏度分析:数学模型可以用于数字孪生系统中的参数优化和灵敏度分析。通过调整模型中的参数值,可以对物理系统的性能进行优化,并确定关键参数对系统行为的影响。数学模型可以与优化算法和数值计算方法结合使用,以搜索最佳参数组合并分析参数变化对系统行为的影响。

(4) 预测和决策支持:基于数学模型的数字孪生系统可以用于预测物理系统的未来行为和性能。通过在模型中输入不同的初始条件和操作策略,可以预测系统在不同情况下的响应和结果。这种预测能力可以支持决策制订,例如优化生产计划、制订维护策略、改进产品设计等。

(5) 模型校准和验证:数学模型在数字孪生系统中需要与实际物理系统进行校准和验证,以确保其准确性和可靠性。通过与实际数据对比和调整模型参数值,可以提高模型的准确性,并确保模型能够正确地反映物理系统的行为。

4.2.2 数学建模方法论

数学建模是一种通过数学公式、模型和算法等形式表达目标对象的方法,用于强调普遍性规律并将其形式化。它通过演绎推导来得出科学结论。常用的数学建模方法包括以下几种。

(1) 类比分析法:根据物理定律、经济规律、数学原理等,建立不同事物之间的类比关系,从而构建问题的数学模型。

(2) 量纲分析法:通过对问题相关物理量的量纲进行分析,根据量纲一致性原则建立各物理量之间的关系。

(3) 几何分析法:利用平面几何、立体几何、解析几何等原理,针对实际问题建立相应的几何模型。

(4) 逻辑分析法:根据问题的客观条件和实际情况,运用逻辑推理和逻辑运算建立模型。

(5) 比较分析法:通过对比各个事物,确定它们之间的共同点和差异点,并通过文字描述、图表等方式对事物特征进行分析,以建立模型。

(6) 推理分析法:在掌握一定已知事实、数据信息或者因素相关性的基础上,通过因果关系或其他相关关系的推理,逐步得出新结论,从而建立模型。

这些方法在数学建模中起着重要的作用,能够帮助我们应对各种实际问题,并得出科学且可靠的结论。

4.2.3 主要的数学模型

数学模型种类繁多,根据不同的研究对象,可采用不同数学模型。例如研究理论科学可以采用系统科学、科学逻辑学、科学动力学、混沌理论等。对于连续过程通常使用微分方程、传递函数、状态方程;而对于离散过程常使用差分方程、离散化传递函数、离散化状态方程。此外,还有基于数学变量的模型,主要包括系统动力学(SD)模型、博弈模型、排队模型和马尔可夫模型。这些模型都聚焦于系统随时间变化的特征,非常适用于解决管理、工业和操作设置中的策略问题。由于篇幅所限,这里只对每种模型的代表性技术进行介绍,更多知识可参考其他相关书籍。

1. 系统动力学模型

作为构建、理解和讨论复杂问题的一种方法论和数学建模技术,系统动力学在 20 世纪 50 年代发展起来,是理解复杂系统动态行为的一种方法。该方法的基础是认识到任何系统的结构,其组成部分之间存在许多循环的、互锁的,有时是时间延迟的关系,在决定其行为方面往往与单个组件本身一样重要。该方法还强调,由于在元素的属性中往往存在无法找到的整体属性,在某些情况下,整体的行为不能用部分的行为来解释。

在系统动力学方法论中,一个问题或一个系统可以表示为一个环路图。环路图是一个系统的简单映射,包含了系统的所有组成部分及其相互作用。通过捕捉相互作用和随之而来的反馈回路,环路图揭示了一个系统的结构。了解了一个系统的结构,就有可能确定一个系统在一定时间段内的行为。例如,某新产品介绍的环路图如图 4-3 所示。

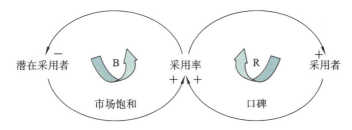

图 4-3 某新产品介绍的环路图

在这个图中有两个反馈循环。右侧的正强化(标记为 R)循环表明,越多的人已经接受了新产品,口碑的影响就越强,新产品将会有更多的产品参考、更多的演示和更多的评论。这种积极的反馈应该会产生持续增长的销售额。左边的反馈回路是负强化(或平衡,因此标记为 B)。显然,增长不可能永远持续下去,因为随着越来越多的人采用新产品,潜在的采用者就越来越少。两种反馈循环同时发挥作用,但在不同的时间,它们可能有不同的优势。因此,人们可能会认为,最初几年的销售额会增长,随后几年销售额会下降。然而,一般来说,环路图并没有充分指定系统的结构,以允许仅仅通过视觉表现来确定其行为。因此,系统动力学方法论还提出一整套将模型逐步量化的方法:方框图法和库存流量法等。

2. 博弈模型

博弈论(Game Theory)是研究理性决策之间战略互动的数学模型。研究个体局中人在对局中为了赢得对一个或多个竞争者的博弈,是如何做决策的。因此,博弈论作为一种应用数学方法,已被广泛应用于研究人类和动物的各种行为。

囚徒困境博弈是博弈论中经典的模型。囚徒困境博弈的基本模型如下:警察抓住了两个合伙犯罪的罪犯嫌疑人,但却缺乏足够的证据指证他们所犯的罪行。如果其中至少有一人供认犯罪,就能确认罪名成立。为了得到所需的口供,警察将这两名罪犯分别关押以防止他们串供或结成攻守同盟,并给他们同样的选择机会:如果他们两人都拒不认罪,则他们会被以较轻的妨碍公务罪各判 1 年徒刑;如果两人中有一人坦白认罪,则坦白者从轻处理,立即释放,而另一人则将重判 8 年徒刑;如果两人同时坦白认罪,则他们将被各判 5 年监禁,如图 4-4 所示。

		囚徒2	
		坦白	不坦白
囚徒1	坦白	−5,−5	0,8
	不坦白	−8,0	−1,−1

图 4-4　囚徒困境博弈

3. 排队模型

排队论最早起源于对电话通讯排队接线的研究。早在 1909 年,丹麦数学家埃尔朗(Erlang)发表了 *The Theory of Probabilities and Telephone Conversations*,初步展开了对由于随机需求的出现而产生非稳态队列的现象的研究。Erlang 之后,多名学者将其工作进一步衍生拓展。排队论的发展本源自对实际现象的研究,而后接近半个世纪,排队论的发展主要为理论模型发展(生灭理论,嵌入马尔可夫模型)。直到 20 世纪 40 年代,学者开始为该理论赋予应用价值,大量研究开始导向如何精确求解先前学者留下的复杂数学模型,并将求解结果直接应用于现实的管理决策。主要研究成果有复杂排队模型、排队网络的近似解与数值模拟办法等。近现代排队论主要为管理决策软件的开发提供理论与模拟支持。

4. 马尔可夫模型

马尔可夫过程指的是一个状态不断演变的过程,对其进行建模后所得模型称为马尔可夫模型。马尔可夫过程(Markov process)是一类随机过程。由俄国数学家马尔可夫于 1907 年提出。该过程具有如下特性:在已知目前状态的条件下,它未来的演变不依赖于它以往的演变。在现实世界中,很多过程都是马尔可夫过程,如液体中微粒所做的布朗运动、受传染病感染的人数变化、车站的候车人数变化等,都可视为马尔可夫过程。马尔可夫过程中的每个状态的转移只依赖于之前的 n 个状态,则这个过程被称为 n 阶马尔可夫过程,其中 n 是影响转移状态的数目。最简单的马尔科夫过程就是一阶过程,每一个状态的转移只依赖于其之前的那一个状态,这也是后面很多模型的讨论基础。

如果第 i 时刻上的取值依赖于且仅依赖于第 $i-1$ 时刻的取值,即

$$p(x_i \mid x_{i-1}, x_{i-2}, \cdots, x_1) = P(x_i \mid x_{i-1})$$

则这就是一阶过程。从这个式子可以看出,x_i 仅仅与 x_{i-1} 有关,马尔可夫模型(Markov model)是一种统计模型,广泛应用于语音识别、词性自动标注、音字转换、概率文法、序列分类等各个自然语言处理应用领域。经过长期发展,在语音识别中的成功应用,使它成为一种通用的统计工具。到目前为止,它一直被认为是实现快速精确的语音识别系统的最成功的方法之一。

由于在每一个不同的时刻状态不止一种,所以由前一个时刻的状态转移到当前的某一个状态有几种情况,那么所有的条件概率会组成一个矩阵,这个矩阵就称为转移概率矩阵。比如每一个时刻的状态有 n 种,前一时刻的每一种状态都有可能转移到当前时刻的任意一种状态,所以一共有 $n \times n$ 种情况。马尔可夫预测法,就是一种预测事件发生概率的方法,根据事件的目前状况来预测其将来各个时刻(或时期)的变动状况,如图 4-5 所示。图 4-5 中有 $S_0 \sim S_3$ 四个状态,$P_{i,j}$ 表示从状态 S_i 转移到状态 S_j 的概率。

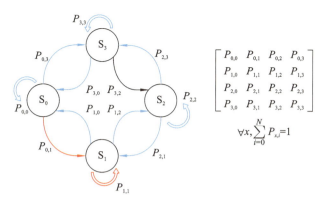

图 4-5 马尔可夫模型示例

4.2.4 数学建模步骤

建立数字孪生的数学机理模型的步骤：针对实际问题，了解问题背景，详细分析问题，明确相关因素和参数，并分析其内在关系；然后根据问题的类型选择适当数学方法，建立关联模型；再选用实际数据，确定未知数据，求解模型，用结果解释实际问题；最后利用实际数据或模拟检验模型，进一步扩展并迭代模型。大体分为四大步骤。

1. 分析问题

首先必须明白问题的本质，才能将之变换成操作定义和数学符号。根据已知信息的多寡，模型可以分为三类：①白箱模型，指那些内部规律比较清楚的模型，如力学、热学、电学以及相关的工程技术问题的模型。②灰箱模型，指那些内部规律尚不十分清楚，在建立和改善方面都还需要不同程度地解决许多问题的模型，如气象学、生态学、经济学等领域的模型。③黑箱模型：指一些内部规律还很少为人们所知，如生命科学、社会科学等方面的问题的模型。但由于因素众多、关系复杂，黑箱模型也可简化为灰箱模型来研究。黑箱和灰箱模型虽然也有数学模型，但是当前更多的是采用非机理模型，我们在第 5 章详细介绍。

2. 简化

模型描述的是理想化的情境。判断哪些核心部件必须保留、哪些可以简化是建模的重要步骤。如果所有的细节都包含在内，模型和真实世界是一样的，则没有使用模型的意义。物理中常用的若干简化模型包括无质量的绳子、点粒子、理想气体以及无限深方形阱。用简单方程表示的物理定律有牛顿定律、麦克斯韦方程组和薛定谔方程等。这些定律都是建立在实际情况的数学模型基础上的。许多实际情况是非常复杂的，因此要用计算机进行模拟，计算可行的模型是建立在基本定律或基本定律的近似模型上的。例如，分子可以用薛定谔方程的近似解分子轨道模型进行模拟。在工程中，物理模型通常运用的数学方法包括有限元分析等。不同数学模型使用不同的几何学，但所使用的不一定是描述宇宙最准确的几何学。欧几里得几何多用在经典物理学中，而狭义相对论和广义相对论都是不使用欧几里得几何的理论。

3. 建立模型

确定实际问题中的各种因素，将其变换为变量表示。接着应分析这些变量之间的关系，哪些是相互依存的，哪些是独立的，它们具有什么样的关系，并用合理的数学式表示这些关系。根据实际问题选用合适的数学框架（典型的有优化问题、配置问题等等），在这个数学框架下表示出该问题，并用合适的算法求解该问题。

4. 分析结果

最后使用计算结果解释实际问题，并且分析结果的可靠性。这时常需用到各种信息可视化的技巧。连接物理系统，分析偏差，并迭代反馈，持续改善模型，直到系统可靠运行。

4.2.5 某储罐液位控制过程建模案例

在某连续型制造中，生产工艺设备有加热炉和储罐。储罐液位在各输入量（控制量、扰动量）作用下，相应输出量（被控量）发生变化，可以建立如图 4-6 所示的控制模型。

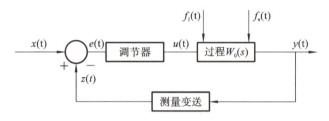

图 4-6　储罐液位控制模型

在该模型中存在多个输入量 $u(t)$、$f_1(t)$、$f_n(t)$ 和单个输出量 $y(t)$。过程通道表示被控过程输入量与输出量之间的信号联系；控制通道表示控制作用与被控量之间的信号联系；扰动通道表示扰动作用与被控量之间的信号联系；自衡过程与非自衡过程分别指系统有无自平衡的能力。

可以借助数字孪生技术，对该储罐的液位控制效率进行优化，如图 4-7 所示。首先，建立储罐的高保真虚拟实体，实现三维场景虚拟建模。其次，在该储罐中部署了液位和液体流量监测传感器，采集液位状态数据并实时传输，用于处理与分析。然后，将所建立的储罐液位控制机理模型集成到数字孪生当中，作为数字孪生的机理模型。将传感器采集的数据传入数字孪生机理模型中进行分析。根据数字孪生机理模型分析的结果，将结果内容作为指令传递给分布式控制器（DCS），用以将数字孪生机理模型的决策反馈给物理世界中的储罐系统，来更好地控制液位状况。最后，液位控制的过程将会由数字孪生的三维可视化实时呈现出来，用以给工程师和现场人员提供更加直观的控制状态监控和控制状态理解。

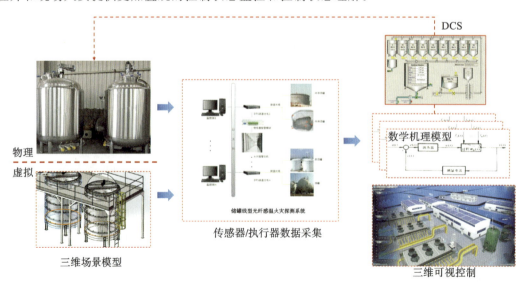

图 4-7　储罐液位控制的数字孪生

4.3 计算机仿真模型

4.3.1 计算机仿真模型的分类

数字孪生是一种数字模型,它实时、动态地与现实世界中的实体(如物理设备、建筑物或系统)相对应。数字仿真是一种计算机模型,通过模拟现实世界中的过程或系统来预测或分析现实世界中的行为。数字模拟通常是基于已知的物理定律、实验数据或经验规则建立的,用于预测未来的行为或探索潜在的设计或操作策略。

数字模型是指使用数字化的方式来表示和描述实际系统或过程的模型。它可以是基于数学方程、统计模型、物理模型等的抽象表达,用来描述系统的结构、特性和行为。数字模型可以是离散的或连续的,可以是确定性的或概率性的,可以是静态的或动态的。计算机仿真模型则是指将数字模型在计算机中实现和运行的具体形式。计算机仿真模型是数字模型在计算机中的具体实现和应用。计算机仿真模型可以通过编程语言、模拟软件、仿真工具等来表达和运行。计算机仿真模型利用计算机的处理能力和算法的执行来操作和分析数字模型,从而得出有关实际系统的结果和结论。计算机仿真模型可以通过输入实际数据、参数调整、模拟运行等方式进行验证和优化,以提供对实际系统更深入的理解和决策支持。

数字孪生的主要目的是实时、持续地模拟现实世界中的实体,以便更好地理解、监控和优化实体的性能。数字孪生可以提供实时的洞察和预测,帮助企业做出更明智的决策。数字模拟的主要目的是研究现实世界中的过程或系统的行为,以便找到最佳的设计或操作策略。数字模拟通常用于研究、分析和验证不同的场景,以便找到最佳的解决方案。数字孪生通常实时更新,并与现实世界中的实体进行实时交互。数字孪生通过收集实时数据和信息,不断更新和调整其模型以反映现实世界中的变化。数字模拟通常是基于静态数据或已知条件进行的,不需要与现实世界中的实体进行实时交互。数字模拟的结果可能会随着输入数据或条件的变化而发生变化,但通常不需要实时更新。物理模型与数字模型如图4-8所示。

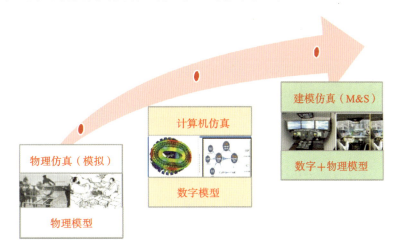

图4-8 物理模型与数字模型

计算机仿真模型通常用来做模拟分析(what-if analysis),用来做设计验证与预案设计。按照时空尺度,仿真可以分为如下四种。

(1) 系统层级的仿真,包括机械、电子、电力、液压、热力学、控制系统等的仿真,覆盖了元件级、组件级、部件级、套件级以及机组级等不同工业系统级别。

(2) 连续介质理论的计算机辅助工程(CAE)模拟,包括有限元法(FEM)、计算流体动力学(CFD)、电磁仿真以及多物理场耦合仿真等。

(3) 非连续介质理论或者介观尺度的模拟方法,涉及微观组织的演变以及缺陷、断裂和损伤等各类问题。

(4) 离散事件仿真,主要仿真活动过程等离散事件下的系统性能。离散仿真与连续仿真的对比如表4-3所示。

表4-3 不同系统仿真对比

仿真系统	连续仿真	离散仿真
时间	时间基是一个确定的值	时间基通常可变,且随着时间基的变化,仿真结果也各不相同
输入输出	通常是确定性变量	通常带有随机性
状态变量	通常是一个连续变量	可能是非连续变量
状态转移函数	存在	不存在

非连续介质理论或者介观尺度的模拟方法因为涉及微观尺度,当前数字孪生应用还不多,本书不作介绍。另外,计算机仿真模型有很多,由于篇幅所限,本书重点介绍制造系统相关的常见计算机仿真模型。

如果仿真模型的结果具有一定的可信度,则其将被用于指导工业系统的运行控制与运维管理。此时,仿真模型与统计模型有两种典型融合方式。一种是以仿真模型作为统计模型的训练验证平台,如图4-9所示。现实世界中数据的场景覆盖度有限,故障样本数量也较少,这对统计学习模型训练而言往往是不够的。这时可以发挥仿真模型场景覆盖面广的优势,模拟在工业现场出现不了或极少出现的场景(如重大故障、极端工况)。仿真模型可以为统计模型生成训练数据,而统计模型基于这些数据进行训练和验证,从而验证自身的技术可行性与性能。另一种方式是用统计仿真的数据去训练一个基础模型,并进行迁移学习。接着,根据统计学习的结果,我们再采用强化学习来调整仿真模型的参数,让仿真更有针对性。

图4-9 仿真作为统计模型的训练平台

这里需要注意,统计模型的输入数据要素要保持和工业现场的相同。仿真模型输出大量状态变量,但现实世界可测量的只是其中的一部分。统计模型学习的也不是整个系统机理生成式模型,而是解决某个具体问题(例如故障诊断)的模型。

4.3.2 基于连续介质理论的仿真模型

连续介质理论是一种用于描述物质的连续性质和行为的物理学理论。它假设物质在微观尺度上是连续、均匀分布的,并将物质视为可无限分割的连续介质,而不是由离散的分子或原子组成的。这个假设使得我们能够使用连续介质力学来研究和描述物质的宏观性质和行为。

连续介质理论涵盖了广泛的物理学领域,包括固体力学、流体力学、热力学等。它基于物质具有连续性和均匀性的假设,通过建立宏观物理量(如密度、速度、温度)的连续方程和守恒方程来描述物质的运动、变形和能量传递。

在连续介质力学中,最基本的方程是质量守恒方程、动量守恒方程和能量守恒方程。这些方程描述了物质的质量、动量和能量在空间和时间上的分布和变化。结合适当的物质模型和边界条件,可以通过这些方程求解和分析物质的行为,例如固体的变形和应力分布、流体的流动和压力分布等。

值得注意的是,连续介质理论是基于对物质的大量平均和近似的,忽略了物质的微观结构和粒子之间的相互作用。在一些特殊情况下,例如在纳米尺度、低温或高压等极端条件下,连续介质理论可能不再适用,需要借助量子力学或原子尺度模拟方法对物质进行描述。

1. FEM

1) 概念与原理

有限元法(finite element method,FEM)是一种求解微分方程组或积分方程组数值解的数值方法,用于分析物理现象。在解偏微分方程的过程中,主要难点在于构造一个方程来逼近原本研究的方程,并确保数值稳定性。在处理区域改变、需要在整个区域上变化精确度,或者解缺少光滑性的情况下,有限元法是求偏微分方程在复杂区域(例如汽车、船体结构、输油管道)上的数值解的较好选择。

有限元法将大型物理系统细分为更小、更简单的部分,这些部分称为有限元,如图 4-10 所示。通过在空间维度上进行特定的空间离散化实现这一过程,构建对象的网格使得解的数值域具有有限数量的点。有限元法公式化边值问题最终形成一个代数方程组,在域上近似未知函数。然后,将对这些有限元建模所得的简单方程组合成一个对整个问题进行建模所得的较大方程系统。接着,有限元法通过最小化相关的误差函数,使用变分方法近似求解。有限元法以变分原理和剖分插值为基础,将在无穷多自由度的函数类 S 中的极值问题转化为 S 的一个有限多自由度的子类 S' 中的极值问题。

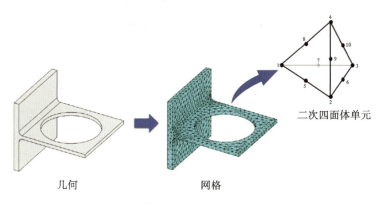

图 4-10 有限元法

在有限元法中,最终求解的多元二次函数的极值方程的系数矩阵总是对称的,当原始问题为正定的,离散化后一般也保持正定性。这一特点对于数值解算是有利的。有限元法的各个环节在程序实现上都是便于标准化的,至少对于同一类型的问题,可以用同一套标准程序来解决,这样可以大大缩短解题周期。有限元法在面对规则区域和常系数的问题时效率可能会比一般差分法的效率低,但随着问题在几何上、物理上的复杂性增加,其优点会更加显著。有限元法主要面对这类问题,成功地解决了自然边界条件的处理问题。

2) 有限元的组成要素

(1) 单元:单元(element)是由节点组成的几何体,如三角形单元、四面体单元等。

(2) 节点:节点(node)是单元几何体的端点、顶点或特定点,单元的各物理量变化均体现在节点上。例如在弹性力学问题中,一个有两个节点的线单元的质量集中在两个节点上,受力也只能作用在节点上,变形也用节点的位移表示。

(3) 自由度:节点自由度(degree of freedom,DoF)是节点上变量的个数,例如用位移法解结构问题时节点自由度为3,表示单个节点上三个坐标方向上的位移,又例如热分析时节点自由度为1,表示某个节点处的温度值。

(4) 网格:网格(mesh)是由多个单元通过共用节点组成的单元网络,用以表示待解问题域。

有限元的单元、节点、自由度和网格均可以与数字孪生几何模型进行对应,实现分析结果与几何场景的融合。

3) 仿真过程

使用有限元仿真分析方法求解某领域问题时,首先,将问题划分为子域的集合,并用一组元素方程表示原始问题。然后,系统地将所有元素方程组合成一个全局方程组,用于最终计算。有限元仿真过程如图4-11所示。

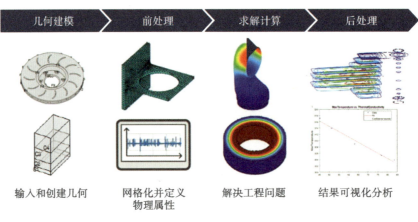

图 4-11 有限元仿真过程

在第一步中,元素方程是简化过的方程,可以局部近似原始复杂方程组,而原始方程通常是偏微分方程。为了求解这个方程的近似解,通常使用有限元法来处理。FEM 是伽辽金方法的一种特例,即选取有限多项式探函数(又称基函数或形函数),将它们叠加,再要求结果在求解域内及边界上的加权积分(权函数为试函数本身)满足原方程,便可以得到一组易于求解的线性代数方程,且自然边界条件能够自动满足。这个过程消除了偏微分方程中的所有空间导数,从而使得偏微分方程在局部上近似为一组稳态问题的代数方程,或者是一组用于瞬态问题的常微分方程。如果基础偏微分方程是线性的,那么元素方程也是线性的,反之亦然。

对于稳态问题中出现的代数方程组,可以使用数值线性代数方法求解;而对于瞬态问题中出现的常微分方程组,则需要使用其他数值方法(如欧拉(Euler)方法或龙格-库塔(Runge-Kutta)方法)通过数值积分来求解。

2. CFD

流体力学中,控制方程所遵循的三大定律为质量守恒、动量定理、能量守恒。通过三大定律可得到流体的流动控制方程。在计算流体动力学中,黏性流动控制方程统一归类为纳维-斯托克斯(Navier-Stokes,N-S)方程。它是一个非线性偏微分方程,求解非常困难和复杂。三维空间中的N-S方程组光滑解的存在性问题被美国克雷数学研究所设定为七个千禧年大奖难题之一。在求解思路或技术没有进一步发展和突破前,只有在某些简单的特例流动问题上才能求得其精确解;但在部分情况下,可以通过简化方程而得到近似解,采用计算机仿真是当前最常用的方法。

在传统的CFD中,有限元法并不是最常用的数值方法。相比于有限元法,有限体积法(FVM)和有限差分法(FDM)在CFD中的应用更为常见和广泛。这是因为有限体积法和有限差分法在处理守恒方程(如质量、动量和能量守恒方程)时具有一些优势,能够更好地保持守恒性和稳定性。

有限差分法是做微分方程中微分算子的逼近,更具体地来说是将求解域划分为网格后,通过泰勒展开等工具用差分算子逼近微分算子,得到的是网格单元节点处的函数值。有限体积法是把微分方程处理成积分方程做积分算子的逼近,更具体地来说是将求解域划分为网格后,将每个网格作为一个控制体,在控制体上把微分方程积分,通过通量相等和梯度连续等物理性质做积分算子(通量)的逼近,得到的是控制体单元上的平均值,如图4-12所示。

图 4-12 有限体积法原理

有限体积法是CFD问题的自然选择,因为CFD所要求解的偏微分方程是守恒定律方程。不过,有限差分法和有限元法也可用于CFD。在过去的10~15年中,采用有限元法进行CFD仿真的高效技术日益普及,如图4-13所示。有限体积法可以与有限差分法或有限元法进行比较和对比,有限差分法利用节点值对导数进行近似,而有限元法则利用局部数据对解进行局部近似,并通过将它们拼接在一起构建全局近似。相比之下,有限体积法在一定体积内求解平均值的精确表达式,并利用这些数据在单元内构建解的近似值,其优势在于只需对单元边界进行通量评估。这一点对于非线性问题也同样适用,这使得它在稳健处理传输问题中出现的(非线性)守恒定律时格外强大。有限体积法的局部精确度(如靠近感兴趣的角落)可以通过细化该角落周围的网格来提高,这与有限元法类似。但是,使用有限体积法时,近似求解的函数不能轻易地进行高阶化,与有限元法和有限差分法相比,这是有限体积法的一个缺点。

3. 连续介质仿真与数字孪生系统集成

数字孪生场景的几何模型与FEM/CFD的网格模型本质上是不同的。有限元网格有三角形网格、四边形网格、四面体单元等多种类型,数字孪生的三维几何网格模型多是三角形网格;有限元有单元、节点、自由度、网格等属性。数字孪生的三维几何网格只描述三角形几何属性。

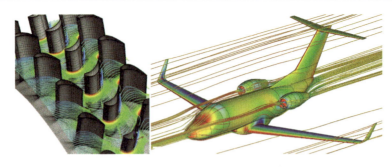

图 4-13 有限元法在流体仿真中的应用

目前基于连续介质建立的仿真模型除简单的模型之外,大部分很难作为求解内核嵌入数字孪生系统中,大多数属于旁路集成,如图 4-14 所示。

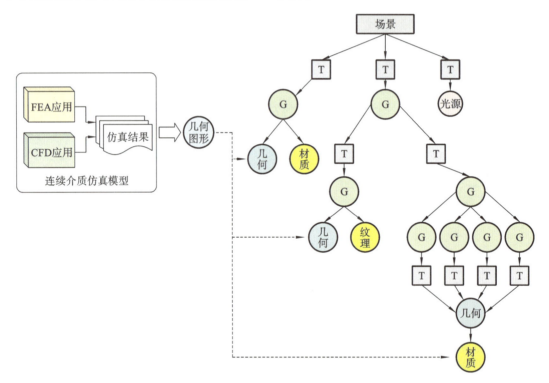

图 4-14 连续介质仿真模型与数字孪生场景的集成

连续介质仿真是数字孪生系统中非常重要的一项技术。通过模拟各种连续介质的物理性质,如流体动力学、热传导、结构力学等,可以帮助企业准确预测和优化产品的性能甚至是制造过程,从而降低产品开发成本和风险。而数字孪生系统则可以将物理系统的数字化模型与实际系统进行集成,实现实时监测、控制和优化。数字孪生系统可以融合连续介质仿真的优势,帮助企业实现更高效的生产计划和资源调度,减少生产停机时间和损失。将连续介质仿真和数字孪生系统集成起来,可以实现更准确的物理仿真和实时性更好的监测和优化。

4.3.3 运动学与动力学仿真模型

1. 概述

静力学仿真主要用于分析结构产品在稳定状态下的结构应力和变形,保证设计结构能够符合强度可靠性设计要求,但是随着机械结构越来越复杂,机构的运动场景越来越多,设计越来越轻量化,单纯的静力学分析已经无法满足机构在高速运动、复杂接触状态运动下的仿真需求,需要使用动力学仿真来考虑结构在实际运行中的速度、加速度、阻尼等在静力分析中无法涉及的效应。

运动学和动力学都属于理论力学的一个分支学科。二者的差异在于,首先,运动学用几何法来研究物体的运动,一般不考虑力和质量等因素的影响,主要研究质点和刚体的运动。而动力学主要研究作用于物体的力与物体运动的关系,以牛顿第二定律为核心,分析力、质量和加速度之间的关系。其次,力使物体运动,所以动力是因,运动为果。最后,二者的研究对象不同,动力学涉及运动和受力的研究,都是两个构件之间的相互作用;而运动学只涉及运动,一般针对单个物体。运动学为动力学提供了理论基础,动力学也在运动学研究的帮助下在深度和广度上都有进一步的发展。在机械系统中,可以使用多体动力学仿真方法来模拟机械组件的运动和相互作用。运动学与动力学仿真模型如图 4-15 所示。

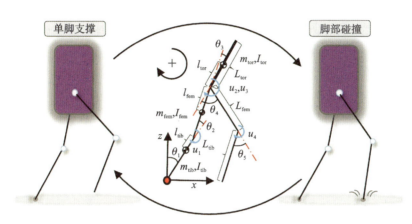

图 4-15 运动学与动力学仿真模型

2. 基本原理

1) 运动学

运动学(kinematics)从几何的角度描述和研究物体位置随时间的变化规律。这意味着,运动学通常不考虑物体本身的物理性质和作用于物体上的力,而主要关注物体的运动和力的关系。运动学以质点和刚体这两种简化的模型为基础研究对象,并进一步研究变形体(如弹性体和流体)等的运动。质点的运动学研究通常涉及质点的运动方程、轨迹、位移、速度、加速度等运动特征,而这些都随着所选参考系的不同而有所变化。在运动学中,我们需要确定一个参照系,因此,任何运动的描述都是相对的。此外,刚体运动学还要研究刚体自身的转动过程、角速度、角加速度等更为复杂的运动特征。

(1) 正运动学。

在角色运动过程中,角色的结构可以被抽象为由若干个骨骼组成,每两个骨骼之间通过关节连接,如图 4-16 所示。这种结构赋予了角色在运动时保持完整性的能力,避免出现分离现象。角色的运动实际上是每个关节根据旋转角度的变化而共同产生的结果。为了确保角色在运动过程中不会发生分离现象,需要精确计算每个关节旋转对整体角色位置和朝向的影响,而这正是正运动学(forward kinematics,也称为前向运动学)的研究过程。

在正运动学中,我们从根节点到目标节点进行迭代,逐步更新每一个关节所对应的坐标系的朝向和位置。这一过程允许我们根据给定的关节旋转参数计算出目标节点的位置属性,相对较为简单直观。例如,一个机械臂由多个连杆(link)和连接它们的关节(joint)组成。关节可以为机械臂产生移动和转动的运动,从而使得机械臂的末端到达指定的位置。

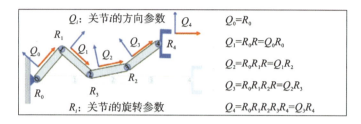

图 4-16 机械臂的正运动学迭代过程

(2) 逆运动学。

逆运动学(inverse kinematics)则与正运动学相反,它从目标节点向根节点进行迭代,允许我们根据末端执行器的位置和姿态自动计算出每一个关节的朝向和位置。图 4-17 所示为正运动学与逆运动学的对比。

以一个简单的例子(见图 4-18)来说明,假设一个机器人手臂的末端需要移动到一个特定的坐标位置 $\tilde{x}$,通过逆运动学可以计算出各个关节的角度 θ,使得末端执行器能够到达目标位置。

图 4-17 正运动学与逆运动学对比

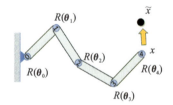

图 4-18 通过逆运动学计算关节角度

在已知末端执行器(如机器人手臂末端)位置和姿态的情况下,求解各个关节的角度,以使得末端执行器能够到达目标位置和姿态的问题,就是逆运动学问题。

逆运动学问题的求解对于角色控制、规划、仿真、优化及其与外部环境的交互具有重要的意义。通过逆运动学求解,可以实现对角色的精确控制和规划,提高角色系统的灵活性、效率和安全性,从而使其更好地适应各种复杂的工作场景和任务要求。但是逆运动学问题的求解受到非线性关系、多解性、奇异性以及计算复杂度等方面的影响,这些因素共同导致了逆运动学问题求解的复杂性和困难性。在工程实践中,需要结合具体的角色系统和任务需求,选择合适的逆运动学求解方法,并针对特定情况进行适当的处理和优化,以获得准确、可靠的结果。

逆运动学的求解问题可以被转化为一个优化问题,即在给定约束条件下寻找最优的关节角度组合,使得末端执行器的位置和姿态误差最小。常用的优化算法包括循环坐标下降法(CCD)、梯度下降法以及雅可比矩阵方法(雅可比矩阵转置法和雅可比逆矩阵法)等。

①循环坐标下降法。

循环坐标下降法(CCD)是一种迭代算法,通过不断调整每个关节的角度来逼近目标位置和姿态。CCD 从末端执行器开始,沿着骨架的连接路径,每次调整一个关节的角度,直到使末端执行器达到期望的位置和姿态。CCD 算法相对简单,易于实现,并且只需要对每个关节进行迭代调整,不需要求解复杂的数学方程。但由于迭代顺序和初始姿态的选择可能导致局部最优解,因此在某些情况下可能需要较多的迭代次数才能收敛。

②梯度下降法。

梯度下降法是基于目标函数梯度信息进行参数调整的优化方法。在逆运动学中,末端执行器的位置和姿态误差可以作为目标函数,通过计算梯度来更新关节角度,逐步减小误差。在合理设置学习率的情况下,梯度下降法通常可以最终收敛到一个局部最优解或者全局最优解,对于逆运动学问题来说,能够帮助角色运动到期望的位置和姿态。但是梯度下降法也存在局部最优解问题、学习率选择困难和对初始值高度依赖等问题,需要根据具体问题的特点和需求综合考虑其优势和不足,结合其他方法来提高收敛速度和全局搜索能力。

③雅可比矩阵方法(雅可比矩阵转置法和雅可比逆矩阵法)。

雅可比矩阵描述了末端执行器位置和姿态对关节角度变化的响应关系,可以用来求解逆运动学问题。雅可比矩阵转置法和雅可比逆矩阵法是两种常见的雅可比矩阵方法。雅可比矩阵转置法:将雅可比矩阵转置后与位置误差相乘,得到关节角度的增量,再更新当前的关节角度。雅可比逆矩阵法:通过求解雅可比矩阵的逆矩阵,将末端执行器的位置和姿态误差映射到关节空间中,从而直接得到关节角度的增量。

雅可比矩阵方法在逆运动学中具有较强的数学基础和全局解的优势,能够提供较为精确的关节角度调整方向,但对于复杂机械结构或存在奇异姿态的情况,雅可比矩阵方法可能需要额外的处理和修正,以保证逆运动学求解的准确性和稳定性。

综合来看,梯度下降法和雅可比矩阵方法通常比循环坐标下降法收敛更快,但也伴随着更大的计算量。所以在实际应用中,选择合适的优化算法需综合考虑系统复杂性、计算资源以及实时性要求等因素。

2) 动力学

动力学主要研究作用于物体的力与物体运动的关系。动力学的研究对象是运动速度远小于光速的宏观物体。动力学是物理学和天文学的基础,也是许多工程学科的基础。许多数学上的进展也常与动力学问题的解决有关,所以数学家对动力学有着浓厚的兴趣。动力学的研究以牛顿运动定律为基础,牛顿运动定律的建立则以实验为依据。动力学是牛顿力学或经典力学的一部分,但自 20 世纪以来,动力学又常被人们理解为侧重于工程技术应用方面的一个力学分支。

动力学的基本内容包括质点动力学、质点系动力学、刚体动力学、达朗贝尔原理等。以动力学为基础而发展出来的应用学科有天体力学、振动理论、运动稳定性理论、陀螺力学、外弹道学、变质量力学以及正在发展中的多刚体系统动力学等。质点动力学有两类基本问题:一是已知质点的运动,求作用于质点上的力;二是已知作用于质点上的力,求质点的运动。求解第一类问题时只要对质点的运动方程取二阶导数,得到质点的加速度,代入牛顿第二定律,即可求得力;求解第二类问题时需要求解质点运动微分方程或求积分。所谓质点运动微分方程就是把牛顿第二定律写为包含质点的坐标对时间的导数的方程。

动力学普遍定理是质点系动力学的基本定理,它包括动量定理、动量矩定理、动能定理以及由这三个基本定理推导出来的其他定理。动量、动量矩和动能是描述质点、质点系和刚体运动的基本物理量。作用于力学模型上的力或力矩与这些物理量之间的关系构成了动力学普遍定理。二体问题和三体问题是质点系动力学中的经典问题。

3. 数字孪生系统集成及典型应用场景

1) 数字孪生系统集成

通过仿真运动机构的动力学运行状况、部件之间的配合状态,以及通过刚柔耦合仿真获得部件在不同运动时刻的应力和变形及其对运动执行机构的影响,能够解决各个学科中所关注的如机构的大变形、复杂的接触关系、非线性、高效计算等之类的问题,这是目前数字孪生系统集成的重要技术和研究方向。

随着数字孪生技术的发展,工程师在数字孪生系统中对运动机械的动力学特性同步进行数值模拟分析计算。通过数字孪生系统的集成,可以在试验前对运动机械进行仿真验证,并且提供丰富的物理场信息,为设计和改进运动机械提供有力依据,有利于提高设计水平、降低成本和缩短研制周期。将运动学与动力学仿真集成进数字孪生,可以快速对数字孪生中物理机构进行刚体动力学分析、刚柔耦合动力学仿真分析,可以准确地考虑机构自身变形、连接副的非线性连接关系,从而获取机构实际运行状态,为机构系统的改进设计提供准确、有效的建议。

对机构的运动学和动力学进行解算,用计算结果更新该机构坐标,这些坐标构成变换矩阵,映射到数字孪生场景树的坐标变换节点(T),不断刷新,即可实现数字孪生场景的虚拟对象的实时运动。图4-19所示是运动学和动力学模型与数字孪生场景的集成。

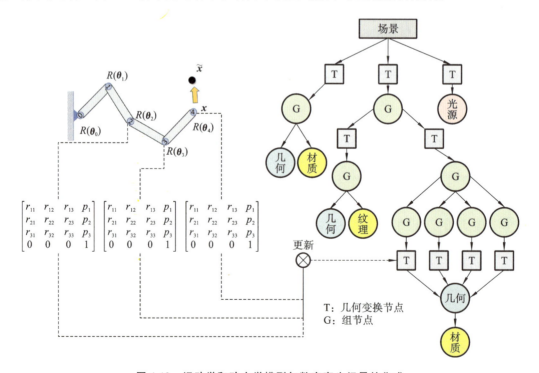

图4-19 运动学和动力学模型与数字孪生场景的集成

2）动力传动系统的动力学分析

动力传动系统结构包括齿轮、轴承、转轴、齿轮箱等。在工程中往往通过计算波动转速或承载时的激振特性，来分析结构在真实运行工况下的振动特性。然而在实际状态下，对大部分机械部件运行状态的测量都会非常困难。如图 4-20 所示，传感器线束数量众多，体积庞大。由于直升机旋翼动态运动，旋转部件如变桨杆等部位不便于安装传感器，即便安装好，飞行过程中的维护也会非常困难。

图 4-20　直升机主旋翼动力传动系统

引入数字孪生系统集成，将有助于我们根据系统中某些特定部位的传感器数据，计算出其他大部分部件的实时荷载。作为构建数字孪生模型方法的一部分，使用多体动力学仿真，是因为它确实是计算机构关节处载荷和位移的有效方法之一。由于直升机旋翼的研究需要处理大位移的情况并考虑动力学效应，因此该方法具有很好的适应性。将搭建的主旋翼数字孪生体与实验台架相连，如图 4-21 所示，该台架仅由属于主旋翼控制机构的零件组成，其载荷可以设置成静态载荷或者动态载荷。通过台架测量到的测量值可以用作数字孪生体的输入。如前文所述，变桨杆和旋转剪这两个旋转部件的载荷在飞行过程中无法测量，但现在可以借由数字孪生体仿真计算。之后可再与实验结果进行比较。

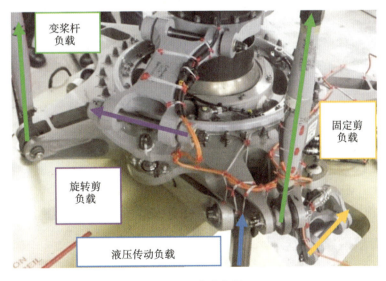

图 4-21　实验台架

3）连续弹性体的动力学分析

在多体动力学的分析中有一类特殊的体，如履带、链条、绳索、皮带等，这些体在分析中既不属于刚体，也不是标准的柔性体，其质量和刚度可忽略，拉伸时为弹簧，放松时又不对其他物体产生力的作用。通常在研究分析中将其视为连续弹性体,满足索的运动方程。对于这类特殊的体,在多体系统动力学分析中一般采用有限段的方法对其进行离散化,从而实现对其动态响应的分析研究。数字孪生系统为了实现对履带、链条、绳索、皮带等这类特殊的体的研究,专门集成了动力学分析工具,可以让用户方便快捷地实现对履带、链条、绳索等的定义,如图4-22所示。

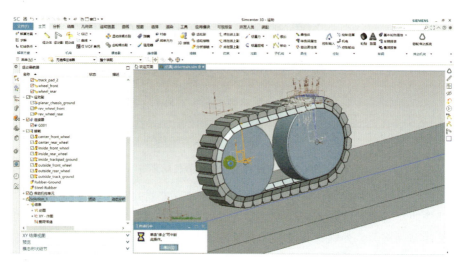

图4-22 履带的动力学分析

4)车辆系统的动力学分析

车辆系统动力学分析的专用模板和子系统建模工具,可用于为预定义分析场景构建底盘、悬挂、方向盘和车轮。其对称建模功能和基于模板的工作流程,让用户可以轻松地分析运动学与合规(K&C)场景及行驶与操纵(R&H)场景。采用数字孪生技术来实现车辆系统的动力学分析,能够对系统整体模型中的硬件参数(如混动系统中的电动机功率和电池容量)、软件参数(如混动系统能量管理策略控制参数)、标定参数(如发动机标定参数)进行全面优化,得到使系统整体性能达到最优的子系统参数。

数字孪生集成技术将系统与子系统开发整合为一体,采用多学科联合仿真技术,以试验设计(design of experiments,DoE)和优化等开发方法为辅助。这些不同学科的子系统,如机械、热力学、流体力学、电学、传热学、化学等子系统模型以及控制器被集成到数字孪生的联合仿真环境中,如图4-23所示。图4-23示意了子系统使用的仿真软件,车辆、电池、变速箱、电动机和逆变器使用VSIM/IGNITE软件,发动机尾气后处理系统使用基于MATLAB/Simulink的模型,发动机则使用WAVE RT软件,热管理系统使用Siemens公司相关软件。

4.3.4 离散系统仿真模型

数字孪生不仅针对产品级,而且可映射任意复杂系统。离散型制造层次结构中,一组数字孪生组装成设备数字孪生,一组设备数字孪生组装成生产线数字孪生,一组生产线数字孪生组装成工厂数字孪生,依此类推。当前离散制造又转向精益生产,其核心要素是关注生产周期,并围绕系统中的瓶颈设计生产控制和缓冲区。面向制造系统的运作和管理的数字孪生系统是至关重要的。

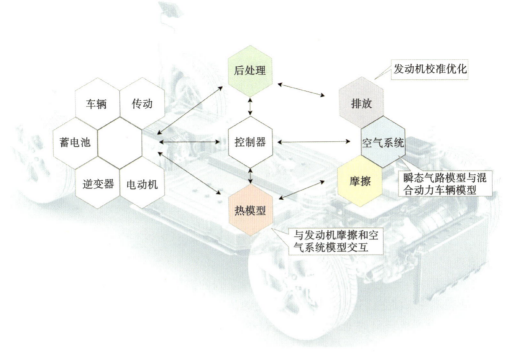

图 4-23　混合动力整车数字孪生集成系统原理图

1. 概念

在制造业中,企业生产大致可以分为离散型生产与连续型生产。离散型生产的产品大多由一堆部件做成,加工的过程是间歇的、离散的。离散制造的特点:①产品形态。离散制造的产品相对较为复杂,包含多个零部件,一般具有相对较为固定的产品结构和零部件配套关系。②产品种类。一般的离散制造型企业都生产相关和不相关的较多品种和系列的产品,企业物料具有多样性。③加工过程。离散制造型企业生产过程是由不同零部件加工子过程或并联或串联组成的复杂的过程,其中包含许多变化和不确定因素。离散制造型企业的过程控制更为复杂和多变。典型离散型生产行业有机械、汽车制造、家电、电子设备、服装等。

连续型生产又称为流程型生产,定义是物料均匀、连续地按一定工艺顺序流动,在流动中不断改变形态和性能,最后形成产品的生产。过程中原材料一般会发生一定的物质改变,比如化工(塑料、药品、肥皂、肥料等)、炼油、冶金、食品、造纸等行业的生产,都属于连续型生产。其主要特点为生产计划、流程制造计划的制订简单,常以日产量的方式下达计划,计划也相对稳定。工作中心流程制造就是一种专门用于生产有限数量、相似产品的制造模式,其中工具和设备都是针对特定产品设计的。物料从一个工作点传送到另一个工作点时,会借助机器驱动,并在某些情况下存在原材料库存。因此,生产过程的主要关注点在于物料数量、质量和工艺参数的控制。此外,生产过程的持续性与企业的生产技术条件密切相关。利用先进的科技手段,提高机械化、半机械化、自动化水平,有助于实现生产过程的持续性。

离散系统仿真是一种仿真方法,用于模拟和分析离散事件系统(discrete event systems,DES)。离散事件系统是指在离散时间点上发生事件和状态变化的系统。离散系统仿真的基本原理是模拟离散事件系统中事件的发生和状态的变化,以及它们之间的相互作用。要完整掌握离散系统仿真,应同时学习生产运作与管理、运筹学、概率论等知识。站在抽象的角度,所谓连续系统,是指系统状态随时间连续性变化,如热水器烧水过程是温度随时间连续升高的过程。而离散系统,是从一个事件跳到另一个事件,如热水器烧水,然后水烧开了这个事件,如图 4-24 所示。连续系统可以通过采样离散化的方法变成离散系统,面向制造的数字孪生系统需要同时满足上述离散型与连续型的制造模式。其中,连续型制造多用数学模型,而离散型制造则需要使用离散系统仿真模型,其用于描述系统的组织行为。通过离散系统建模,可以将系统的离散事件和状态转化为数学模型,以便通过仿真和分析来理解和预测系统的行为。

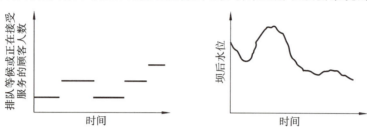

图 4-24 离散系统与连续系统

2. 原理

离散事件模拟将系统随时间的变化抽象成一系列的离散时间点上的事件,通过按照事件时间顺序处理事件来演进。这是一种事件驱动的仿真世界观。离散事件仿真将系统的变化看作一个事件,因此系统任何的变化都只能通过处理相应的事件来实现,在两个相邻的事件之间,系统状态维持前一个事件发生后的状态不变,如图 4-25 所示。

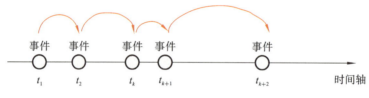

图 4-25 时间顺序事件

离散系统建模在数字孪生系统中应用广泛。离散事件仿真主要包含以下核心元素。

(1) 实体(entity):即待仿真的系统中的主要研究对象,例如一个网络系统中的用户节点、具体物理装置等。

(2) 事件(event):即在给定时间节点上发生的系统状态的变化。系统状态的任何变化都由一个事件来定义。例如网络中一个用户给另一个用户发送数据,用户接收数据并进行处理等。注意,对每一个事件都需要指定该事件发生的时间。

(3) 事件处理器(event handler):指事件的具体处理方式,可以是实体或者是协议的某个方法。例如光子源发射光子等具体行为。

(4) 事件调度器(event scheduler):指将定义好的事件安排到模拟环境的时间轴上。所有的事件都会被加入一个未来事件列表(future event list)中进行统一调度管理。相同时间点上,处理优先级高的事件排在前面。

(5) 模拟环境(simulation environment):指整个模拟仿真环境。环境中包含一条虚拟的时间轴,从未来事件列表中取出事件进行处理,推进时间的演化至下一个事件,直至未来事件列表中的所有事件都处理完毕或者达到用户指定的模拟时间。

(6) 事件描述和触发条件:离散系统建模需要明确定义系统中的事件,并指定事件的触发条件。事件可以是系统内部的操作、外部输入、状态变化或其他外界条件的改变。触发条件可以是时间触发、条件触发或该事件与其他事件的关系等。

(7) 状态表示和转移：离散系统建模需要定义系统的状态以及状态之间的转移规则。系统的状态可以是系统内部的变量、标志或其他描述系统特征的量。状态转移规则规定了事件触发时，系统状态如何更新和演变。状态转移可以是确定的，也可以是随机的，取决于系统的性质和建模需求。

(8) 事件调度和处理：离散系统建模需要定义事件的调度和处理规则。事件调度规则确定了事件的顺序和优先级，以确定下一个要处理的事件。事件处理规则描述了对事件的响应和处理操作，包括状态更新、输出生成、调度其他事件等。事件调度和处理规则的定义对于准确地模拟系统行为至关重要。

(9) 时间模拟和时钟推进：离散系统建模需要确定仿真时间的模拟方式和时钟推进机制。仿真时间可以通过离散步长或离散事件的发生时间来表示。时钟推进机制决定了仿真时钟如何推进，以模拟事件的发生和系统状态的变化。时钟推进机制可以是顺序推进、条件推进或优先级推进等。

离散系统建模可以将系统的组织行为抽象为一系列离散事件和状态变化，形成系统的数学模型。这些模型可以使用各种数学工具和仿真软件进行仿真和分析。通过对模型的仿真和分析，可以预测系统的行为、评估系统性能、进行优化和决策支持等，从而帮助理解和优化生产制造系统、供应链管理系统、交通运输系统等各种离散事件系统。通过建立准确的离散系统模型，数字孪生系统可以提供对系统的深入洞察和全面分析，支持决策制订和问题解决。

3. 数字孪生系统集成与典型应用

1) 数字孪生系统集成

离散事件基础仿真引擎是面向生产类型数字孪生系统的核心，提供了一整套仿真控制逻辑。基于工业物联网的信息交互赋予了数字孪生系统在工业环境中的功能和效能，包括大规模系统的实时感知、动态控制和信息服务。在此背景下，多品种小批量离散行业具有生产品种多、生产批量小、产品附加价值高、研制周期长、设计仿真工具应用普及率高等特点。当前，以飞机、船舶等为代表的行业数字孪生系统应用重点聚焦于产品研发、设备管理、工厂管控等方面。

航空制造业作为尖端产业，具有技术密集度高、产业关联范围广、辐射带动效应大等显著特征。该行业不仅是国家工业发展、科技能力的重要标志，也是国防水平的重要综合体现。大飞机的制造和装配需要考虑众多因素，如生产效率、资源利用、成本控制、安全保障等。飞机装配线是一个复杂的离散制造系统，具体体现为装配任务多、约束种类多、人员约束复杂等。以某飞机制造公司 X 机型装配为例，完成此飞机一架次的装配工作需要超过 100 万个装配零件、4500 本装配大纲，共约 35000 道工序。同时，装配过程涉及大量特定工种的劳动力和操作，以及各种类型的工具。为了清晰地完成飞机装配工作，通常将飞机装配线分为 6 个层次，分别是架次、站位、工位、AO（装配大纲）、工序和工步。飞机装配计划的优化目标是在满足工艺约束的前提下，通过合理安排任务的执行顺序来提高资源利用效率，减少任务间不必要的等待时间，以缩短每架飞机的装配周期。任务之间存在紧前紧后的约束关系，并且上下层次之间也存在着父子约束关系。飞机装配序列规划合理与否直接影响飞机装配过程的效率和质量。使用多智能体学习技术解决装配线平衡问题的方法是将各个工作站看作智能体，通过智能体之间的协作来追求共同的优化目标。这种方法可以通过控制每个智能体的决策，使得每个智能体的负载相对平衡。

此外，目前市场上已有大量商业化生产系统仿真软件可以集成到数字孪生系统中，其中应用比较广泛的主要有 Visual Components、Flexsim、Plant Simulation、DGP、IntePlant、Factory Simulation 等。

例如，为了优化和验证某洗衣机装配线布局和生产的可行性，并向企业高管和项目利益相关者动态展示计划的装配线和物流布局，电器生产商通过仿真软件验证当前设计并找到最佳方案来满足项目的要求和目标，在仿真软件中建立三维场景，如图4-26所示。仿真优化结果表明，优化后装配线的占地面积减少了10%，产能提高了10%，生产线平衡率达到90%以上，该优化方案可将原计划的员工人数减少45%，最终使项目总成本减少约15%。

图4-26　某企业洗衣机装配线的数字部件

2）典型应用

(1) 设施布局规划与优化。

大到园区内的厂房、车间、生活配套布局与交通仿真，小到生产线货架与工具摆放位置的布局分析，结合优化算法使得各个相互关联的作业单元与非作业单元的物流运输过程方便快捷，避免或减少交叉迂回以及无效的物流转运的情况，使得整体的物流输运路线最短，时间最少，成本最低。

(2) 物流与物料配送策略分析。

结合设施布局规划，分析评估在物流与物料配送环节中的各项资源如搬运工人、叉车、AGV等作业负荷情况，在仿真环境中可以模拟并优化物流配送路径、物料配送批量与频次、缓冲区容量，最终实现合理有效的物流人员/设备配置方案。

(3) 产线设计与抗扰动性评估。

在产线设计的过程中，设计人员遇到的最大的问题就是在现实的世界中所有数据都是经验数据，设备是非理想设备，操作工人也不是永远可靠的工人，在复杂的场景中，系统的瓶颈都是不固定的，因此很多设计人员考虑到各种不确定因素，会加大冗余设计来确保安全，但是冗余的设计往往需要消耗大量的资金，冗余设计的合理性也很难得到定量的分析。在仿真中，我们可以通过考虑合格率、故障率、装配等工艺事件的随机性因素，实现产能分析、瓶颈及其漂移过程识别、生产线平衡分析与优化、生产组织方式优化等，通过量化的分析手段为生产线设计规划阶段的设备配置、人员配置、物料暂存区配置等提出建设性方案。

(4) 生产计划与排程验证闭环优化。

在生产线投产运行阶段，生产计划与排程的优劣直接决定了生产系统的产出。在制订好排产方案之后，可以结合生产线现状，通过仿真的手段提前验证排产方案如投料顺序、批量、机台分配等的正确性，以及进行生产目标风险识别，可以快速验证并优化排产方案使其低成本、高效地满足交期，极大地减少基于经验的人工排产所造成的浪费。

(5) 三维布局可视化仿真运行与数字孪生监控。

①在工厂规划阶段,通过三维布局模型库与动作库,在渲染环境下能够实现与真实车间高度接近的三维可视化环境,并且能够模拟真实产品的生产过程与物流过程,支持高度的人机交互与虚拟漫游展示。

②在运行阶段可以实现实时可视化监控,结合数字孪生技术,实现产线与模型的实时互动,能够监控车间设备的各项运作状态与生产任务关键业绩指标(KPI)的情况,实现生产现场的透明化。在此基础上,还可以结合大数据与人工智能技术实现对生产现场的监控、问题诊断、优化分析等实时闭环优化控制,真正实现数字孪生。

(6) 仓储管理。

在仿真环境中优化存储设计,如货物的自动存取策略、存取路径、仓储空间优化;通过需求分析,实现库存控制(如安全库存、经济订货批量)等分析。

4.4 多学科机理模型

4.4.1 多学科机理模型概述

复杂装备系统(如兵器、航空装备、航天器、舰船等)是一类有特殊应用的复杂产品,是典型的多领域物理综合集成系统,涵盖机械、电气、光学、液压、热力学、控制多个领域,往往需要多专业协同。要完成一个设计,往往需要积累、共享、传承和重复使用各专业领域的知识。基于多领域物理的统一建模功能样机在向数字孪生样机快速发展,实现不同学科或专业领域模型的相互连接,开展联合仿真,如图 4-27 所示。这其实并不是一个新鲜的想法,因为工程产品本身就是多学科相互耦合的,所以多学科联合仿真的需求从一开始就存在。数字孪生系统是对复杂系统的精确模拟,并将系统的多个部件和不同学科的机理模型整合在一起。复杂系统在数字孪生系统中被映射成多个部件,并覆盖了系统的全生命周期。同时,数字孪生系统还能够利用不同学科的模型来分析和优化系统的性能。这种综合应用使得数字孪生系统在理解、设计和优化复杂系统方面具有重要的作用。

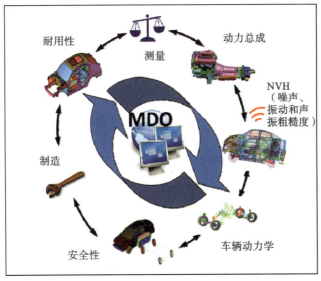

图 4-27 多学科优化

在仿真技术发展的初期(20世纪90年代之前),受制于商业软件工具的接口限制,不同种类工具之间绝大部分都互不兼容,想开展异构模型的集成仿真几乎不可能。随着联合仿真需求逐渐增多,一些主流的仿真工具之间彼此开放了一些接口,允许特定的工具调用。由于这样的方式存在很多缺陷,所以这条技术路径并没有被大众接受,实际使用的人并不多。之后,直到功能样机接口(FMI)标准推出,联合仿真工作才迅速发展起来。

常用的多学科模型建模工具有 Modelica、MATLAB 等。其中 Modelica 是一种面向对象的物理模型建模语言,它允许用户使用图形符号开发复杂的仿真模型。每个图形符号代表一个物理对象。Modelica 适用于大规模复杂异构物理系统建模,描述机械、电气工程、电子、热力学、液压和气动、闭环控制和过程控制等领域的跨学科问题。Modelica 的主要优点在于:①处理方程而不是赋值,对用户而言最直接的好处就是开放性;②对语言进行定义,并构建了在多领域模型间协作的功能样机接口规范与标准;③经过数十年的发展,综合了数学建模技术以及面向对象语言的优点,形成的面向对象、陈述式、多领域物理统一建模语言,已经超越单纯的数学建模,成为工程建模语言。

4.4.2 多学科机理模型集成

数字孪生应用系统中的多学科机理模型集成是至关重要的,因为它能够综合多个学科领域的知识和模型,以更全面、准确地描述和模拟现实世界系统的行为和特性。多学科机理模型集成有助于提高数字孪生应用系统的可信度和预测能力,为决策者提供更精准的信息和洞察力。然而,多学科机理模型集成也面临着一些挑战和难点。首先,不同学科领域之间存在语义差异和理论框架的差异。这意味着需要进行跨学科的沟通和协调,以确保各个学科领域的模型和理论能够相互融合和协同工作。其次,多学科机理模型集成还涉及数据的共享和集成。不同学科领域使用的数据可能具有不同的格式、单位和精度,因此需要进行数据转换和标准化,以便在集成模型中进行统一处理和分析。此外,多学科机理模型集成还需要解决模型的复杂性和计算效率的问题。集成多个学科领域的模型可能导致系统的复杂性增加,模拟和计算的困难增加。因此,需要开发高效的算法和计算方法,以便在合理的时间内完成模拟和分析。最后,多学科机理模型集成还需要考虑不确定性影响和模型的验证。由于不同学科领域的模型和理论可能存在不确定性,集成模型的预测结果也可能受到这些不确定性的影响。因此,需要开发适当的不确定性分析方法和验证技术,以评估和提高集成模型的可靠性和预测能力。

当前,用于描述物理系统行为的标准化模型格式是功能样机单元(FMU),它允许不同仿真工具之间的互操作。数字孪生是通过数字模型和实时数据相结合,对物理系统进行精确复制和仿真的过程。将 FMU 与数字孪生集成,可以实现跨平台和跨工具的互操作。FMU 作为标准化模型格式,可以在不同的仿真工具之间进行共享和交换。通过将 FMU 集成到数字孪生中,可以实现不同工具之间的互操作,使得各种模型和仿真工具能够无缝协同工作,从而提高系统仿真的整体效率和准确性。FMU 可以用来描述不同学科领域,如机械、电气、热力等系统的模型。在数字孪生中,将不同学科的 FMU 集成在一起,可以建立一个多学科系统的综合模型,实现对复杂系统的全面仿真和分析。这样的集成使得数字孪生可以反映系统中不同学科之间的相互影响和耦合关系,更准确地评估系统的性能和行为。将 FMU 与数字孪生集成,可以在数字孪生环境中对系统进行优化和决策支持。通过对 FMU 模型进行参数调整和场景模拟,可以评估不同方案对系统性能的影响,优化系统设计和操作策略。这为决策者提供了基于仿真结果的有效参考,帮助他们做出更明智的决策。因此在产品研发中,应用建模、分析、仿真和优化一体化的功能样机技术，对于提高复杂装备产品的多专业协同的正向研发能力具有重要的现实意义。

从系统工程的角度看，模型（功能、行为、性能）集成是复杂产品的基本属性之一，而以信息集成（通信协议、接口协议）为主要手段的当前产品研发协同理论、技术和手段始终未能解决旨在表达功能与性能的模型集成问题，因此，以"模型重用、系统重构"为技术特征，面向工业领域的普适性建模标准已成为新一代复杂装备系统快速研发技术的至高点。面向快速研发需求，欧美工业界将多领域物理统一建模、计算与仿真一体化技术研究与应用作为保持其技术领先和竞争力的重要技术手段。

1. FMI

FMI 是用于交互 FMU 的标准化接口，FMU/FMI 通过模拟合并和显示各种组件，能够以复杂的方式交互。FMI 语言是一个开源标准，它定义了一个容器和一个接口，用于使用 XML 文件、二进制文件和 C 语言代码的组合交换动态仿真模型，并以 ZIP 格式文件分发。它由 170 多种工具支持，并作为 Modelica 协会项目进行维护。具体的 FMI 的标准、工具、社区和发展情况可参考 Modelica 网站信息。

2. FMU

FMU 包括 XML 描述文件（用于描述 FMU 中的变量定义）、一个模型中使用的所有公式（C 函数）、可选的参数表以及用户界面、模型所需的文档。FMU 是一个扩展名为"＊.fmu"的文件，用于描述遵循 FMI 标准的仿真模型。FMI 标准支持两种 FMU 类型：

(1) Model Exchange(ME) FMU：描述使用数学方程的仿真。要正确仿真真实系统，FMU 导入工具必须将 FMU 连接到数值求解器。数值求解器设置 FMU 状态，询问状态导数，确定适当的步长，并决定如何在下一个时间步长计算状态。

(2) Co-Simulation (CS) FMU：包括一个内置的数值求解器。为了正确模拟真实系统，FMU 导入工具设置 FMU 输入，要求 FMU 在给定时间前进，并读取 FMU 输出。

FMU 也是一个跨语言的仿真接口，得到了 Modelica、MATLAB 等众多仿真工具生态的支持，多年积累了大量得到验证的模型库，在 Open Modelica 中提供包括数学、电子、电磁、力学、流体、热能等多个模型库。第三方机构也开发了不少基于 Modelica 的模型库，支持 FMU 的软件工具可有效利用现有研发成果，快速搭建模型库。

4.4.3 多学科机理建模工具

1. Dymola

Dymola 是法国 Dassault Systems 公司的多学科系统仿真平台。Dymola 作为多学科系统仿真平台，提供了多种属性的物理接口，覆盖机械、电气、热、流体以及控制等领域。Dymola 提供的 Modelica 基础库和商业库，可方便用户创建物理系统架构以及不同复杂程度的系统功能模型。Modelica 基础库为客户免费提供 Modelica 协会在机械、流体、电子电气、电磁、控制、传热等多个工程领域的新研究成果。Dymola 与全球范围内各领域的企业和研究所合作，包括 Modelon、DLR、Claytex、Arsenal Research 等，为客户提供具有先进水平的专业模型库，涵盖空调、蒸汽循环、液冷、电力、液压、气动、电机驱动、内燃机、传动、车辆动力学、柔性体、火电、水电、风电等领域，为产品的多领域协同研发提供全面的支撑。

2. Ansys optiSLang

Ansys optiSLang 是一款仿真流程集成与设计优化（process integration and design optimization, PIDO) 工具，具有灵活开放的仿真流程搭建平台，可以集成 100 种以上的 CAE 和 CAD 工具。其运行界面如图 4-28 所示。

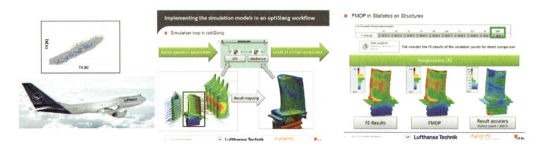

图 4-28 Ansys optiSLang 运行界面

3. MWorks

MWorks 是华中科技大学团队研发并商业化的全面支持 Modelica 的建模分析仿真一体化平台系统，是目前亚洲唯一的基于 Modelica 的多领域物理建模平台产品。MWorks 具备语义表达、建模、编译、数学分析、C 语言代码生成、求解、优化及后处理等完整功能，如图 4-29 所示。

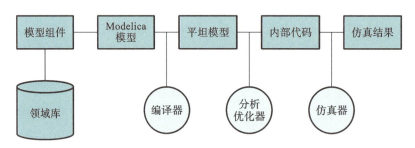

图 4-29 MWorks 平台运行流程示意图

MWorks 是新一代多领域物理系统建模与仿真平台，完全支持国际多领域统一建模标准语言 Modelica，提供了从可视化建模、编译求解到结果后处理的完整功能，并支持基于 Modelica 模型的多学科多目标优化。其采用面向组件的层次建模方式支持领域库开发者系统建模、终端用户独立建模及平台扩展二次开发的多层次建模，基于 Modelica 统一表示支持智能化的文本建模、拖放式的可视化建模、模型视图的可视化编辑、模型帮助的内联编辑等多种建模方式，并提供其他多种辅助建模功能，支持关于数字功能样机的 C 语言代码接口标准。

4.4.4 塑料瓶自动化多学科优化设计案例

某企业 PET 塑料瓶自动化优化设计流程如图 4-30 所示。本案例的出发点是在满足瓶子性能要求的前提下，构建 PIDO 流程，自动探索最低成本的塑料瓶加工方案。

塑料瓶自动化优化设计流程的实现过程如下：

（1）以甲方提出的性能指标为输入，通过 Ansys Mechanical 集成于 optiSLang 实现结构优化设计，得到塑料瓶的最小厚度；

（2）以最小厚度为输入，通过 Ansys Polyflow 集成于 optiSLang 进行吹塑过程优化设计，得到模具的初始温度；

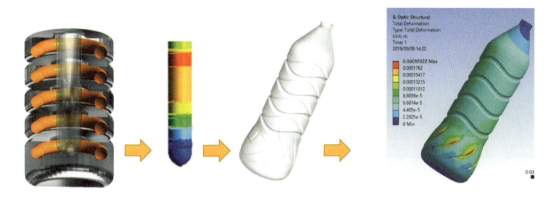

图 4-30 某企业 PET 塑料瓶自动化优化设计流程

（3）以初始温度为输入，通过 Ansys Fluent 集成于 optiSLang 进行加热环境优化，得到加热器的最优功率分配；

（4）通过 Excel 进行人工、电力、材料等成本计算，并通过 Ansys optiSLang 构建自动化仿真设计流程。

（5）通过构建塑料瓶自动化仿真设计流程，该企业最终实现材料成本和电费成本的大幅降低，18 个工厂一年节省成本达到 1860 万美元。

4.5 定性规则/专家系统

数学模型反映的是因果关系，其应用可以分为正向和逆向两种。在正向利用模型时，根据容易测量或获得的自变量推算难以测量或获得的因变量，典型的应用包括软测量和预测。而在逆向利用模型时，则是为了得到某个特定的结果，去寻求原因，典型的应用就是优化。由于数学模型具有精度高的优势，因此在处理简单、抽象的对象或系统时非常适用。

然而，大系统和超大系统是由若干小系统构成的，小系统模型误差可能会积累，导致大系统的模型误差太大，甚至完全失去指导意义。此时，经验在这种情况下显得尤为重要，而经验的可靠性则依赖于实践的验证和总结。人们经常需要判断的是"是否在标准范围之内"，这就是一个定性的指标，而人类往往凭借经验来判断。如果我们能够借助数字化的方法建立各种标准，并采集相关数据，就可以用计算机来自动地判断"是否在标准范围之内"。在数字化时代，标准不仅可以是某个数值，还可能是某条曲线，甚至是更复杂的多维信息。数字化让标准化的能力更加强大了，也便于把经验知识固化。

专家系统（expert system，ES）是在某一特定领域中，能够像人类专家一样解决复杂问题的计算机软件系统，如图 4-31 所示。它能够有效地运用专家多年积累的经验和专业知识，通过模拟专家的思维过程，解决人类专家才能解决的问题。专家系统需要通过一定的知识获取方法，将专家知识保存在知识库中，然后运用推理机，结合人机交互接口工作。

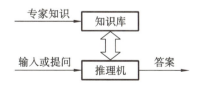

图 4-31 专家系统简化结构图

4.5.1 类型和常用方法

1. 专家系统的类型

专家系统属于人工智能的一个发展分支,自1968年费根鲍姆等人成功研制第一个专家系统以来,专家系统获得了飞速的发展,并且运用于医疗、军事、地质勘探、教学、化工等领域,产生了巨大的经济效益和社会效益。此后,国内外专家分别研制出了一些非常有价值的专家系统。表4-4展示了各种类型的专家系统。

表4-4 不同类型的专家系统

类 型	定 义	特 点
解释专家系统	解释专家系统的任务是通过对已知信息和数据的分析与解释,确定它们的含义	系统处理的数据量大,而且往往是不准确的、有错误的或不完全的; 系统能够从不完全的信息中得到解释,并能对数据做出某些假设; 系统推理过程复杂,要求系统具有对自身的推理过程做出解释的能力; 解释专家系统的例子有语音理解、卫星云图分析、地质勘探数据分析等
预测专家系统	预测专家系统的任务是通过对过去和现在的已知状况的分析,推断未来可能发生的情况	系统处理的数据随时间变化,而且可能是不准确和不完全的; 系统需要有适应时间变化的动态模型,能够从不完全和不准确的信息中得出预报,并达到快速响应的要求; 预测专家系统的例子有气象预报、军事预测、人口预测等
诊断专家系统	诊断专家系统的任务是根据观察到的数据来推测出某个对象出现故障的原因	能够了解被诊断对象或客体各组成部分的特性以及它们之间的联系; 能够区分一种现象及其所掩盖的另一种现象; 能够向用户提供测量的数据,并从不确切的信息中得出尽可能正确的诊断; 诊断专家系统的例子有医疗诊断、电子机械和软件故障诊断、材料失效诊断等
设计专家系统	设计专家系统的任务是分解设计要求,求出能够满足设计问题约束的目标配置	善于从多方面的要求中得到符合要求的设计结果; 系统需要检索较大的可能解空间; 善于分析各种子问题,并处理好各个子问题间的互相作用; 能够试验性地构造出可能的设计方案,并易于对所得设计方案进行修改; 能够使用已被证明正确的设计来解释当前的设计; 设计专家系统可用于电路设计、土木建工设计、计算机结构设计、机械产品设计和生产工艺设计等

续表

类 型	定 义	特 点
规划专家系统	规划专家系统的任务在于寻找出某个能够达到给定目标的动作序列或寻找步骤	所要规划的目标可能是动态的或静态的,因而规划专家系统需要对未来动作做出预测; 所涉及的问题可能是复杂的,要求系统能抓住重点,处理好各子目标的关系和不确定数据信息,并通过试验性动作做出可行规划; 规划专家系统可用于机器人规划、交通运输调度、工程项目论证、通信与军事指挥以及农作物管理等
监视专家系统	监视专家系统的任务在于对系统、对象或过程进行不断观察,并把观察到的行为与其应当有的行为进行比较,以发现异常情况并发出警报	具有快速反应能力,在造成事故之前及时发出警报; 系统发出的警报需要有较高的准确性; 系统能够随时间和条件的变化而动态地处理输入信息; 监视专家系统可用于安全监视、防空监视与警报、国家财政监控、疾病监控和农作物病虫害监控等
控制专家系统	控制专家系统的任务是以自适应方式管理一个受控对象或客体的全面行为,使之满足预期要求	控制专家系统能够解释当前的情况,预测未来可能发生的情况,诊断可能发生的问题并分析原因,不断修正计划并控制计划执行; 控制专家系统可用于交通管控、生产过程控制、生产质量管控等

2. 专家系统常用方法

专家系统常采用的方法有基于规则推理的、基于案例推理的和基于人工神经网络的方法,如表 4-5 所示。

表 4-5 专家系统常采用的方法对比

方 法	定 义	优 点	缺 点
基于规则推理	基于规则推理(rule based reasoning,RBR)的方法是将专家所掌握的现有知识和经验通过一定的方法转化为规则,进行启发式推理。根据明确的前提条件,得到明确的结果	基于规则推理的专家系统是最早期的一种专家系统,推理过程比较明确,只要规则正确结论就比较准确;是一种简单实用的专家系统,应用范围比较广泛;也是比较推荐的专家系统	规则构造严重依赖专家的经验积累,经验如果不准确则结果也不准确; 基于规则推理的专家系统没有自学习能力
基于案例推理	基于案例推理(case based reasoning,CBR)的方法就是通过检索曾经类似的、已解决的问题和案例,通过比较新旧问题间的各种特征、问题发生条件等,得到相同点和差异点,然后重新参考现有知识进行推理,从而得到解决问题的新方法	基于案例推理的专家系统能够不断学习新的经验,以增强系统求解问题的能力。只要案例覆盖面足够大,基于案例推理的专家系统基本上一定能给出相似的案例分析	对于复杂的问题,基于案例推理的专家系统可能会面临挑战。这些系统主要依赖相似性度量来进行推理,对于涉及多个因素或非线性关系的问题,相似性度量可能不足以提供令人满意的解决方案

方 法	定 义	优 点	缺 点
基于人工神经网络	基于人工神经网络的专家系统可以认为是基于规则推理的专家系统的升级版。基于规则推理的专家系统可以认为是有固定数量的特征值、规则推导的逻辑比较固定的专家系统	基于人工神经网络的专家系统的特征值数量可以是动态增加的,没有固定的推导逻辑,但是需要大量的数据来训练模型。人工神经网络拥有强大的学习能力、大规模并行处理能力,能克服无穷推理、组合爆炸等困难,实现自适应推理和联想推理,能够显著提升专家系统的处理能力和智能化水平,并能增强系统的鲁棒性	基于人工神经网络的专家系统是当前的热门研究方向,学者们提出了各种各样的模型,取得了一定的成果。不过作者认为这种专家系统并没有基于规则推理的专家系统实用,一方面是因为它需要训练模式的数据量太大,冷启动不友好,另一方面是因为它的结论可能具有不确定性,用来做研究还行,而做项目还是要对可行性进行充分的验证

除了上述三种比较常用的方法外,还有一些应用较少的方法,例如基于框架的方法。框架(frame)是一种通用的数据结构,能够将某一类对象的所有知识组织在一起。基于框架的专家系统将相互关联的框架组合在一起,构成框架系统。另外还有一类方法是基于模糊逻辑的。在某些情况下,专家系统需要处理不完整、不确定等模糊数据,因此出现了基于模糊逻辑的专家系统。模糊逻辑是一种不确定的多值逻辑,不同于布尔逻辑中只有 0 和 1 的情况,模糊逻辑可能会根据实际情况出现 0~1 之间的多个值,例如很少、较高、超高等语义。

基于 D-S 证据理论的方法是早期应用于专家系统的一种不确定推理方法。在 D-S 证据理论中,互不相容的基本命题构成完备的集合,作为识别框架,表示针对某一问题的所有可能性答案,其中只有一个是正确的。

最后,还有一类专家系统是基于遗传算法的。遗传算法借鉴了生物进化规律,演化出一种随机化搜索方法,主要特点是直接对结构对象进行分析,具有更好的全局搜索能力。此外,该算法采用了基于概率的最优查询方法,能够自动获取、优化搜索空间,在不需要确定规则的情况下,自适应地调整搜索方向。

4.5.2 规则和专家系统模型的组成和构建

专家系统模型通常包括人机界面、知识获取程序、知识库、解释器、推理机、综合数据库六个模块。模块之间的关系如图 4-32 所示。

1. 知识库

知识库用来存放专家提供的知识。专家系统的问题求解过程是通过知识库中的知识来模拟专家的思维方式。因此,知识库是专家系统质量是否优越的关键所在,即知识库中知识的质量和数量决定着专家系统的质量水平。一般来说,专家系统中的知识库与专家系统程序是相互独立的,用户可以通过改变、完善知识库中的知识内容来提高专家系统的性能。知识表示是知识库中知识的组织和形式化的方法。在专家系统中运用得较为普遍的知识是产生式规则。

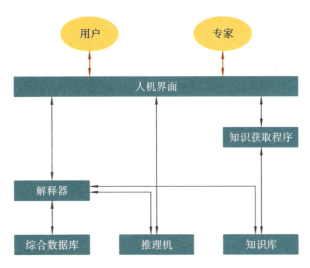

图 4-32 专家系统模型构成

产生式规则的含义非常简单:如果前提条件得到满足,就产生相应的动作或结论。它是 IF-THEN-ELSE 形式的规则。专家系统的成功与否主要取决于知识库中存储的信息的质量、完整性和准确性。

1) 知识数据表示

数据库中的知识数据都用如下形式的三元组描述:(对象 属性 值)。

(1) "对象"又称为上下文,它是系统要处理的实体,例如病人。

(2) "属性"又称临床参数,用于描述相应对象的特征,例如"病人"的姓名、年龄、性别。

(3) "值"是指相应属性的值,根据属性的不同类别,其值可以是一个或多个。

知识数据表示示例:

  临床参数:三元组 (对象、属性、值)

2) 知识规则表示

知识用规则表示,其一般形式为:

  RULE * * *　IF < 前提>　THEN < 行为>

(1) * * * 是规则的编号。

(2) 前提的一般形式是:

  （＄AND < 条件-1>　< 条件-2> …< 条件-n> ）

(3) 行为部分由行为函数表示,MYCIN 系统中有三个专门用于表示动作的行为函数:CONCLUDE、CONCLIST 和 TRANLIST。其中以 CONCLUDE 用得最多,其形式为:

  (CONCLUDE 对象 属性 值 TALLY CF)

3) 推理可信度

由于医生经常需要在信息不完全或不十分准确的情况下决定病人是否需要治疗,如果需要治疗,应选择什么样的处方。因此,MYCIN 系统的重要特性之一是以不确定和不完全的信息进行推理。MYCIN 引入可信度因子 CF 来表示这种推理。CF 用以指出对相应属性值的信任程度,CF 在[-1,1]上取值。

(1) 当 0<CF<1 时,表示相信该属性取相应值的程度;

(2) 当 -1<CF<0 时,表示不相该属性取相应值的程度;

(3) 当 CF 为 1、-1 或 0 时,分别表示完全相信、完全不相信、不能确定该属性取相应的值。

2. 解释器

解释器能够向用户解释专家系统的行为方法,包括解释推理结论的正确性以及系统输出其他候选结果的原因等,如图4-33所示。在故障推理过程中,用户往往并不满足于明白推理的结果,更多时候希望明白推理的过程和解释,这时需要通过解释器来阐明推理的步骤以及原因。

3. 推理机

推理机是专家系统的"大脑"。推理机包含解决特定问题的规则,即从知识库中获取的知识。当试图回答用户的查询时,推理机选择要应用的事实和规则,为知识库中的信息提供推理,如图4-34所示。

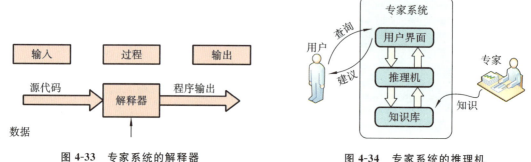

图 4-33 专家系统的解释器　　图 4-34 专家系统的推理机

推理机通常会使用以下策略:前进链和向后链。

(1) 前进链:专家系统的策略是回答"接下来会发生什么"的问题。在这种策略中,推理机遵循条件和派生链进行推理,最终得出结论。前进链考虑所有的事实和规则,并进行排序。例如,预测股市情况受利率变动的影响。

(2) 向后链:采用这种策略,专家系统会寻找问题的答案:"为什么会这样?"根据已经发生的事情,推理机试图找出过去曾发生的情况,遵循这一策略找出问题原因或因果关系。例如,诊断人类的血癌。

专家系统有优点,对专业领域的问题可以提供快速有效的解决方案,可以收集稀缺的专业知识并有效地使用,为重复性问题提供一致的答案,可以稳定地工作。然而,当知识库不足时,专家系统不能保证有准确的判断。专家系统不具有提炼自己知识的能力,需要专家不断提升其知识量。专家系统不能完全代替人的能力,经常需要人的干预。

4.5.3 数字孪生系统与定性规则模型融合

数字孪生系统与定性规则模型的融合旨在提高数字孪生交互质量。数字孪生使用传感器数据、物理模型和算法等多种信息源,实现对实际系统的实时监测、预测和优化,通过语义化来对知识库和规则库进行更新和迭代,规则引擎驱动数字孪生,能够将实际系统的运行状态、性能参数等信息快速输出,并以人类可理解的方式提供准确的模拟结果和决策支持。定性规则模型则通过一系列逻辑规则和判断条件进行推理和决策。这种模型可以根据特定的规则和条件来分析和判断给定的情况,并给出相应的建议或解决方案。定性规则模型在制造领域中广泛应用,可以帮助识别问题、预测故障、优化操作等。数字孪生系统与定性规则模型融合框架如图4-35所示。

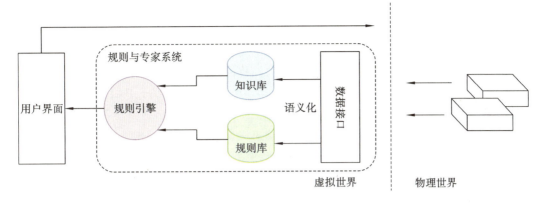

图 4-35　数字孪生系统与定性规则模型融合框架

数字孪生系统与定性规则模型的融合主要包括以下几个方面。

(1) 数据集成与共享：将数字孪生所需的传感器数据、实时监测数据等与定性规则模型所需的专家知识和规则进行集成和共享，形成一个综合的数据源。这样可以将实际系统的状态信息传递给定性规则模型，以便进行推理和判断。

(2) 模型互补与协同：数字孪生模型和定性规则模型具有不同的优势和特点。数字孪生模型能够通过数据驱动的方法提供准确的实时信息和预测结果，而定性规则模型则能够基于专家知识和规则进行逻辑推理。因此，在融合中可以充分利用二者的互补性，使其相互协同工作，提供更全面和准确的决策支持。

(3) 基于规则的快速优化：数字孪生可以通过对实际系统的建模和仿真，检测和诊断潜在故障，并提出相应的解决方案。而定性规则模型可以根据特定的判断条件和规则，对故障进行分类和诊断。将二者结合起来，可以在故障诊断和优化过程中得到更高效、更精确的结果。

数字孪生系统与定性规则模型的融合能够充分发挥二者的优势，提高生产过程的效率和质量。通过整合数据、模型和决策，可以实现更智能化的制造系统，为企业的生产决策和优化提供强大支持。

4.6　下一代数字孪生机理模型展望

数字孪生的提出促进了工程相关的各个领域或部门的沟通和交流，为各种新技术应用到工程中起到了极大的推动作用。所建立的沟通、交流包括跨学科的无缝融合以及跨部门的直接沟通等，同时也衍生出和工业相互繁荣的商业化格局。因此，无论从技术还是经济角度来看，在工业领域数字孪生绝对不是一项可有可无的技术。而数字孪生所带来的优势将会伴随工业生命周期持续演进。未来，数字孪生的机理模型也将会容纳最新技术的发展，并应用到工业场景中，将最新理论转化为先进技术。

当前，机器学习在图像和自然语言处理领域已经广泛应用，但在工业制造业领域，其应用却仍存在局限性。虽然在工艺参数优化和设备健康管理方面有一些应用，但现阶段机器学习的成熟程度和工业制造业对其价值的认可还不够普遍。其中主要问题在于数据要求过高，难以产生与物理相符的结果，泛化性能欠佳，尤其是外泛化性能。这给数字孪生的机理模型带来了局限性。

由于现代工业制造业基本都是基于物理学和专家经验的传统思路在运转,并且已经取得了很好的效果,深度学习等人工智能技术完全抛弃积累上百年的物理学和专家经验并不是一个很好的思路。同时,传统的物理学工具和方法也存在着一些问题,如结果过于理想、与实际情况相差甚远、投入高、计算量大等。因此,学术界目前正在探索将物理学和机器学习融合的新思路,如 PINN(物理信息神经网络)、PGNN(物理引导的神经网络)、PAI(人工智能物理学)等。这些新思路并非仅仅将物理知识应用于特征工程或数据处理,而是更深入地将物理学融合到模型设计和训练过程中,如利用物理模型或知识设计损失函数、辅助模型初始化、设计模型结构、残差建模和混合建模等,旨在更好地结合两者的优点,实现科学发现和模型推理。将物理模型隐含的先验知识和机器学习的学习能力结合,利用先验知识结合少量真实数据,得到预测效果和泛化能力更好的模型,是一个融合的方向。这种方法也提供了一个更加灵活的数据融合模型的范式。

万物过于复杂,人类掌握的规律是有限的,而且,经常是经过理想化的简化的,并不能完全和现实吻合,有时候甚至相差甚远。未来数字孪生机理模型的具体选择,需要随着场景、目的、成本、精确度等的变化来考量。

习　题

数字资源

1. 什么是科学研究范式?
2. 工业机理模型分类有哪些?
3. 请描述数字孪生机理建模流程。
4. 请介绍离散系统仿真的主要原理,并绘制数字孪生离散系统仿真模型的框架图。
5. 请介绍数字孪生中的规则和专家系统的建模流程。
6. 如图 4-36 所示是一个车辆分析测试的数字孪生系统,该系统和物理实验、仿真实验连接在一起。现要求对车辆的车轮进行分析测试,该分析测试采用有限元分析(FEA)计算。请提供一种方法,将数字孪生系统中的 CAD 车轮几何模型与 FEA 计算结果可视化模型融合在一起,并实现车轮转动的动态特性。

图 4-36　轮胎实时 FEA 计算

参 考 文 献

[1] 全国信息技术标准化技术委员会.工业互联网平台 工业机理模型开发指南[S].北京:中国标准出版社,2021.

[2] LI J, ZHANG J, ZHANG B, et al. Research on operation strategy of simulation engine in joint combat simulation experiment[J]. Command Control & Simulation, 2022,44(3):80-87.

[3] 罗瑞平,盛步云,黄宇哲,等.基于数字孪生的生产系统仿真软件关键技术与发展趋势[J].计算机集成制造系统,2023,29(6):1965-1982.

第5章 数字孪生数据驱动模型

5.1 概　　述

简单地获取数据并不能提供价值,利用数据进行洞察才能发挥强大作用。数字孪生通过获得数据、处理数据,应用诸如深度学习技术建立数据驱动模型,然后通过可视化技术将决策信息提供给用户,实现虚实融合。数字孪生正在各领域发挥巨大作用。

本书前文将数字孪生模型分为机理模型和非机理模型。机理模型,俗称白箱模型,是根据对象、生产过程的内部机制或者物质流的传递机理建立起来的精确数学模型或者利用计算机技术建立的仿真模型。它是基于质量平衡方程、能量平衡方程、动量平衡方程、相平衡方程以及某些物性方程、化学反应定律、电路基本定律等而获得的对象或过程的模型。机理模型的优点是参数具有非常明确的物理意义。这类模型存在于各行各业,使用时需要充分的输入条件,通过模型计算得到输出结果,用来模拟物理过程。非机理模型,也称为黑箱或灰箱模型、数据模型,是以神经网络为代表的数据分析模型。这类模型将采集到的海量数据组织成有用的信息,之后对相关的信息进行整合和提炼,并根据任务要求经过训练和拟合,形成自动化的数据决策模型。

传统的机理建模普遍基于物理规律和机理,以解释和预测系统的行为。然而在面对海量、复杂多变的大数据时,传统的机理建模方法面临巨大挑战。基于数据驱动的非机理建模通过分析大规模数据集中的模式、趋势和关联性,来揭示系统的行为和规律,无须事先了解其底层机理和物理规律。数据驱动模型在数字孪生系统中迅速占据重要位置,并逐渐形成主流,如图5-1所示。

5.1.1 数字孪生数据的种类、特点和链路

1. 数据种类

数字孪生系统贯穿产品的全生命周期,涉及的数据种类多样。本书面向制造业,这里的数据特指制造过程的数据,主要来自三个阶段,分别为研发阶段、生产阶段和使用阶段。

1) 研发阶段

设计数据:包括产品的3D模型、CAD图纸、设计规范等。

模拟数据:使用计算机模拟和仿真工具生成的数据,用于评估和优化产品的性能。

实验数据:通过实验和测试获得的数据,用于验证产品设计和性能。

2) 生产阶段

工艺数据:包括生产工艺流程、工艺参数、工艺规范等。

传感器数据:从工厂中的传感器收集的数据,用于监测和控制生产过程中的各种参数,如温度、湿度、压力等。

检测数据:通过自动化检测设备收集的数据,用于检验产品质量和合规性。

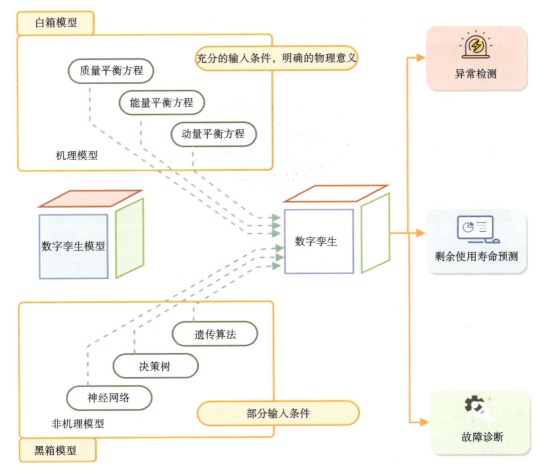

图 5-1　数字孪生中的机理模型与非机理模型

3) 使用阶段

运行数据：通过产品上安装的传感器收集的数据，用于监测产品的运行状态、性能指标和工作环境。

维修数据：包括产品维护记录、故障报告、维修历史等，用于指导维修和保养工作。

用户反馈数据：包括用户使用反馈、客户投诉和市场调研数据等，用于改进产品设计和满足市场需求。

数字孪生系统通过整合不同类型的数据，如图 5-2 所示，提供了全面的产品视图，使企业能够更智能地管理产品的生命周期，实现从设计到运营再到维护的全程数据驱动。这种综合的数字化方法有助于提高产品质量、降低生产成本，并为持续改进和创新提供有力支持。

2. 数据特点

数字孪生系统中的数据主要具有以下四个特点。

(1) 多模态性（multimodal）：数字孪生系统涉及多种类型的数据，包括文本、图像、视频、传感器数据等。这些不同类型的数据相互关联，共同描述了产品的各个方面的特征。结合多模态数据，数字孪生系统可以提供更全面、准确的产品描述和分析。

(2) 异构性（heterogeneous）：数字孪生系统的数据来自多个数据源，可能具有不同的结构、格式和语义。例如，来自传感器的实时数据与历史记录的数据可能具有不同的数据结构和

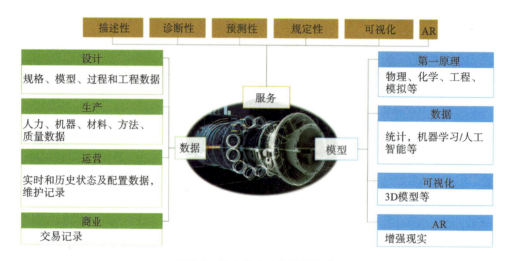

图 5-2 数字孪生中的数据种类

时间戳。数字孪生系统需要处理这些异构数据,并将其整合在一起,以实现全面的产品分析和模拟。

(3) 时序性(temporality):数字孪生系统中的数据通常是按时间顺序进行采集和记录的,因为它们涉及产品的生命周期和状态变化。时序数据包括实时传感器数据、历史记录数据和事件触发数据。通过对时序数据进行分析,数字孪生系统可以实现对产品演化和性能变化的跟踪、预测和优化。

(4) 大数据"3V"特点:数字孪生系统数据还具有大数据的"3V"特点,即体量大、多样性、高速性。

① 体量大:数字孪生系统中的数据量通常很大,特别是涉及实时传感器数据和历史记录数据时,这些数据在不同的生命周期阶段积累,并大规模存储。

② 多样性:数字孪生系统中的数据具有多样性,包括不同类型、格式和样本数据,涵盖不同的方面和维度,来自传感器、设备、生产系统、用户反馈等,这其实也涵盖了上述的多模态和异构性。

③ 高速性:数字孪生采集和分析的数据通常是实时或高频率生成的,比如来自传感器的实时数据,需要及时采集、传输和处理,以便实现状态实时监测、预测和响应。

数字孪生系统的数据具有多模态性、异构性,主要是时序数据,并符合大数据的"3V"(体量、多样性、速度)特性。理解和有效处理这些数据是构建和应用数字孪生系统的关键。

3. 数据链路

数据在数字孪生系统中是不断循环和迭代的,并贯穿产品全生命周期,为数字孪生模型的持续改进、优化和决策提供了"血液",如图 5-3 所示。循环迭代过程构成了数据链路,本质上是数据驱动过程。

数据链路具体可分为以下环节。

问题定义环节:确定数字孪生系统的目标和需要解决的问题,包括明确系统的关键指标、性能要求和优化目标。问题定义阶段还涉及与利益相关者的合作,以确保对系统需求的准确理解。

数据采集环节:采集与数字孪生系统相关的各种数据,包括传感器数据、实验数据、过程监控数据等。数据的采集可以通过各种手段,如传感器网络、实验设备等进行。

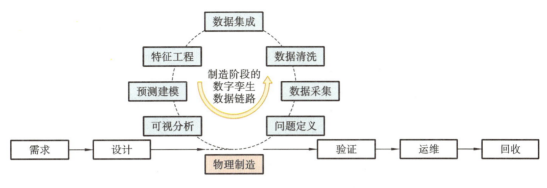

图 5-3 数字孪生数据链路

数据清洗环节：对收集到的数据进行处理和清洗，包括去除噪声、处理缺失值、处理异常值等。数据清洗的目的是确保数据的质量和准确性，以便后续的分析和建模过程可以得到可靠的结果。

数据集成环节：将来自不同数据源的数据进行整合和融合，涉及数据的转换、归一化、对齐等操作，以确保数据的一致性和可比性。数据集成使不同数据之间可以进行关联和分析，从而提供更全面的视角和理解。

特征工程环节：根据问题定义和系统需求，从原始数据中提取相关的特征。特征工程包括特征选择、特征提取、特征变换等操作，以提取对问题解决和系统优化有意义的特征。

分析（预测）建模环节：利用前述阶段处理和准备好的数据，构建分析预测模型，如统计模型、机器学习模型、深度学习模型等，根据具体问题和数据的特点选择合适的预测模型。预测建模的目标是通过对数据的学习和分析，预测系统行为、性能和效果。

可视分析环节：利用可视化技术和工具，将模型的输出结果以可视化的方式呈现给利益相关者和决策者。可视分析有助于理解模型的结果，发现模式和趋势，并支持决策和优化过程。

显然，数字孪生数据链路是一个动态的、循环的数据流，将物理世界的信息同步到数字孪生模型中，从而实现数字孪生在产品全生命周期的演化和持续迭代。每个阶段的数据链路都发挥着重要的作用，确保数据的准确性、可靠性和实用性，为数字孪生系统的成功应用提供了基础，本书在后续章节将讲解这些数据的集成技术。

5.1.2 数据建模

数据建模用于表明数据和业务之间的关系、流向和因果性等。数据建模的目标是创建一个清晰、准确、易于理解和实施的框架，以便更好地管理和利用数据。在多数情形下，数据建模并不局限于单一数据表的设计，工业领域中数据的海量性和业务的复杂性导致往往需要构建数百上千张数据表。没有数据模型，利益相关者很难看到现有数据库的结构、理解关键概念，当需要描述数据需求的时候，也很难准确地表达出来，这也是数据模型不可或缺的主要原因。在数据分析领域使用更宽泛的词——"数据集合"来代替"多表"，那么数据建模可以描述为"一个通过良好的结构设计，建设满足要求的数据集合的过程"。

在数据建模的过程中，需要分析数据和数据之间的关系，对所要模型化的内容有清晰的认识，从而得到所需的数据模型。与实物模型不同，数据模型不是等比例模拟出来的真实事物，而是一组能表示数据需求、数据结构的符号集合。经常用矩形框或圆角矩形表示实体，用线以及线上的符号表示实体之间的关系、基数或约束,用写在线上的词或词组表示标签,所有的这些符号组成了各种各样的数据模型(见图5-4)。

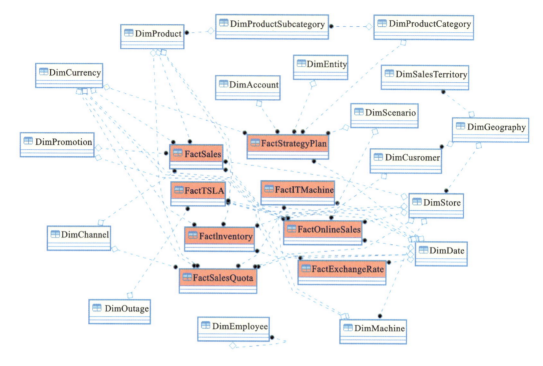

图 5-4 数据模型示例

数据模型具有描述和沟通数据需求的功能,类似于建筑设计师在施工前绘制的建筑物每一层的平面图,建筑工人依据这些图纸建造房屋,而完成后的平面图也可以向客户展示,使客户在不查看实体房屋的情况下了解房屋结构。数据模型作为专门设计的"图纸",既指导技术人员建立数据库,也确保数据需求的无障碍沟通。数据模型的简洁性和标准化是促进快速沟通的关键。数据模型从一个抽象层次描述了数据的静态特征、动态行为和约束条件,最终由技术实现人员转化成能被计算机理解的程序语言,在数据库中实现。所以在设计数据模型的时候,必须将便于计算机实现作为模型设计的原则之一。

1. 数据模型的类型

数据库和信息系统设计从一个很高的抽象层次开始,然后逐渐变得具体且明确。数据模型一般可以分为三类,具体因抽象程度而异,分别是概念数据模型、逻辑数据模型、物理数据模型。

(1)概念数据模型:也称为领域模型,可围绕系统将包含的内容、组织内容的形式和涉及的业务规则呈现为一个全局视图。在收集初始项目需求的过程中,通常会创建概念数据模型。通常情况下,概念数据模型包含实体类(定义要在数据模型中表示而且对业务至关重要的事物类型)、实体特征和约束、实体之间的关系以及相关的安全性和数据完整性要求。

(2)逻辑数据模型:提供了相关领域中的概念和关系的更多细节,需要采用某种正式的数据建模符号系统。此类模型表明了数据属性,例如数据类型及其对应的长度。逻辑数据模型不会指定任何技术系统要求。在敏捷开发中这个阶段通常会被忽略。逻辑数据模型可用于高度程序化的实现环境,或者用于本质上面向数据的项目,例如数据仓库设计或报告系统开发。

(3) 物理数据模型:为如何在数据库中实际存储数据提供了一种模式。因此,此类模型的抽象程度最低。物理数据模型提供了能够以关系数据库形式实现的最终设计,包括说明实体之间关系的关联表,以及用于保证这些关系的主键和外键。物理数据模型可以包含特定数据库管理系统(DBMS)的属性,包括性能调优。随着工业互联网和大数据的兴起,新型数据库技术得到广泛应用。例如,时序数据库用于高效存储和查询时序数据,适用于物联网设备生成的实时数据。NoSQL 数据库提供了灵活的数据模型和横向扩展能力,适用于大规模非结构化数据的存储和处理。向量数据库专注于高性能的向量数据存储和相似性搜索,适用于人工智能和机器学习领域。文档数据库模型、键值对模型或列式数据库模型等更适合处理半结构化和非结构化数据。工业互联网中的数据往往以事件的形式产生,例如设备状态变化、报警事件等,因此数据模型的重点应放在对事件的捕捉、处理和分析上,以便实时响应和决策。

当前,工业互联网催生了数据治理建模。数字孪生应用需要较高质量、较高集成度的数据,元数据建模是一种方案。元数据建模主要针对产品全生命周期的规划、定义、标准化、质量控制等方面,以确保数据的可信度、一致性和可用性,支持业务决策和运营需求。元数据是描述数据的数据,提供了关于数据的定义、结构、意义和关系的信息。利用元数据,可以建立一个元数据模型,描述不同类型的元数据及其之间的关系,有助于更好地理解和管理数据。元数据建模的目标是提供对数据资产的全面描述和理解,包括数据的来源、含义、结构、质量规则、数据血缘等信息。元数据建模通常使用图形化工具和标准化的元数据模型,如统一建模语言(UML)、概念类图、实体关系图等。利用元数据模型,数字孪生可以更好地理解和管理数据资产,促进数据资产的有效使用和价值实现。

2. 数据建模基本流程

不同的数据建模技术有不同的约定,这些约定规定了使用哪些符号来表示数据、模型的布局方式以及业务需求的表达方式。但所有方法都提供了正式的工作流,其中包括以迭代方式执行的一系列任务。通常,工作流包括以下步骤。

(1) 确定实体。在数据建模过程中,一开始应确定要建模的数据集表示的事物、事件或概念。每个实体都应该是连贯的,并且在逻辑上与所有其他实体分开。

(2) 确定实体的关键属性。每种实体类型都可以与所有其他实体类型区分开来,因为它具有一种或多种特有的性质,即属性。

(3) 确定实体间的关系。指定每个实体与其他实体之间的关系,这些关系通常使用统一建模语言(UML)进行记录。

(4) 将属性映射到实体。确保模型反映企业使用数据的方式。若干正式的数据建模模式目前已被广泛使用。面向对象的开发人员经常应用分析模式或设计模式,而来自其他业务领域的利益相关方则可能会转向其他模式。

(5) 规范化。根据需要分配键(索引),并决定用于平衡减少冗余需求与性能要求的规范化程度。规范化是一种用于组织数据模型(及其表示的数据库)的技术,将名为"键"的数字标识符分配给数据组,用于表示它们之间的关系,而无须重复数据。例如,如果为每个客户都分配了一个键,那么该键可以连接到地址及其订单历史记录,而无须在客户名称表中重复此信息。规范化往往会减少数据库所需的存储空间量,但也会以牺牲查询性能为代价。

数据建模是一个迭代过程,应该随着业务需求的变化而不断迭代并优化,面向数字孪生系统的数据建模其实面临更多挑战,这是因为为了响应更复杂的要求,如何快速建模、数据建模如何自动化等都是其面临的挑战。

5.1.3 数据挖掘

数据挖掘是从数据累计中提取有用信息的过程,通常从数据仓库或链接的数据集合中提取。数据挖掘工具使用统计数学和分析功能来筛选大量数据以识别趋势、模式和关系,以支持决策和计划。根据跨行业数据挖掘标准流程(CRISP-DM),数据挖掘的流程如图5-5所示。

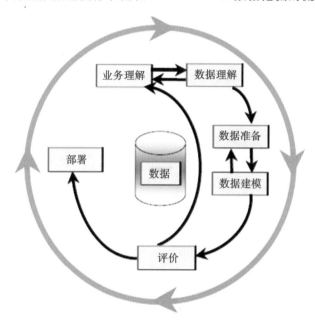

图 5-5 数据挖掘的流程

数据挖掘过程可分为六个基本阶段。

(1) 业务理解阶段。首先,需要明确了解业务目标,找出业务需求。其次,评估当前形势,找出资源、假设、限制和其他应考虑的重要因素。然后,根据业务目标和现状,制订数据挖掘目标,以便在当前情况下实现业务目标。最后,必须制订一个良好的数据挖掘计划,以实现业务目标和数据挖掘目标,且计划应尽可能详细。

(2) 数据理解阶段。该阶段从可用数据源收集数据,接下来,需要仔细检查并报告所获数据的"总体"或"表面"属性。然后,需要通过处理数据挖掘问题来探索数据,这些问题可以通过查询、报告和可视化来解决。最后,必须通过回答一些重要问题来检查数据质量,例如"获取的数据是否完整?"等。

(3) 数据准备阶段。该阶段通常耗费项目90%的时间,其成果就是最终的数据集。一旦确定了可用的数据源,就需要对其进行选择、清理、构建,并格式化为所需的形式。在这一阶段,可能会进行更深入的数据探索任务,以便根据对业务的理解发现模式。

(4) 数据建模阶段。这就是前文介绍的数据建模,必须根据具体应用场景进行测试,以验证模型的质量和有效性。在准备好的数据集上创建一个或多个模型,并在利益相关方的参与下对模型进行仔细评估,以确保创建的模型符合业务需求。

(5) 评估阶段。根据第一阶段的业务目标对模型结果进行评估。在这一阶段,由于在模型结果中发现新模式或其他因素,可能会提出新的业务要求。获得业务理解是数据挖掘的一个反复过程。

（6）部署阶段。通过数据挖掘过程获得的知识或信息，需要以利益相关方需要时可以使用的方式呈现出来。根据业务需求，部署阶段可以简单到创建一份报告，也可以复杂到在整个组织内重复数据挖掘流程。在部署阶段，必须为实施和未来支持制订部署、维护和监控计划。

CRISP-DM 是一个开放的标准流程模型。CRISP-DM 应用在数字孪生系统中，提供了一个定义明确的、结构化的方法论，有利于指导数据挖掘项目的全生命周期任务，确保数据挖掘的可重复性和一致性。另外，CRISP-DM 可以应用于各种行业和场景，数字孪生系统中的数据挖掘团队基于 CRISP-DM，可以利用来自其他行业和应用的最佳实践和经验，以提高自己的工作效率和质量。

5.1.4 数据分析类型

数据挖掘可采用多种数据分析方法。数据分析使用各种技术和方法，从大规模的数据集中提取模式、趋势和关联性，以获取对业务、科学或其他领域的深刻理解。在数字孪生中数据分析技术扮演着重要的角色，是支撑数字孪生决策制订和操作洞察的关键要素，如图 5-6 所示。

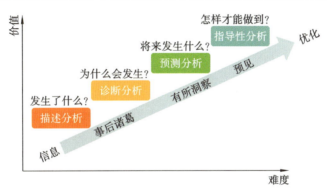

图 5-6 数字价值链概念模型

目前常见的数据分析类型有四种：描述性数据分析、诊断数据分析、预测数据分析、指导性数据分析。

1. 描述性数据分析

描述性（descriptive）数据分析着眼于过去发生的事情，包括分析当前和历史数据，以了解过去的事件和趋势，提供清晰的情况，而不做出预测或建议采取行动。描述性数据分析主要用于识别模式、趋势、异常值和其他重要的数据特征。这构成了回答"发生了什么？"等问题的基础。描述性数据分析通过趋势度量（平均值、中位数、众数）和离散度量（标准差、极差）等，简要概述数据的分布和特征。

2. 诊断数据分析

诊断（diagnostic）数据分析通过检查数据以了解事件、行为和结果的根本原因，使用不同的技术和工具来识别模式、趋势和联系，以解释某些事件发生的原因。其主要目标是深入了解导致特定结果或问题的因素。通过评估描述型数据，诊断分析工具能够让数据分析师深入地分析数据，钻取到数据的核心，分析数据的趋势、数据之间的联系以及数据之间的因果关系。常见的诊断分析方法有权重指数分析、关联分析和时序分析等。其中时序分析通过检查以不同时间间隔收集的数据，发现数据随时间变化的趋势、季节性和变量之间的关系。

3. 预测数据分析

预测数据分析使用统计算法和机器学习技术，根据历史数据判断未来结果的可能性，预测趋势和行为模式。最终目标是超越了解发生了什么,提供对未来将发生什么的最佳评估。预测数据分析的目标是利用现有的数据建立预测模型,帮助决策者更好地理解未来发展趋势和可能发生的事件,以便制订更加科学的决策和策略。预测数据分析主要建模技术包括线性回归、决策树、神经网络、时序分析等,具体的选择取决于问题的性质和数据的特点。另外,预测数据分析需要使用历史数据对选定的模型进行训练,使其能够捕捉到数据中的模式和趋势。然后对模型进行评估,评估指标有均方误差、准确率、召回率等。再利用训练好的模型对未来的数据进行预测,生成预测结果。最后根据预测结果,进行模型的优化和调整,以提高模型的准确性和鲁棒性。

4. 指导性数据分析

指导性(prescriptive)数据分析可支持决策者指导下一步行动方案。它可以帮助企业了解实现预期目标的最佳步骤,应对最坏情况结果的可能性,并确定如何应对不确定性。

上述四种数据分析类型中,描述性数据分析和诊断数据分析用于确定已经发生的事情和原因,预测数据分析用于探索未来可能发生的事情;指导性数据分析用于探索过去事件和未来结果之间的关系,帮助确定应该采取什么行动。描述性、诊断和预测数据分析能够为数字孪生提供丰富的数据,但指导性数据分析可以进一步帮助决策者做出最佳决策,提供具体的建议和解决方案,以支持决策和优化。

5.2 经典的数据驱动模型

机器学习包含多种使用不同算法的学习模型。根据数据的性质和期望的结果,可以将学习模型分成四种,分别是监督学习、无监督学习、半监督学习和强化学习。而根据使用的数据集和预期结果,每一种模型可以应用一种或多种算法。机器学习算法主要用于对事物进行分类、发现模式、预测结果,以及制订明智的决策。算法一般一次只使用一种,但如果要处理的数据非常复杂、难以预测,也可以组合使用多种算法,以尽可能提高准确度。将数字孪生与经典的机器学习模型结合能够进行数据驱动分析,这是构建数字孪生数据模型的常用方法。对数字孪生系统中大量使用的经典数据分析模型,本书仅作概要描述,更详细的知识请参考相关资料。下面我们将介绍分类、回归、聚类这几种常见的数据分析方法、模型及其数字孪生应用场景。

5.2.1 分类模型

分类是一种基本的数据分析方式,根据数据特点,可将数据对象划分为不同的部分和类型,再进一步分析,能够进一步挖掘事物的本质。数字孪生系统中,数据通常具有大量的特征,包括传感器数据、工艺参数、产品属性等。利用特征选择和降维技术,可以识别出与产品性能和状态有关联的重要特征。这可以帮助减少数据维度,提高模型建立和分析的效率。数据分类和预测方法可以应用于数字孪生系统中的产品性能评估和预测。使用监督学习算法,可以训练模型对产品的性能进行分类或预测,例如产品寿命、故障风险等。这种分类和预测能力可以帮助制造企业做出更准确的决策,优化产品设计和维护策略。分类模型常用的分类方法主要有决策树算法、神经网络算法、贝叶斯分类、基于关联规则的方法、混合分类的方法以及支持向量机的方法。本书主要对决策树算法与贝叶斯分类这两种分类方法进行介绍。

1. 常见分类方法

1) 决策树算法

决策树算法采用树形结构,使用层层推理来实现最终的分类,详见西瓜书(即《机器学习》,

周志华)中的介绍。决策树由根节点(包含样本的全集)、内部节点(对应特征属性测试)以及叶节点(代表了决策的结果,也是标签)组成。决策树算法示例如图5-7所示。

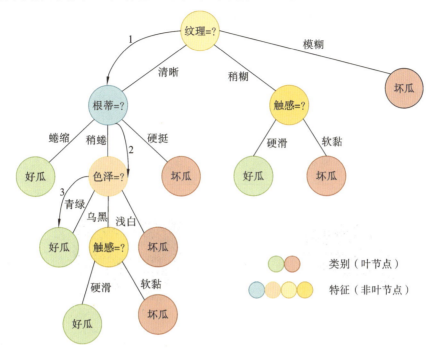

图 5-7　决策树算法示例

基于上面的一棵树,以下问题值得思考:为什么根节点是纹理,而不是根蒂或者别的特征呢?决策树又是基于什么标准来选择特征的?如何构建决策树?决策树算法主要有以下步骤。

(1) 特征选择:特征选择决定了使用哪些特征来做判断。在训练数据集中,每个样本的属性可能有很多个,不同属性的作用不同。因而特征选择的作用就是筛选出跟分类结果相关性较高的特征,也就是分类能力较强的特征。在特征选择中通常使用信息增益表征分类能力。

(2) 决策树生成:选择好特征后,就从根节点触发,对节点计算所有特征的信息增益,选择信息增益最大的特征作为节点特征,根据该特征的不同取值建立子节点;对每个子节点使用相同的方式生成新的子节点,直到信息增益很小或者没有特征可以选择为止。

(3) 为对抗"过拟合",可主动去掉部分分支。在实践中通常使用交叉验证等方法来选择合适的剪枝策略。

2) 贝叶斯分类

贝叶斯分类基于贝叶斯定理进行分类预测。在基于数字孪生的数据预测中,贝叶斯分类可以用于将实时监测数据与数字孪生模型进行比对,从而进行预测和故障检测。人对某一事件未来是否会发生的认知,大多取决于该事件或类似事件过去发生的频率。假设有随机事件 A 和 B,它们的条件概率关系可以用式(5-1)表达:

$$P(A\mid B)=\frac{P(A\bigcap B)}{P(B)}=\frac{P(B\mid A)\times P(A)}{P(B)}=\frac{P(B\mid A)\times P(A)}{P(B\mid A)\times P(A)+P(B\mid A^c)\times P(A^c)} \tag{5-1}$$

式中,事件 A 是要考察的目标事件,$P(A)$ 是事件 A 的初始概率,称为先验概率,是根据先前的观测或者经验得到的概率。B 是新出现的一个事件,它会影响事件 A。$P(B)$ 表示事件 B 发生的概

率。$P(B|A)$ 表示当事件 A 发生时事件 B 发生的概率,为条件概率。$P(A|B)$ 表示当事件 B 发生时事件 A 发生的概率(也是条件概率),它是我们要计算的后验概率,指在得到一些观测信息后事件 A 发生的概率。$P(A^c)$ 表示事件 A 不发生的概率,即事件 A 补集的边缘概率。

当先验概率具有足够强大的影响力时,即使有新的证据出现,先验概率也会显著影响结果。在数字孪生系统分析中不能仅关注最新获得的信息,而需要全面考虑先验概率这一重要前提。

2. 分类模型的数字孪生应用场景

电光系统是一种红外成像设备,广泛装备在飞机或宇宙飞船上,用于目标识别和跟踪。与雷达和激光相比,电光检测在保持隐形和避免干扰方面表现出色。然而,当电光系统的健康状态严重变差时,成像质量将下降,从而降低对目标的检测概率,进而导致战斗任务失败。因此,建立电光系统的数字孪生模型并监测其健康状态至关重要。电光系统的数字孪生模型如图 5-8 所示。

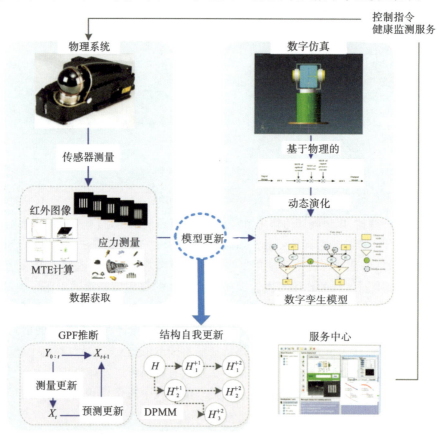

图 5-8 电光系统的数字孪生模型

该系统将非参数贝叶斯网络融入数字孪生系统,可用于复杂系统的健康监测。系统中使用了改进的粒子滤波算法——高斯粒子滤波(GPF)算法进行模型推断,不仅能跟踪和预测系统的健康状态和模型参数,而且还能发现子系统中的异常参数。该系统基于非参数贝叶斯网络建立数字孪生模型,用来表征物理系统的动态退化过程和认知不确定性的传播。为了处理复杂系统的物理机制,采用了自下而上的方法。首先澄清每个子系统或组件的内部结构,然后根据子系统参数之间的关系建立系统级的数字孪生模型。在模型中,不确定性的表达和解决是一个挑战,所提出的非参数贝叶斯网络建模方法不仅可以表达参数和系统状态之间的不确定性传播,而且还可以适应性地估计隐藏变量,通过使用实时数据完成模型结构的自我学习。

5.2.2 回归模型

回归是一种应用广泛的统计分析方法,可以通过规定因变量和自变量来确定变量之间的因果关系。要建立回归模型,首先应根据实测数据求解模型的各参数,然后评价回归模型是否能够很好地拟合实测数据,如果能够很好地拟合,则可以根据自变量作进一步预测。回归算法在数字孪生应用中可以帮助建立、验证和优化数字孪生模型,进行预测与优化,实现故障检测和诊断,并提供数据驱动的决策支持。回归模型也是数字孪生应用系统中常见的模型。本书主要对线性回归、多项式回归与神经网络方法进行介绍。

1. 常见回归方法

1) 线性回归

线性回归是最为人熟知的建模技术之一,通常是人们在学习预测模型时首选的技术之一。在这种技术中,因变量是连续的,自变量可以是连续的也可以是离散的,回归线的性质是线性的。线性回归模型相对简单,用易于解释的数学公式来生成预测。线性回归是一种成熟的统计技术,可轻松应用于软件和计算。

线性回归使用最佳的拟合直线(也就是回归线)在因变量(Y)和一个或多个自变量(X)之间建立一种关系。用一个方程式来表示它,即 $Y=a+bX+c$,其中 a 表示截距,b 表示直线的斜率,c 是误差项。这个方程可以根据给定的预测变量(s)来预测目标变量的值。

2) 多项式回归

研究一个因变量与一个或多个自变量间多项式关系的回归分析方法,称为多项式回归,是线性回归模型的一种。多项式回归问题可以通过变量转换化为多元线性回归问题来解决。在现实生活中,许多关系几乎完全不是线性的,多项式回归是线性回归的一种扩展,它可以使我们对非线性关系进行建模。线性回归使用直线来拟合数据,如一次函数等;而多项式回归则使用曲线来拟合数据,如使用二次函数、三次函数以及多次函数等来拟合数据。

3) 神经网络方法

多层感知器(MLP)是一种前馈型人工神经网络,弥补线性回归和单个神经元的不足。它包括输入层、隐藏层和输出层(见图 5-9)。当存在多于一个隐藏层时,多层感知器被称为深度人工神经网络。当前,深度学习的各种模型在数字孪生的数据分析中大量应用。

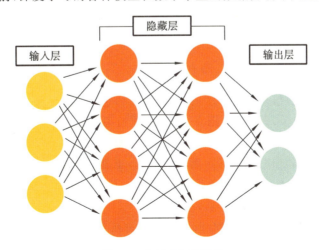

图 5-9 多层感知器结构

2. 回归模型的数字孪生应用场景

图 5-10 为实时感知锂离子电池的健康状态(SOH)并更新物理电池的数字孪生模型。所提出的数字孪生解决方案包括三个核心部分,以实现实时的 SOH 估计,而不需要完整的放电过程。第一个部分是变量训练循环数据处理,提出了一种基于能量差异感知的循环数据同步方法,以对齐循环数据并保证相同的数据结构;第二部分是时间-注意力 SOH 估计模型,该模型带有数据编码,以捕捉循环过程中的退化行为,排除不重要样本的不利影响;第三部分是在线实施的数据重构,提出了一种基于相似度分析的数据重构方法,以提供实时的 SOH 估计,而不需要完整的放电周期。

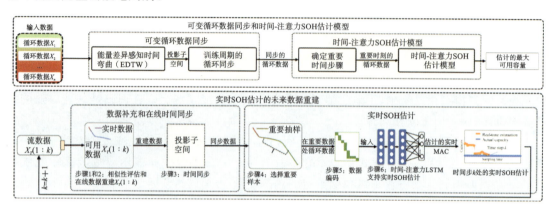

图 5-10 基于数字孪生框架的实时 SOH 估计概览

该框架为基于时间-注意力的 LSTM(长短期记忆网络)模型,使用同步的循环数据作为输入,对最大可用容量(MAC)进行回归,以建立回归模型;强调了在不同采样时间点的数据的重要性,用于增强估计的准确性。

5.2.3 聚类模型

聚类(clustering)算法是无监督学习的一种算法,用于在数据中寻找隐藏的联系和区别。聚类算法可对相似度进行欧几里得距离、概率距离、加权重距离计算。聚类算法在数字孪生应用中有助于数据探索、特征选择、数据分割、异常检测和群体行为分析。它能够发现数据中的模式和结构,帮助理解和利用数字孪生模型的输入数据,以改善预测、优化和决策制订的效果。常见的聚类方法主要有基于密度的方法、基于层次的方法和分区方法(如 K-means 方法等)。

1. K-means 方法

K-means(K-均值)方法是聚类算法的一种,其过程包括:设置参数 K,随机选择 K 个数据点作为初始的簇中心点,对于每个数据点,将其分配给离它最近的簇中心点,形成 K 个簇;对每个簇,计算其所有数据点的平均值,将该平均值作为新的簇中心。K-means 算法的目标是最小化簇内数据点与其簇中心之间的距离平方之和,也就是最小化簇内方差。这一过程通过迭代不断优化,直到达到一定的收敛条件。K-means 方法简单,易实现,计算效率高,尤其适用于大规模数据集。

在 K-means 算法中,初始群组中心的选择可能会显著影响最终结果。不同的初始化可能得到不同的聚类结果,这使得算法可能会陷入局部最优而非全局最优。为了解决这个问题,可以采用多次随机初始化并选择最佳结果的策略,或者使用更高级的初始中心选择方法,如

K-means++。此外，K-means 算法对离群点和噪声比较敏感，因为它尝试最小化所有点到其中心点的距离平方总和，这使得离群点会对中心点的计算产生较大影响。对于具有非凸形状或不同大小和密度的群组，K-means 可能无法很好地识别真实的群组结构。

尽管存在这些挑战，K-means 算法的简洁性优势仍使其非常适合于初步的数据探索和聚类分析。在实践中，为了提高聚类质量，研究人员和工程师通常会结合领域知识对 K 值进行选择，或者使用诸如肘部法则（elbow method）之类的技术来估计最优的 K 值。此外，还可以探索算法的改进版本和替代方案，比如谱聚类、DBSCAN 或层次聚类，更好地弥补 K-means 的局限性。

2. 聚类模型的数字孪生应用场景

从设备中获取的数据并非都是有用的，我们需要寻找数据间关联性比较大的进行学习，数据间关联性较小，将会影响模型的学习能力。图 5-11 所示案例就是在获取传感器设备传输的数据时，提前进行了数据处理工作，利用聚类算法剔除了冗余数据，寻找到了最相关的数据。

第一个案例为暖通空调系统模型校准的计算负荷数字孪生模型。如图 5-11 所示，该案例开发了一种聚类压缩方法来过滤冗余数据。利用 K-means 聚类来识别启发式模型校准的代表性数据点，有助于提高暖通空调模型校准的计算效率，同时不会降低校准精度。该案例还开发了分层多阶段启发式策略。其基本思想是，一旦一个组件模型通过启发式方法校准，那么其最优解将被用于缩小其他类似组件模型的参数分布范围。该策略能够加快多个类似组件模型的校准过程。

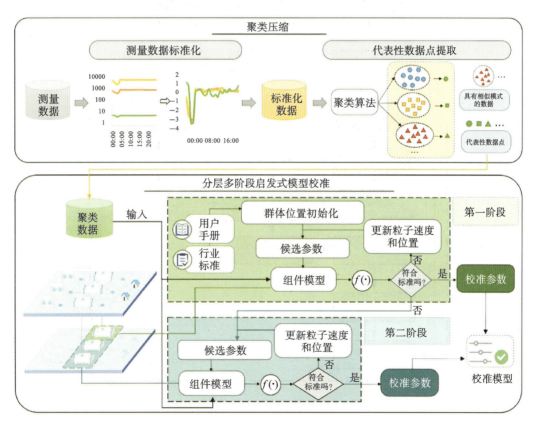

图 5-11　基于 DT 模型的空气调节系统聚类压缩基层校准方法原理

第二个案例为核电站数字孪生的自主校准方法,以补偿低精度数字孪生的结果偏差,实现快速运行并获得精度更高的结果,如图 5-12 所示。该方法首先使用训练样本进行 K-means 聚类,将数据点分为不同的聚类簇。然后,针对数字孪生数据(DT 数据),采用 Davies-Bouldin 指数和 Silhouette 指数来评价聚类性能,从而确定最优的聚类数 K。这种方式可以有效地对数字孪生模型进行自主校准,使其精度提高,并实现快速而可靠的运行。这一方法为核电站数字孪生的应用提供了一种有效的解决方案,可以有效地改善数字孪生模型在实际运行中的准确性和可靠性。

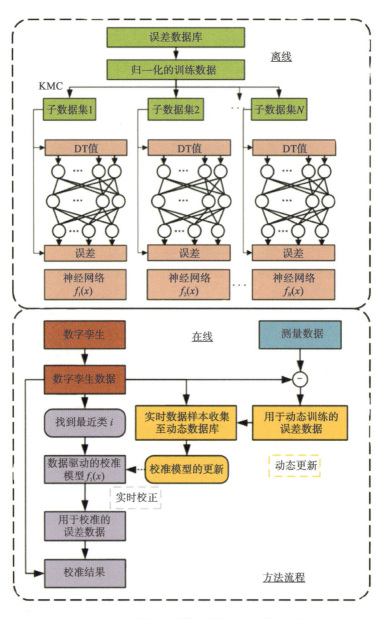

图 5-12　一种核电站数字孪生的自主校准方法

5.3 时序数据驱动模型

数字孪生数据的一个鲜明特点就是集成了大量的工业物联网数据,这些数据都是具有时序特征的。基于时序数据驱动的数字孪生应用有助于行为建模、预测、异常检测、故障诊断、特征提取、优化、控制策略生成。

5.3.1 时序数据分析

时序数据从字面上来理解,指时间序列数据,而时间序列数据是同一指标按时间顺序记录的数据列。我们用一些生活中常见的数据来举例,比如家家户户都在用的智能电表,每家的每一块电表都在不同的时间记录着家中电量的消耗,电表上总在跳动的指示灯就代表着数据的跳动。那每一栋楼、每个小区甚至大到每一座城市,数以万计的智能电表在相同的时间间隔下产生的数据,就可以用时序数据库来记录。

1. 时序数据的特征

时序数据可以分为单变量时序数据和多变量时序数据。单变量时序数据指的是只包含一个变量(例如销售额、气温、股价等)的时间序列数据,如图 5-13(a)所示。这种数据常用于时序分析、时序预测等领域。而多变量时序数据指的是包含多个变量(例如多只股票的收盘价等)的时间序列数据,如图 5-13(b)所示。这种数据通常被应用于多元时序分析、多元时序预测等领域。与单变量时序数据相比,多变量时序数据更加复杂,需要考虑各个变量之间的相关性和影响关系,因此需要更加复杂的分析方法和技术。

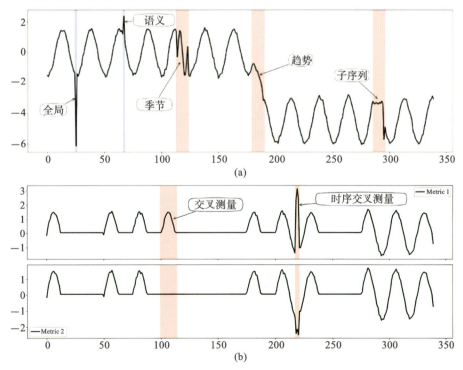

图 5-13 单变量时序数据与多变量时序时序数据
(a)单变量时序数据;(b)多变量时序数据

时序数据主要具备四个特征,如图 5-14 所示。

(1) 趋势(trend):趋势是指数据随时间变化而呈现的长期变化趋势或变化方向。它可以是上升趋势(数据逐渐增加)、下降趋势(数据逐渐减少)或平稳趋势(数据在一个相对稳定的水平上波动)。趋势特征反映了数据的总体变化趋势。

(2) 季节变化(seasonality):季节变化是指数据在特定的时间段内以重复的模式波动的规律性变化。这种变化可能是由自然因素(如季节变化、气候等)或人为因素(如假日、促销活动等)引起的。季节性成分往往是周期性变动的,可以通过周期图或季节调整方法进行分析。

(3) 序列自相关(autocorrelation):序列自相关表示时序数据中过去的值与当前值之间的相关性。如果数据存在自相关性,即过去的值对当前值有一定的影响,那么可以使用自回归模型(AR 模型)来建模和预测时序数据。

(4) 随机噪声(random noise):随机噪声是指时序数据中无法被趋势、季节变化和序列自相关解释的随机波动或波动成分。它代表了数据的随机波动和不可预测性。在时序分析中,我们通常需要将随机噪声部分剔除或建立模型来降低其影响。

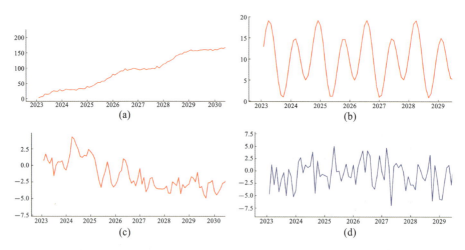

图 5-14　时序数据四种特征的表现形式
(a)趋势;(b)季节变化;(c)序列自相关;(d)随机噪声

这些特征是对时序数据进行分析和建模时需要考虑的重要因素。对趋势、季节变化、序列自相关和随机噪声进行分析,可以更好地理解时序数据的规律和特点,并选择相应的模型和方法进行预测、分析和决策。其中时序分析的核心在于挖掘时间序列中的自相关性,这是因为分析数据中过去观测值与当前观测值之间的相关关系,可以揭示数据的内在规律和模式,帮助我们选择适当的预测模型,并识别异常值和趋势突变。此外,自相关性分析还可以作为对时序模型进行诊断和验证的重要手段,有助于检验模型是否能够捕捉到数据中的自相关性,从而指导模型的改进和优化。

2. 时序数据的自相关性

在描述时序自相关性之前,我们需要了解两个变量 X 和 Y 之间的相关性如何表示。如果用相关系数 ρ 表示 X 和 Y 的总体相关关系,则其可以表示为

$$\rho(X,Y) = \frac{E[(X-\mu_X)(Y-\mu_Y)]}{\sigma_X \sigma_Y} = \frac{\mathrm{Cov}(X,Y)}{\sigma_X \sigma_Y} \tag{5-2}$$

式中:σ_X 和 σ_Y 分别为 X 和 Y 的总体标准差,用于对它们的协方差进行归一化处理。ρ 的取值范围为 $[-1,+1]$,$\rho(X,Y)=1$ 表示 X 和 Y 之间存在确切的线性正相关关系,$\rho(X,Y)=0$ 表示 X 和 Y 之间不存在任何线性相关性,$\rho(X,Y)=-1$ 表示 X 和 Y 之间存在确切的线性负相关关系。

但是相关系数仅仅刻画 X 和 Y 之间的线性相关性,而不描述它们之间的(任何)非线性关系。在实际中,由于总体的概率分布未知,我们只能通过 X 和 Y 的观测值来计算 X 和 Y 的样本相关系数 $\hat{\rho}$:

$$\hat{\rho}(X,Y) = \frac{\sum_{i=1}^{n}(X_i - \bar{X})(Y_i - \bar{Y})}{\sqrt{\sum_{i=1}^{n}(X_i - \bar{X})^2 \sum_{i=1}^{n}(Y_i - \bar{Y})^2}} \tag{5-3}$$

时间序列的特点是一维的,因此如果借用上面的指标衡量,有些不太适宜。

1) 自相关系数(ACF)

自相关(autocorrelation),也叫序列相关,是一个信号与其自身在不同时间点的相关度。非正式地来说,它就是两次观察信号之间的相似度对它们之间的时间差的函数,是找出重复模式(如被噪声掩盖的周期信号)或识别隐含在信号谐波频率中消失的基频的数学工具,常用于信号处理,用来分析函数或一系列值,如时域信号。

2) 偏自相关系数(PACF)

计算某一个要素对另一个要素的影响或与另一个要素的相关程度时,把其他要素的影响视为常数,即暂不考虑其他要素的影响,而单独研究那两个要素之间的相互关系的密切程度时,采用偏自相关系数。自相关系数和偏自相关系数都是衡量时序数据之间相关关系的重要指标。通过分析它们的大小和变化趋势,我们可以判断数据中存在的相关性模式,选择适当的方法进行建模和预测,以及识别异常值和趋势突变。同时,在实际应用中,自相关系数和偏自相关系数也常常被用于对模型进行诊断和验证,以评估模型的拟合效果和稳定性。

3. 时序数据的平稳性

经典回归分析的一个重要假设是数据是平稳的。非平稳数据往往导致"虚假回归",表现为两个没有任何因果关系的变量,却有很高的相关性。比如在时间序列中,本来没有自相关性的两个时间点,产生了相关性。因此平稳性是时间序列分析的基础。如图 5-15 所示,可以看出,经过一阶差分,原始序列的趋势(有趋势一定是非平稳的)被消除,整个序列基本围绕确定的均值振荡。经过二阶差分,与一阶差分相比,整个序列只是振荡幅度扩大了,因此对于该序列,采用一阶差分比较合适,采用一阶、二阶差分就可以使序列变得平稳。

5.3.2 传统时序模型

ARIMA 模型,全称为自回归积分滑动平均模型,是由博克思(Box)和詹金斯(Jenkins)于 20 世纪 70 年代初提出的一种时间序列预测方法。其基本思想是将非平稳时间序列转化为平稳时间序列,通过将因变量仅对其滞后值以及随机误差项的现值和滞后值进行回归来建立模型。这种模型可以用来预测时间序列的未来值。如果我们需要利用 ARIMA 模型处理时序数据,应首先获取时序数据并检查其是否平稳,如果不平稳,需要进行 d 阶差分运算;然后,确定 AR(自回归)和 MA(滑动平均)的阶数 p 和 q,并建立模型;最后,检验模型的有效性,如图 5-16 所示。

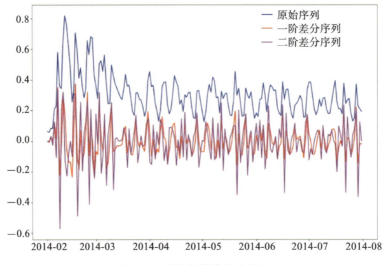

图 5-15 时序数据的差分结果

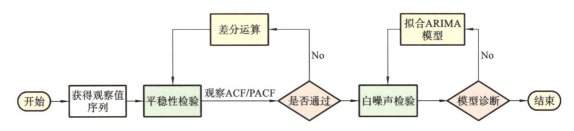

图 5-16 ARIMA 模型的流程图

在数字孪生技术中，ARIMA 技术可以用于构建深度模型，以实现时序数据的预测和分析。首先，收集并整理数字孪生系统中的时序数据，并进行可视化分析以了解数据的特征。然后，对数据进行平稳性检验，并确定模型的自回归（滞后）阶数和滑动平均阶数。接着，使用 ARIMA 函数或库进行模型训练，并通过交叉验证等技术进行参数调优。训练完成后，使用验证集评估模型的准确性，并使用适当的评估指标进行比较。最后，将训练好的 ARIMA 模型部署到数字孪生系统中，实时接收新的时序数据并进行预测。通过这些步骤，ARIMA 技术在数字孪生中发挥着重要的作用，为系统提供强大的时序预测和分析能力。

5.3.3 常见机器学习模型

1. XGBoost

XGBoost 是一个监督模型，由一对分类回归树（CART）组成，旨在实现高效、灵活和可移植的大规模并行提升树（boosting tree）工具，是目前公认速度最快、表现最好的工具包之一。XGBoost 通过不断建立多个树进行预测，根据预测结果进行改进，从而达到最终的目标。XGBoost 的主要目标是降低模型误差，其思路是通过不断生成新的树来学习基于上一棵树目标值的残差，以此来降低模型的偏差。所有树的结果累加起来才是模型对一个样本的预测值。在每一步，如何选择或生成一个较优的树，取决于我们的目标函数。XGBoost 的目标函数由两部分组成：一是模型误差，即样本真实值与预测值之间的差异，有助于建立预测模型，很好地拟合训练数据，至少能更接近潜在的训练数据的分布；二是模型的结构误差，即正则化项，用于限制模型的复杂度。

$$\mathrm{Obj}(\theta) = L(\theta) + \Omega(\theta) \tag{5-4}$$

式中：$\mathrm{Obj}(\theta)$ 是 XGBoost 的目标函数；$L(\theta)$ 是优化训练损失函数；$\Omega(\theta)$ 是优化的正则项。

在数字孪生数据模型中，我们可以使用 XGBoost 技术来构建深度模型。首先，需要准备相关的输入数据和输出数据，并对数据进行清洗和预处理。然后，通过特征工程，选择与输出数据相关的特征，并进行特征提取和转换。接下来，使用 XGBoost 算法训练模型，并通过调整模型参数来优化预测性能。最后，将训练好的模型部署到数字孪生系统中，实时接收输入数据并输出预测结果，以支持决策制订和性能优化。随着时间的推移，我们还可以定期更新模型，以适应数据的变化，保持模型的准确性。

2. LightGBM

LightGBM 是微软开发的提升方法（boosting）集成模型，和 XGBoost 一样是对梯度提升决策树（GBDT）的优化和高效实现，原理有一些相似之处，但它在很多方面比 XGBoost 有着更为优秀的表现。深度学习中一系列神经网络算法大多是以小批量梯度下降（mini-batch gradient descent）的方式喂数据迭代训练的，总训练数据量不受内存限制。但 GBDT 在每一次迭代的时候，都需要遍历整个训练数据多次。如果把整个训练数据一次性装进内存，会明显限制训练数据的大小。如果不装进内存，反复地读写训练数据，又会消耗非常长的时间。面对数字孪生中海量的数据，普通的 GBDT 算法无法满足需求。LightGBM 就是为了解决上述大数据量级下的 GBDT 训练问题而提出的。它基于梯度提升框架，能够有效地处理大规模数据集，并在保持模型精度的同时提高计算效率。为了在数字孪生系统中应用 LightGBM，首先需要收集和整理系统生成的数据，这些数据可能包括设备传感器读数、历史性能指标等。接着，对数据进行必要的预处理，如去除异常值、填补缺失数据等。然后，通过特征工程识别和构造对预测任务有帮助的特征。完成数据准备后，可以采用 LightGBM 算法训练模型，该算法会自动从数据中学习复杂的模式，并利用这些模式进行预测。训练过程中，可以通过调整算法的参数来优化模型的性能。模型训练完成后，将其集成到数字孪生系统中，实时处理新的数据，并提供预测分析。随着系统运行，定期使用新的数据更新模型，以确保预测的准确性和模型的时效性。

5.3.4 常见深度学习模型

在数字孪生的数据模型中，使用深度学习建立的模型因其自动特征提取能力和处理复杂数据关系的能力而备受好评。这些模型可以直接从原始和不完整的数据中学习，这在处理现实世界中的时序数据，如设备性能或环境监测数据时尤为重要。数字孪生系统通常涉及大量变量和不规则的时间结构，而深度学习能够捕捉数据中的非线性关系和长期依赖，提高预测的准确性。此外，深度学习模型的灵活性允许它们处理多变量输入和输出，不受传统方法如 ARIMA 在输入输出维度上的限制，这使得它们非常适合用于数字孪生中的多变量预测任务。当前，采用深度学习为数字孪生建立数据驱动模型是主流方式，下面主要介绍常见的应用于数字孪生数据驱动模型构建的深度学习方法。

1. LSTM 模型

长短期记忆网络（long short-term memory，LSTM）模型是一种经典的深度学习模型，它在处理序列数据上表现出色，尤其是在时序预测、自然语言处理等任务中具有重要应用价值。LSTM 内部结构由三个门组成，分别是输入门、遗忘门和输出门。其中，输入门负责决定哪些信息将被添加到单元状态中，遗忘门负责决定哪些信息将被从单元状态中删除，输出门负责决定从单元状态中输出哪些信息。通过这三个门机制，LSTM 可以有效地学习和存储长序列中的信息,避免了传统循环神经网络(RNN)中梯度消失的问题。LSTM 模型能够捕捉时序数据中的长期依赖关系,这对于理解和预测数字孪生系统中的复杂动态过程至关重要。通过训练 LSTM 模型,数字孪生系统可以学习历史数据中的模式,并利用这些模式进行实时预测和决策支持。具体应用时,首先收集数字孪生系统的历史时序数据,并进行数据清洗和预处理。然后,将数据输入 LSTM 模型中进行训练,通过调整模型参数来优化预测性能。训练好的 LSTM 模型可以实时接收新的时间序列数据,并进行预测。这些预测结果可以用于故障检测、性能预测、优化控制等,为数字孪生系统提供更准确和可靠的决策支持。

数字孪生为了实现更精确的管理和预测,采用 LSTM 来对时序数据进行建模,如图 5-17 所示,在物理空间和孪生空间之间,存在通过有线和无线链路与工业系统的连接。根据其具体要求和重要性,工业设备要求相关服务器执行模拟以预测时间连接。该方法利用功能数据驱动模型,使用时序数据来识别数字孪生的时间依赖性,利用统计方法来识别时序数据的滞后,建立了用户理解不同时间戳的数据点之间的关系,在数字孪生中可交互性识别时间依赖性。

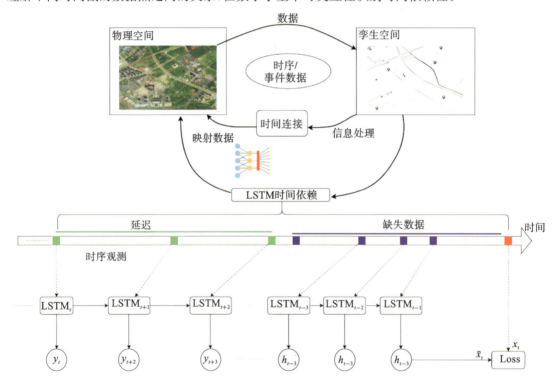

图 5-17 数字孪生和时间依赖性 LSTM 框架

2. Seq2Seq 模型

在数字孪生应用中,经常需要进行事件、状态等序列分析,其中 Seq2Seq 模型是一种强大的序列到序列预测工具,特别适合处理时序列数据,如设备运行数据或环境监测数据。该模型由两部分组成:编码器和解码器。编码器将不等长的输入序列转换为固定长度的向量,而解码器则将这个向量转换为目标序列。

首先将系统生成的序列数据转换为模型可处理的格式,如将文本数据编码为实数向量。然后,使用 Seq2Seq 模型进行训练,模型会学习如何将输入序列映射到输出序列。训练完成后,模型可以实时接收新的序列数据,并预测未来的序列值。这些预测结果可以用于故障预测、性能优化等,为数字孪生系统提供精准的决策支持。通过这种方式,Seq2Seq 模型能够增强数字孪生系统处理复杂时间序列数据的能力,提高预测的准确性和系统的智能水平。不同于以往的单一模型,Seq2Seq 模型可以看作内部的两个 Encoder-Dencoder 模型嵌套而成,它的输入是一个序列,输出也是一个序列。Encoder 中将一个可变长度的信号序列变为固定长度的向量表达,Decoder 将这个固定长度的向量变成可变长度的目标的信号序列。

数字孪生技术在城轨车辆关键部件服役评估模型构建中的应用如图 5-18 所示,图中阐述了数字孪生系统的核心架构与运作机制,展现了实体设备与对应的虚拟模型之间的相互作用。该技术架构基于实时数据采集、高级数据处理和云计算技术,有效地实现了物理世界与数字空间的无缝对接,可以实现对城轨车辆关键部件状态的实时监控、性能预测和健康评估,为运维决策提供科学依据。

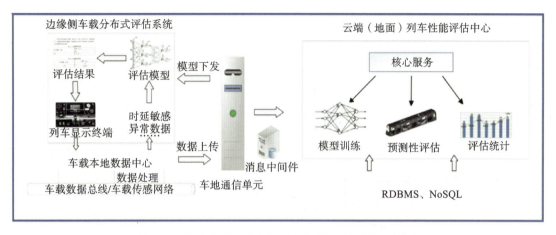

图 5-18　数字孪生城轨车辆关键部件服役评估模型构建

图 5-18 左侧部分展示了从实际设备到其数字孪生模型,再到数据采集与数据库处理的信息流路径。这一路径不仅涵盖了设备的物理操作与控制反馈,还包括实时数据的存储与分析处理,这对于确保设备的正常运行及及时维护至关重要。经过筛选与处理的数据被集中存储于中心数据库,为后续的数据分析与应用奠定了基础。右侧部分则集中于预测性维护。在此部分,云计算平台通过神经网络,尤其是 Seq2Seq 模型,对设备数据进行分析和学习。Seq2Seq 作为一种处理序列数据的深度学习算法,擅长通过输入序列预测输出序列,非常适合分析时序数据,如连续的传感器读数。在数字孪生的环境中,该模型能够学习设备的运行模式,并预测其未来的状态或潜在故障,实现更为智能的维护策略。

将实时监控数据输入 Seq2Seq 模型,可以在复杂数据中识别模式与关联,进而进行高度准确的预测。这种预测不仅能够指导维护团队在最佳时机进行干预,降低意外停机的风险,还能优化设备性能并延长其使用寿命。最终,借助数据库技术支持,分析与预测工作得以在云平台上实现,为用户提供一个强大且灵活的数字孪生系统。

3. WaveNet 模型

声音是一种典型时序数据,WaveNet 为数字孪生的声音识别和故障诊断提供支持,该方法由 Google DeepMind 提出。WaveNet 利用卷积神经网络(CNN)精确地模拟了声波的生成过程。在数字孪生的框架内,WaveNet 可以被视为一种增强现实的组件,用以创建或复现设备的声音特征和行为。WaveNet 网络结构如图 5-19 所示,可拆为四个部分(图中红框 1~4):①输入层,WaveNet 输入的信息;②因果卷积层(causal conv),仅包含一层 Causal Conv;③扩展卷积层(dilated causal conv),WaveNet 的核心网络层;④输出层,包含两个线性整流函数(ReLU)和两个 1×1 的卷积(conv1d),并通过 Softmax 函数输出。WaveNet 的扩展卷积和因果卷积在处理音频和其他长序列数据时显著提升了效率,能够捕捉长期依赖,扩大感受野,而不增加额外的参数,对于设备监控中"音调"和"旋律"的识别尤其关键。

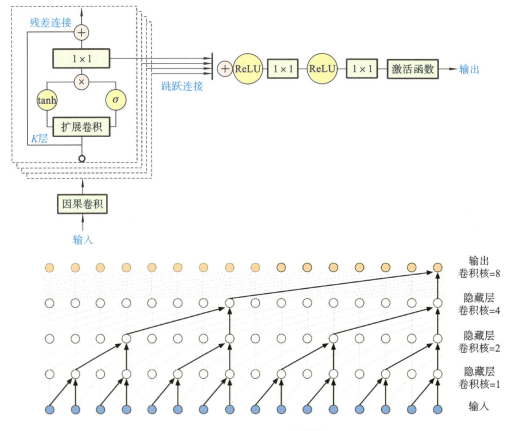

图 5-19 WaveNet 网络结构

以发电厂涡轮机为例,该设备在运行过程中会产生多种声音信号,这些信号蕴含着关于设备健康状况的关键信息。部署传感器捕获这些声音,并运用 WaveNet 模型的深度学习能力,可以训练出一个能够识别并再现设备在不同工作条件下声音特征的模型。将训练好的 WaveNet 模型集成至涡轮机的数字孪生模型中,使得数字孪生体不仅能够模拟设备的物理和操作参数,还能够通过声音模拟设备的运行状况。这种集成化方法提供了一种预测工具,能够通过分析声音数据来预测设备的未来状态。若数字孪生产生的声音预测与实际监测到的声音数据存在显著差异,则可能预示着潜在故障。这种早期诊断为操作员提供了宝贵的时间窗口,以便采取预防措施,避免潜在的设备停机或损害风险。此外,当工程师调整设备参数时,数字孪生模型能够提供即时的声学反馈,模拟调整后的设备状态。这种多感官反馈机制为用户提供了一个直观的操作和监测平台,从而改善了设备管理的效率和效果。

WaveNet 在数字孪生中的应用不仅提升了声学模拟的深度和准确性,而且通过为设备运行状态提供实时声学映射,为设备维护和操作提供了一个新的视角。这种技术的融合展示了人工智能如何拓展我们对复杂系统监测和管理理解的新境界。

4. Transformer 模型

Transformer 模型，由 Vaswani 等人在 2017 年提出，是一种基于注意力机制的神经网络模型，广泛应用于自然语言处理任务，是 ChatGPT 的基础。该模型的核心是自注意力机制，能够捕捉输入序列的全局语义信息，通过计算查询、键和值之间的相似度来建立元素间的关联。Transformer 由编码器和解码器组成，编码器负责将输入序列编码为上下文感知的表示，而解码器则基于编码器输出和先前预测生成目标序列。自注意力机制在编码器和解码器中用于处理输入序列，每个元素都与其他元素进行相似度计算并加权求和，以获得更全面的上下文表示。此外，Transformer 模型还引入了残差连接和层归一化等技术，以加速训练过程并提升模型性能。

在数字孪生中，Transformer 模型也可以用于处理时序数据。其自注意力机制能够有效处理长距离依赖关系，位置编码的引入保留了序列的顺序信息，进一步增强了模型的理解能力。Transformer 模型简单直观的结构使其易于调整和扩展，能够适应不同时序数据的处理需求。因此，Transformer 模型成为时序分析的强大工具，为数字孪生提供了高效的建模解决方案。

在数字孪生背景下，数字孪生是物理系统的虚拟复制品，GPT 可以用来解释、生成和预测数字副本中的类人交互。这可以使人工智能交互更自然、更高效，并且还可以用于模拟数字孪生环境中的人类对话或决策过程。其中，移动边缘层和模型服务基础层，显示了一个分布式系统架构。将类似于 GPT 的预训练模型部署在网络边缘，以确保低延迟交互，这对于数字孪生和自动驾驶等实时应用至关重要。

5.4 图类型数据驱动模型

数字孪生需要处理和理解全生命周期中的各类数据技术，而很多数据以复杂网络图方式存在，利用其中的相关性和广泛连接以集成数字孪生的各种应用是非常必须的。通过图形结构表示实体及其关系（见图 5-20），知识图谱能够整合结构化、半结构化和非结构化数据，以及不同领域的知识和关联信息。知识图谱是有潜力的研究，其基本方法包括数据整合和语义表达、实体关系建模、语义搜索和推理、知识发现和智能分析，以及运营监控和故障诊断。这些方法共同支持全局数据理解和洞察，促进数字孪生系统的建模、分析和决策，提高运营效率和故障应对能力。

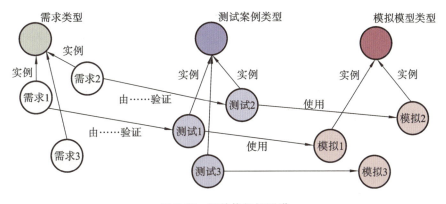

图 5-20 图结构知识图谱

5.4.1 知识表示

知识表示是人工智能领域的一个重要分支,涉及如何将现实世界中的知识以计算机可理解的形式进行编码。这种表示通常需要能够捕捉事物的属性、概念之间的关系、规则和约束等。知识表示的形式多样,可以是符号逻辑、语义网络、框架、本体论等。通过知识表示,计算机系统可以模拟人类的推理过程,对数据和信息进行处理、推理和解释,如图5-21所示。

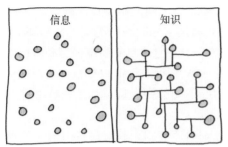

图 5-21 将孤立信息之间的联系和规律抽象成知识

在数字孪生应用中,知识表示和应用非常广泛。

(1) 模型构建与同步:数字孪生系统通常需要构建一个或多个物理实体的高保真数学模型。知识表示可以用来定义这些模型的结构,包括它们的属性、操作和可能的状态。这些表示有助于同步物理实体和数字孪生体,确保数据和状态的一致性。

(2) 决策支持:数字孪生系统不仅模拟现实世界的实体,还可以提供预测和决策支持。知识表示可以用来编码规则和逻辑,帮助数字孪生系统在接收到新数据时做出合理的推断和决策。

(3) 交互和可视化:数字孪生系统往往需要与用户进行交互,并提供直观的可视化表达。知识表示可以用来描述用户界面和交互逻辑,让系统能够根据用户的输入做出反应,提供个性化的信息和视图。

(4) 集成和互操作性:知识表示可以帮助不同的数字孪生系统进行数据和信息的交换,实现系统间的集成和互操作性。通过统一的知识表示标准,不同系统可以理解和处理其他系统的数据。

(5) 维护和更新:随着时间的推移,物理实体会发生变化,数字孪生系统需要不断更新以反映这些变化。知识表示可以帮助管理变化,自动调整模型参数,保证数字孪生系统的准确性。

知识表示作为一种信息桥梁,不仅增强了数字孪生系统的智能化水平,还提高了其效率和适应性,使其能够应对复杂多变的现实世界问题。通过精确和灵活的知识表示,数字孪生可以更加准确地模拟和预测现实世界实体的行为,从而在工业、医疗、城市规划等多个领域发挥重要作用。

5.4.2 常用链路预测方法

知识图谱由一系列三元组构成,形式为(头实体,关系,尾实体),即(head entity, relation, tail entity),用于表达现实世界中的知识和事实。然而,许多知识图谱是不完整的,因此对其进行补全至关重要。链路预测是知识图谱补全的一个任务,旨在预测新的三元组。链路预测(link prediction)是指通过已知的网络节点以及网络结构等信息,预测网络中尚未产生连边的两个节点之间产生连接的可能性。这种预测既包含了对未知链接(existing yet unknown link),也称丢失链接(missing link)的预测,也包含了对未来链接(future link)的预测。链路预测方法主要包含基于相似性的链路预测方法、基于似然分析的链路预测方法、基于机器学习的链路预测方法。这些方法在数字孪生技术中对于理解和预测实体之间的关系具有重要意义。其中,嵌入方法通过学习隐层表示来有效地进行链接预测,即将实体和关系映射到连续的向量空间,并通过计算嵌入(embedding)结果来完成链接预测任务。如图5-22所示,利用$K=3$的小样本来进行链接预测的任务。

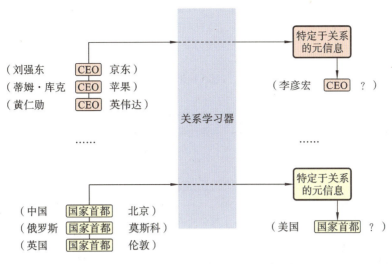

图 5-22 一个三元组进行链接预测的示例

5.4.3 常用社区发现方法

复杂网络数据由众多节点和复杂链接关系构成,这些网络可以划分为社区,即网络中紧密相连的子图,其内部连接强而与外部分离。社区发现方法是揭示这些社区结构的重要工具,在社交网络分析、推荐系统、风险控制等领域具有重要应用,如抖音用户风险控制、好友推荐、城市交通流量预测和电网负荷分析。

(1) 基于优化的方法:社区发现方法常采用基于优化的方法,如贪婪算法、模拟退火算法、Louvain 算法、粒子群优化(PSO)算法和进化多目标优化算法等。这些方法首先建立社区质量评分标准,如模块度,然后搜索网络中可能的社区划分,输出得分最高的结果。在数字孪生技术中,社区发现方法可用于分析复杂系统中的社区结构,优化网络性能,提高系统效率和稳定性。

(2) 基于统计推断的方法:基于统计推断的社区发现方法近年来受到广泛关注,这类方法认为节点间的连接概率与其社区归属密切相关。Leiden 算法由 Traag 等人于 2019 年提出,是一种改进的社区发现方法,它基于模块度优化原理,通过模拟退火策略搜索全局最优的社区划分。Leiden 算法通过迭代优化过程,计算模块度增益,并接受增益为正的交换,直至达到停止条件。这种优化过程有助于发现更好的社区结构,尤其在处理大规模网络和重叠社区时表现优异,因此得到了广泛应用。在数字孪生技术中,Leiden 算法可以揭示复杂系统中的社区结构,优化系统性能,增强网络的可视化和分析能力。

(3) 基于随机游走的方法:基于随机游走的社区发现方法通过在节点间随机跳转检测图中的社区结构,利用共现关系自底向上合并节点组。在随机游走中,下一跳节点的选择策略根据场景和数据特征而异,常见策略包括均匀分布、频率优先和马尔可夫链等。这种方法的一个优点是不需要实际执行随机游走,而是将随机游走的熵的封闭表达式直接作为社区检测的质量函数。

5.5 数字孪生数据驱动模型典型案例

5.5.1 数据驱动的行车数字孪生系统框架应用

数据驱动的行车数字孪生系统框架应用能够大幅减少行车操作人员与点检人员的工作

量,且充分利用海量的同源异构数据。在这些数据的支持下,工作人员可以更加直观地对行车进行状态监测与故障解决,从而减少行车宕机时间。图5-23为数据驱动的行车数字孪生系统应用框架,其详细实施流程如下。

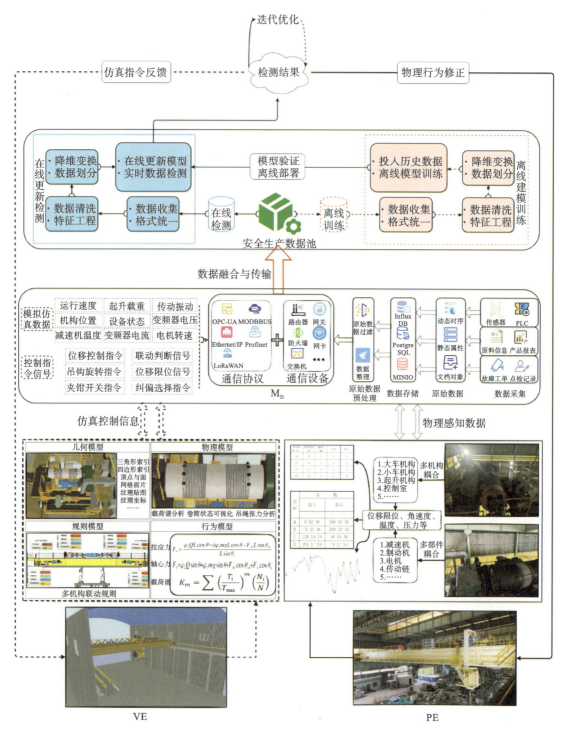

图5-23 数据驱动的行车数字孪生系统应用框架

(1) 在物理实体和虚拟实体之间搭建通信桥梁,针对数据多源异构的特点,考虑多源设备或机构间的通信协议不同,且多模态数据的存储管理方式也不同,构建云-雾-边三级数据采集与通信机制。其中设备现场属于边缘层,边缘层主要完成多源设备数据采集工作,首先进行数据本地存储和原始数据过滤,然后进行数据特征参数提取并通过 5G 等无线网络和通信设备将其传输到雾层。

(2) 统计物理实体内的各种数据信息,包括人员、产品、设备等。基于上述信息,借助物理实体与虚拟实体之间的通信桥梁,将来自边缘层不同数据源或通信协议的数据转换为雾层要求的统一格式数据,然后将其传输到云层,实现数据的存储与管理使用,通过实时数据驱动虚拟实体内的各种模型动态运行,使虚拟实体与物理实体保持实时映射与交互。

(3) 云层进行多源异构数据融合与传输,为此建立数据池来统一管理传感器采集数据、PLC 数据、静态历史数据、动态时序数据、文档对象数据等多源异构数据,建立生产、操作、运维、点检等不同过程中产生的数据的管理体系,并以数据获取设备为基础实现数据采集、处理、输入、更新及可视化等交互管理。

(4) 在运维服务模型中进行功能服务的算法工作与作业服务的相关工作,利用云层强大的计算资源进行原始数据过滤后的数据处理与算法模型的离线训练。此外,考虑到雾层已进行数据过滤,因此将训练好的离线模型部署在雾层,通过接收实时数据进行算法检测与诊断,然后将结果反馈给物理实体的边缘设备或虚拟实体的控制器等,实现设备的优化控制,形成云-雾-边的闭环通信。

5.5.2 智能运维下的行车多维度孪生模型构建与应用

针对行车传统运维方式到智能运维方式的转变,以智能运维中的状态监测、仿真分析、规则总结决策等技术在行车复杂设备上的应用为例,从不同维度对行车孪生模型进行了构建与应用。

几何模型:行车作为一种高度复杂的设备,按照不同的作业类型和环境,拥有不同的机构,但总体包括大车运行机构、小车运行机构、起升机构和控制室等。从行车多机构与多层级的角度,行车几何模型可以用图 5-24 来描述。

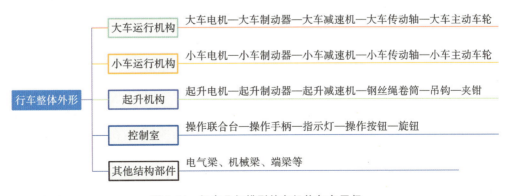

图 5-24 行车几何模型的多机构与多层级

行车几何模型可以用于还原生产车间及车间内设备和其他实体的三维场景。在行车几何建模方面,利用行车各机构、零部件图纸,采用 3DS max、Maya 等建模渲染软件进行各机构和零部件的模型制作,再根据现场采集的图片进行贴图制作并进行渲染,实现行车机构和零部件之间主要结构参数、约束与定位关系和模型材质的精确表达。以比较复杂的小车运行机构和起升机构为例,所得到的行车几何模型如图 5-25 所示。

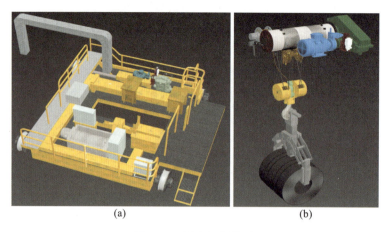

图 5-25 行车几何模型

物理模型:能够表达生产设备或其他硬件资源的物理属性、约束及特征等信息,也可以针对不同机构进行物理分析,比如行车起升机构进行吊重任务时的受力分析、行车电气设备中与电流和电压相关的电路分析等,同时针对这种分析可以采用 ANSYS、SIMULINK 等进行仿真模拟。

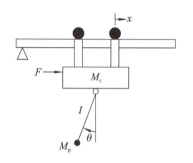

图 5-26 桥式起重机简易抽象模型

以桥式起重机模型(与悬吊式起重机物理模型相近,几何模型在机构上有差别,均为行车的一种)为例,该行车的简易抽象模型如图 5-26 所示。以 SIMULINK 为工具对行车小车运行机构驱动力与起升机构偏摆角之间的关系进行探究。首先对模型进行动力学分析,依据牛顿第二定律和力矩平衡关系得到行车动力学方程,然后将其转变为 SIMULINK 建模的方程形式,接着进行积分操作并建立仿真模型,所得基于行车动力学方程的 SIMULINK 建模形式如式(5-5)、式(5-6)所示。

$$\ddot{x} = k_1 \times [F - c\dot{x} + M_p l(\ddot{\theta}\cos\theta - \dot{\theta}^2 \sin\theta)] \tag{5-5}$$

$$\ddot{\theta} = k_2 \times (\ddot{x}\cos\theta - g\sin\theta) \tag{5-6}$$

规则模型:行车规则模型主要是一些在长期运维与点检过程中关于历史数据相互关联的规律和准则,或者是基于隐性知识总结的经验,包括部分行车故障调查单、技术标准库、运维管理知识库等。这些规则(或者称之为运维经验规则)随着时间的推移,在运维中会依据实际情况进行优化和更新,使得虚拟模型所对应的实体具有相应的解决问题、优化问题和预测问题的能力,不仅可以对物理实体进行控制反馈与命令指导,还能够对孪生模型进行映射校正。规则模型中所蕴含的规则不仅可以通过运维管理知识库中已有的知识获得,还可以通过机器学习或深度学习算法进行挖掘,从而产生新规则。

行为模型:行车行为模型能够将不同空间尺度下的实体在不同时间尺度下面对外部环境与干扰、内部主动调整指令等耦合作用产生的响应通过行车机构或零部件表现出来,可以理解为一种同步车间作业或设备状态的动态行为。比如无人化行车接通电源后,当控制室发送小车运行机构平移的指令时,由于惯性问题,小车开始运动的瞬间起升机构(包括夹持的工件)将会与垂直方向存在一个摆角,此摆角与小车运行机构的驱动力相关。当没有外力作用时,对小车运行机构的位移变化和起升机构(包括夹持的工件)与垂直方向的摆角变化进行研究。

5.5.3 行车数字孪生系统作业状态任务监测评估

以行车吊重任务为例进行孪生体位置示意和工序流程说明,如图 5-27 和图 5-28 所示。该行车由大车运行机构、小车运行机构、起升机构、驾驶机构等主要机构组成。物料为卷筒,置于行车吊钩夹钳操作空间内,吊钩夹钳在垂直空间内吊重,小车运行机构和大车运行机构在水平空间内平移,按照驾驶机构命令完成任务。

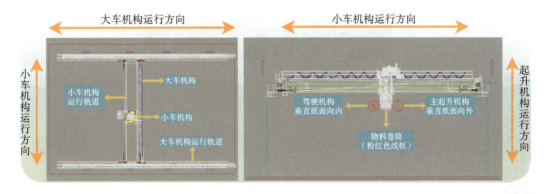

图 5-27 行车数字孪生体实例及作业运行示意图

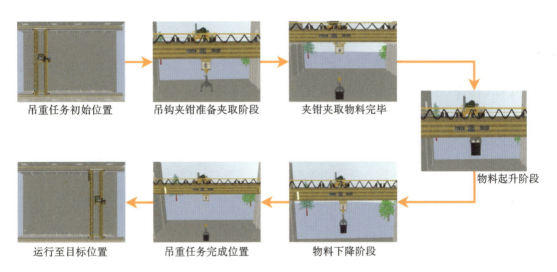

图 5-28 行车数字孪生体吊重任务作业工序流程图

针对该吊重任务,设计并开发了数据驱动的行车数字孪生系统,实现了对行车物理车间制造资源的实时镜像,并有针对性地显示和分析了该行车现场的设备状态监控信息、设备故障诊断信息等,形成了故障诊断分析、健康管理与运维管理平台,如图 5-29 所示。

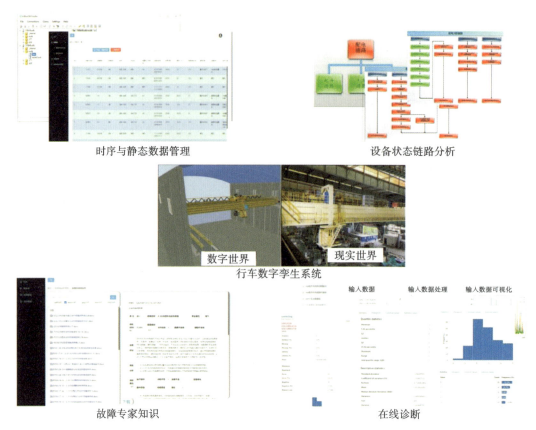

图 5-29 数据驱动的行车数字孪生系统应用

5.5.4 行车时序数据与文档数据融合方法验证

在行车时序数据与文档数据的融合过程中,由于最终的结果融合是依据时序数据与文档数据所抽取的时序信息来判断的,因此在算法模型的性能对比中应重点关注时序数据与文档数据的时序信息抽取。

在时序信息抽取对照实验中,只有模型抽取的结果与时序信息的开头与结尾相符且 BIO 标注中实体类比与标签相符,才能说明抽取结果是正确的。因此,常用机器学习中的精确率 P、召回率 R 和 F_1 分数作为评价指标,相应的计算方法如式(5-7)至式(5-9)所示。

$$P = \frac{\text{正确识别的数量}}{\text{所有识别的数量}} \times 100\% \tag{5-7}$$

$$R = \frac{\text{正确识别的数量}}{\text{所有标记的数量}} \times 100\% \tag{5-8}$$

$$F_1 = \frac{2PR}{P+R} \times 100\% \tag{5-9}$$

实验将 T2-CASREL 与 T-CASREL、BERT+BiLSTM+CRF 进行对比,选择这些对比模型的原因是只有同样采用 BIO 标注方式的模型才能体现对比效果,对比目的在于体现 T2-CASREL 在时序信息抽取中能否达到较好的效果。实验结果如图 5-30 所示。

从图中可以看出 BERT+BiLSTM+CRF 模型依然表现出强势的性能,其 P、R、F_1 值分

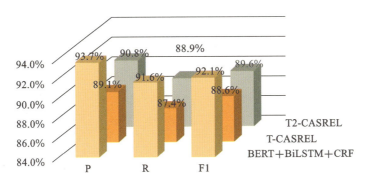

图 5-30 时序信息抽取实验结果对比图

别达到了 93.7%、91.6% 和 92.1%。接着是 T2-CASREL 模型,该模型与前者在 P、R、F_1 值上的差异分别为 2.9%、2.7% 和 2.5%。处于最后一名的是 T-CASREL 模型,该模型的 P、R、F_1 值也达到了 89.1%、87.4% 和 88.6%。由此可见,T2-CASREL 模型确实在时序信息抽取方面取得了不错的效果。

5.5.5 行车隐性故障根因分析方法验证

以某钢铁厂的某台行车为对象,其部分正常数据如表 5-1 所示。

表 5-1 行车运行机构部分正常数据示例

电机制动电阻温度/℃	传动链振动			变频器电压/V	变频器电流/mA
	X	Y	Z		
31.70	2	1	1	503.50	42.60
32.49	3	1	0	505.11	74.90
32.70	2	3	3	499.28	63.29
32.79	1	2	1	501.92	55.10
32.59	3	1	0	497.65	95.70
31.50	2	2	1	500.33	73.59
32.20	0	2	2	503.88	126.59
30.69	4	1	1	507.20	234.19
31.33	2	3	1	513.99	262.00
32.65	1	3	2	495.79	326.70

表中,电机制动电阻温度数据通过 PLC 直连获取;振动传感器安装于运行机构传动轴末端,并多方向采集;电压与电流数据存储在变频器控制板中,通过硬接线方式与 PLC 建立连接。以正常状态的上述历史数据进行训练并构建 SDAE 模型,输入层节点数为 357,隐藏层数为 3,然后添加 10% 的环境噪声,获得混合噪声后的数据。优化器为随机梯度下降,测试样本的重构误差分布情况如图 5-31 所示。

图 5-31 中,蓝色的三角形散点代表噪声数据,绿色散点代表正常数据,绛红色曲线表示故障发生阶段的数据,品红色曲线表示故障完全发生阶段的数据。

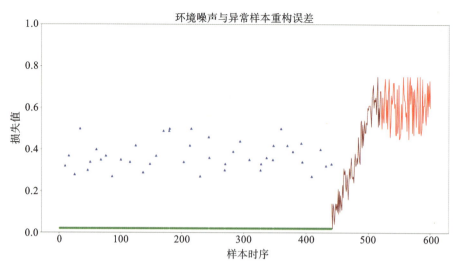

图 5-31 测试样本重构误差分布情况

1. Multi-class SVM 关键耦合因素分类

原始数据经过特征工程中的数据清洗、数据转换及特征提取后,通过 MCSVM(多类支持向量机)进行耦合因素分类。首先,将同时序的各维度数据进行描述和标记,如表 5-2 所示。

表 5-2 数据特征与因素标记

对应数据	可能因素	简写标记
电机制动电阻温度	温度	T
传动链振动——X 方向	X 偏振	V_X
传动链振动——Y 方向	Y 偏振	V_Y
传动链振动——Z 方向	Z 偏振	V_Z
制动变频器电压	电压	V
制动变频器电流	电流	C

经专家对比,对不同数据进行因素标记,然后探寻可能导致故障的因素耦合关系组合并进行分类,例如 T、V_X、V 等。数据共标记了 6 个因素,根据专家经验,表 5-3 描述了几种可能的因素耦合关系。在 MCSVM 模型中,考虑到特征数量与样本数量的关系,通过高斯核函数将数据映射到高维空间。

表 5-3 不同因素耦合关系

序 号	描 述	耦合因素
1	抱闸打开异常导致振动数据与实际正常运行数据不一致,然后制动变频器堵转,导致变频器电压或电流异常,电源接触器无法闭合	V_X、V_Y、V_Z、V、C
2	抱闸无法对 PLC 命令做出响应,接着行车解锁器断电,电源接触器无法闭合	V、A
3	电机制动电阻过热,接着制动变频器出现异常,导致电源接触器无法闭合	T、V/A

分类结果如表 5-4 所示。电机制动电阻温度分类准确率为 100%，MCSVM 能够完全将该因素分离，表明该因素并非关键因素，耦合关系不大；传动链振动因素的分类准确率普遍比较低，表明该因素与其他因素之间的耦合关系较为复杂；制动变频器电压与电流的准确率不高，但高于振动数据，表明这两个因素也存在一定耦合关系。综上所述，该故障中的多因素耦合重要程度排序为传动链振动因素＞变频器电压与电流因素＞电机制动电阻温度因素。

表 5-4 输入数据特征分类准确率

耦合因素	V_X	V_Y	V_Z	T	V	A
准确率	76%	71%	72%	100%	88%	85%

2. 基于贝叶斯网络和模糊集的隐性故障根因分析

振动因素属于机构级，耦合关系复杂，依靠专家知识得到的该因素与下一级因素之间的概率关系不够精确，不能作为耦合因素关联关系的计算标准，其他因素的节点故障率在知识库中有可用精确值。借助三角模糊函数及 λ 截集来计算振动因素的模糊概率。模糊概率值（模糊等级）与机构传动链振动因素的概率模糊数、λ 截集的关系如表 5-5 所示。

表 5-5 模糊等级、概率模糊数与 λ 截集的关系

模糊等级	概率模糊数	λ 截集
H(0.8~0.99)	$T_H = (0.6, 0.8, 1.0)$	$T_H^\lambda = (0.2\lambda + 0.6, -0.2\lambda + 1)$
LH(0.6~0.8)	$T_{LH} = (0.4, 0.6, 0.8)$	$T_{LH}^\lambda = (0.2\lambda + 0.4, -0.2\lambda + 0.8)$
MH(0.4~0.6)	$T_{MH} = (0.2, 0.4, 0.6)$	$T_{MH}^\lambda = (0.2\lambda + 0.2, -0.2\lambda + 0.6)$
L(0.01~0.4)	$T_L = (0, 0.2, 0.4)$	$T_L^\lambda = (0.2\lambda, -0.2\lambda + 0.4)$

取 4 位专家给出的模糊概率值的平均值，综合进行评价，然后采用积分法进行解模糊，如式(5-10)，I 即为所求的模糊值。

$$I = \alpha \mu_R(T) + (1-\alpha) \mu_L(T) \tag{5-10}$$

令 $\alpha = 0.5$ 为概率模糊数 T 解模糊化值的代表值。经过计算，得到各因素先验概率值为：$P(V\_X) = 0.53$，$P(V\_Y) = 0.46$，$P(V\_Z) = 0.28$。综合专家知识与历史故障数据，其中部分节点的条件概率表如表 5-6 所示，其中 $P(n_{21} \mid n_{31} \sim n_{33})$ 指父节点分别为 n_{31}、n_{32}、n_{33} 时子节点 n_{21} 发生故障的条件概率，其他以此类推。表中 $P(N=T)$ 表示该节点的先验概率，$P(n \mid N=T)$ 表示该节点与父节点之间的条件概率。

表 5-6 特征因素层各节点条件概率表

	$P(n \mid N=T)$	$P(n_{21} \mid n_{31} \sim n_{33})$	$P(n_{22} \mid n_{31} \sim n_{33}, n_{36})$	$P(n_{23} \mid n_{34})$	$P(n_{24} \mid n_{35} \sim n_{36})$
$P(N=T)$	$P(n_{31}) = 0.53$	0.37	0.42		
	$P(n_{32}) = 0.46$	0.35	0.48		
	$P(n_{33}) = 0.28$	0.44	0.39		
	$P(n_{34}) = 0.30$			0.82	
	$P(n_{35}) = 0.40$				0.73
	$P(n_{36}) = 0.73$		0.59		0.68

在贝叶斯网络结构和各先验概率精确的条件下，通过计算得到图 5-32，可以看出该故障发生的概率为 21%，不发生的概率为 79%。

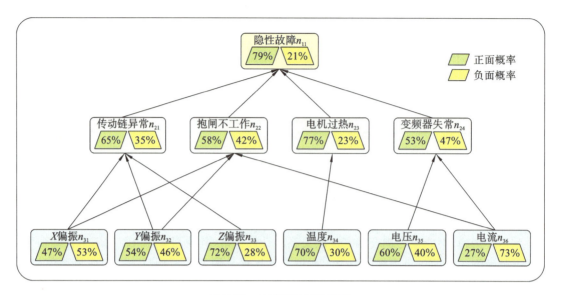

图 5-32 贝叶斯网络推理图

该故障已发生时,此时隐性故障先验概率为 100% 时,经各节点条件概率修正得到故障表现时的网络推理图,如图 5-33 所示,可看出导致该故障最可能的因素是电流、X 振幅和 Y 振幅。

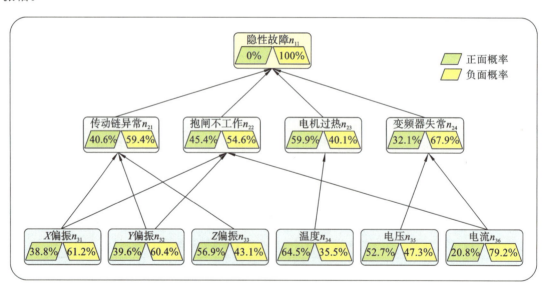

图 5-33 修正后的贝叶斯网络推理图

5.6 展　　望

领域专家经常会不屑于使用数据模型,而数据分析师则认为只要有数据就可以解决问题,不愿意花费时间去了解机理。然而,作者认为真正能够解决工业数据建模问题的方法是将数据与机理融合起来,机理主要解决定性问题,而数据解决定量问题,二者并不可相互替代。没有机理,很难判断模型的准确性、适用范围和可靠性;没有数据,也无法得出定量结果。

数字孪生实现了虚拟(数字)模型与实际(物理)系统的融合。混合模型利用机理模型的领域知识和物理原理解释和理解系统行为,同时利用机器学习模型通过学习大量数据的模式和趋势来捕捉系统复杂关系和非线性行为。通过虚实融合,混合模型能够兼顾领域知识和数据驱动的优势,提高模型的准确性和预测能力。混合模型在工业上的应用如图 5-34 所示。

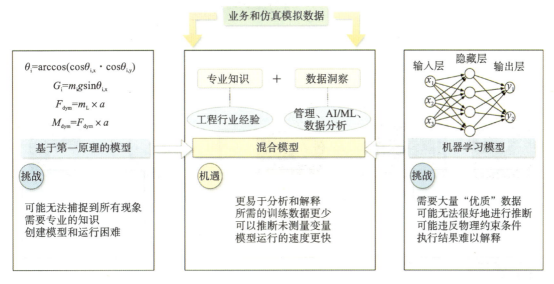

图 5-34　混合模型在工业上的应用

同时,数字孪生是一个集成多种模型的综合框架。混合模型将机理模型和机器学习模型集成在一起,充分利用两者的优势。混合模型的多模型集成能够在需要解释性和可靠性的场景中使用机理模型,在数据驱动和复杂关系建模的场景中使用机器学习模型,提高模型的灵活性和适应性。混合模型通过与实际系统的数据交互,实现实时校准和优化虚拟。机理模型可能受限于复杂性和不完全的信息,无法准确描述某些复杂系统的行为。机器学习模型通过学习数据的模式和趋势,提供更准确和可靠的预测。混合模型将机器学习模型的预测结果与机理模型进行比对和校准,从而提高模型的准确性和预测能力。数据驱动的校准和优化使得混合模型能够适应实际系统的变化和不确定性,提供更可靠和稳健的模拟和预测结果。混合模型在数字孪生中应用大致有三种形态。

(1) 第一性原理驱动的混合模型(first principles-driven hybrid model):如图 5-35 所示,该模型中现有的机理模型通过一些算法和来自运营的数据得到增强。机器学习被用来寻找可能的未知值及其关系,后续通过机理模型进行确认,从而对模型进行校准。这种方法是机理模型的自然延伸,优点是快速和容易应用,并大大增加了模型的准确性。

(2) 降阶混合模型(reduced order hybrid model):如图 5-36 所示,机器学习被用来创建一个基于大量模拟运行数据的经验模型,并辅以约束条件(如质量平衡)和专家知识。机器学习建立了一个适合目的的、高保真的、高性能的模型,该模型在它所处的范围内是准确的。有了降阶混合模型,可以将建模的规模从单元扩展到整个工厂,并在设计、运营和维护中同步模型。

(3) 人工智能驱动的混合模型(AI-driven hybrid model):适用于经验不足的用户(工艺情况及生产结果数据积累比较少)。如图 5-37 所示,机器学习基于工厂或实验数据,并辅以第一性原理(如雷诺数)、约束条件(如质量平衡)和专家知识来创建一个经验模型,能够迅速产生一个全新的、更准确的预测性模型。

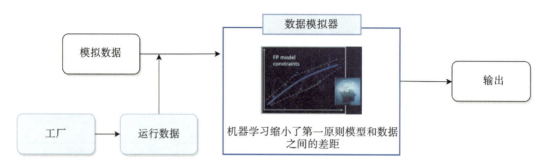

图 5-35 第一性原理驱动的混合模型

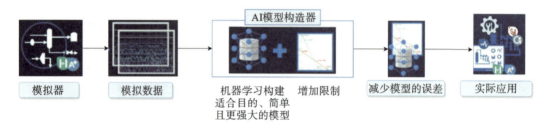

图 5-36 降阶混合模型

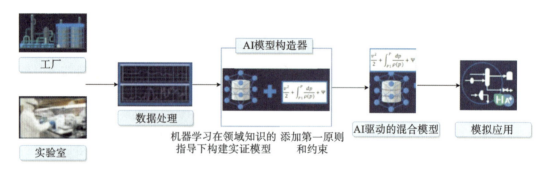

图 5-37 人工智能驱动的混合模型

将机理模型与数据模型结合在一起,可以发挥两者的综合优势,提高模型的准确性和可靠性。机理模型可以对系统内部机制进行理解和解释,而数据模型则可以利用机器学习(machine learning,ML)进行准确的预测和分析。结合两者,可以获得更全面的模型解释性,使决策者能够更好地理解模型结果,并做出合理的决策。同时,结合两者也可以帮助评估模型的可靠性,提高模型的可信度,并增加对模型结果的信任。最后,将机理模型与数据模型结合在一起还可以使建模过程更加灵活以适应不同的情况,从而使模型更具有普适性和可迁移性。

习　　题

数字资源

1. 数字孪生数据驱动模型有哪些?特点是什么?
2. 时序数据的特征有哪些?如何进行数据的自相关性分析?
3. 请分析常见的时序数据机器学习算法 XGBoost 在数字孪生中应用的具体方式。
4. 请介绍一种用于数字孪生的深度学习时序方法,并给出案例。
5. 在数字孪生应用中为什么需要使用图类型数据?使用图类型数据有哪些方法?
6. 什么是混合模型?你如何理解混合模型?

参 考 文 献

[1] 周志华. 机器学习[M]. 北京:清华大学出版社,2016.

[2] YU J, SONG Y, TANG D, et al. A digital twin approach based on nonparametric bayesian network for complex system health monitoring[J]. Journal of Manufacturing Systems,2021,58:293-304.

[3] QIN Y, ARUNAN A, YUEN C. Digital twin for real-time Li-ion battery state of health estimation with partially discharged cycling data[J]. IEEE Transactions on Industrial Informatics,2023,19(5):7247-7257.

[4] LU J, TIAN X, FENG C, et al. Clustering compression-based computation-efficient calibration method for digital twin modeling of HVAC system[J]. Advances in Modeling and Simulation Tools,2023,16(6):997-1012.

[5] SONG H, SONG M, LIU X. Online autonomous calibration of digital twins using machine learning with application to nuclear power plants[J]. Applied Energy,2022, 326:119995.

[6] PERNO M, HVAM L, HAUG A. A machine learning digital twin approach for critical process parameter prediction in a catalyst manufacturing line[J]. Computers in Industry,2023,151:103987.

[7] SKIANIS K, GIANNOPOULOS A, KALAFATELIS A, et al. Digital twin for automated industrial optimization: intelligent machine selection via process modelling [C]// 2023 IEEE International Conference on Industry 4.0, Artificial Intelligence, and Communications Technology (IAICT),BALI, Indonesia, 2023:84-90.

[8] ISAH A, SHIN H, OH S, et al. Digital twins temporal dependencies-based on time series using multivariate long short-term memory[J]. Electronics, 2023, 12 (19):4187.

[9] DING G, HE X, ZHANG H, et al. Application and challenges of digital twin in life cycle of high-speed trains[J]. Journal of Southwest Jiaotong University,2023,58(1): 58-73.

[10] XIA M, SHAO H, WILLIAMS D, et al. Intelligent fault diagnosis of machinery using digital twin-assisted deep transfer learning[J]. Reliability Engineering & System Safety, 2021, 215:107938.

[11] ZHAO Z, ZHANG M, CHEN J, et al. Digital twin-enabled dynamic spatial-temporal knowledge graph for production logistics resource allocation[J]. Computers & Industrial Engineering, 2022, 171:108454.

第6章 数字孪生系统集成

6.1 概　　述

本书前几章已经介绍了数字孪生的各种模型,本章重点介绍数字孪生系统的集成方法。复杂的数字孪生系统含有多个子系统或组件,包含多个机理模型,处理全生命周期异构数据,每个子系统和组件都维护自己的数字孪生子模型。这些数字孪生子模型有机组合起来可以实现整个系统的综合建模和仿真。如何对数字孪生系统进行集成以形成工业软件是至关重要的,需要考虑各个子系统之间的相互作用和信息交流,确保整体系统的一致性和准确性。

从体系上看,数字孪生系统集成框架大致分为数据集成层、模型集成层和应用系统集成层三个层次,如图6-1所示。

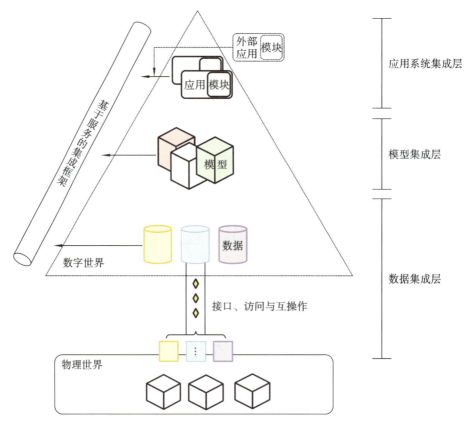

图6-1　数字孪生系统集成框架

(1) 数据集成层:数据集成层是数字孪生系统的基础层,它将不同来源的数据整合到一个统一的平台中。这些数据可以包括来自传感器、设备、工厂系统、供应链等的实时数据、历史数据和外部数据。在数据集成层,需要进行数据采集、数据清洗、数据存储和数据管理等工作,以确保数据的准确性、一致性和可用性。该层的目标是建立一个全面、可靠的数据基础,为后续的模型集成和应用系统集成提供数据支持。

(2) 模型集成层:模型集成层是数字孪生系统的核心层,它将数据转化为可用于分析、预测和优化的模型。在这个层次上,需要选择和开发适当的数学模型、机器学习算法、统计方法等来描述和解释真实系统的行为。这些模型可以包括物理模型、统计模型、机器学习模型等。在模型集成层,还需要进行模型训练、验证和校准,以确保模型的准确性和可靠性。该层的目标是建立一个能够准确反映真实系统行为的模型库。

(3) 应用系统集成层:应用系统集成层是数字孪生系统的最上层,它将数字孪生模型应用于实际的业务场景和决策支持。在这个层次上,可以根据具体的应用需求开发各种应用系统,如实时监控系统、故障诊断系统、优化调度系统等。在应用系统集成层,需要将模型与实时数据流进行集成,实现模型的实时更新和运行。该层的目标是将数字孪生模型转化为实际的业务价值,为企业决策和运营提供支持。

从系统集成的实现上来看,数字孪生模型集成是从空间维度上实现数字孪生模型从单元级模型到系统级模型再到复杂系统级模型的过程,其关注重点是应用系统如何实现。数字孪生系统集成主要包括以下步骤:首先,需构建模型的层级关系并明确模型的组装顺序,以避免出现难以组装的情况;其次,在组装过程中需要添加合适的空间约束条件,不同层级的模型需关注和添加的空间约束关系存在一定的差异,例如从零件到部件到设备的模型集成过程,需构建与添加零部件之间的角度约束、接触约束、偏移约束等约束关系,从设备到产线到车间的模型集成过程,则需要构建与添加设备之间的空间布局关系以及生产线之间的空间约束关系;最后基于构建的约束关系与模型集成顺序实现模型的组装。本章从系统视角来介绍数字孪生集成,从实现视角来介绍系统开发。

6.2 数据集成

6.2.1 物联网数据集成

物联网(IoT)是一种计算设备、机械、数字机器相互关联的系统,具备通用唯一识别码(UUID),并具有通过网络传输数据的能力,无须人与人或人与设备的交互。物联网的实体对象内嵌传感器、软件和网络连接,可以收集和共享数据。物联网使这些智能设备能够相互通信,并与其他支持互联网的设备(例如智能手机和网关)通信,从而创建一个庞大的互连设备网络,可以交换数据并自主执行各种任务。从传感器到设备等各种工业设备可为企业提供详细的实时数据,这些数据可用来改进业务流程。数字孪生是一种虚拟模型,旨在精确模拟实体。物联网必须成为充分利用物理对象、操作过程或任务的数字孪生的前提。数字孪生基于物联网传输实时数据,借助物联网实现未来预测,数字孪生和物联网的基础技术与底层是伴生的共存关系。因此,真正的数字孪生的一个关键前提是通过传感器和物联网,从物理世界捕捉到产品、过程和人的状态。若要实现数字孪生,必须借助传感器运行和更新的实时数据,将其反馈到数字系统,进而实现在虚拟空间的仿真过程。也就是说,物联网的各种感知技术是实现数字孪生的必然条件。

1. 物联网数据

物联网通过连接物理设备和传感器，为数字孪生中定义的数字资产提供了数据基础和实时监测能力。物联网中的物理设备和传感器被视为数字孪生中的数字资产，它们通过嵌入传感器、软件和网络连接，可以收集和传输实时数据。这些实时数据成为数字孪生资产的输入，用于构建和更新数字孪生模型。物联网中的传感器和设备可以收集各种参数和指标，如温度、压力、湿度、振动参数等，这些数据可以用于构建数字孪生模型，并与实际设备的状态进行比对和分析。物联网数据具有以下特点。

（1）时序性：物联网数据是随着时间的推移而不断产生的，每一个数据点都有一个时间戳，记录了数据产生的时间。这个时间戳对于数据的分析和处理非常重要，可以用来判断数据的时效性、完整性和一致性，也可以用来进行时间序列分析，挖掘数据中的趋势、周期、异常等信息。

（2）结构化：物联网数据通常是结构化的，也就是说，数据有固定的格式和类型，可以用表格或者数据库来存储和管理。物联网数据通常是数值型的，比如温度、湿度、压力、电流等物理量，也可以是枚举型的，比如开关状态、设备类型等分类信息。结构化的数据便于进行统计分析和机器学习，也便于进行数据清洗和验证。

（3）稀疏性：物联网数据往往是稀疏的，也就是说，数据中有很多缺失值或者无效值。这可能是由传感器故障、网络延迟、信号干扰等原因造成的。稀疏的数据会影响数据的质量和可信度，也会给数据的分析和处理带来困难。因此，需要对稀疏的数据进行填补或者剔除，以提高数据的完备性和准确性。

（4）海量性：物联网数据是海量的，也就是说，数据的数量非常庞大，每天可能产生几十亿甚至几百亿条记录。这些海量的数据需要大量的存储空间和计算资源来储存和处理，也需要高效的数据压缩和传输技术来节省带宽和成本。海量的数据也给数据的分析和挖掘带来了挑战和机遇，需要运用大数据技术和方法来处理。

（5）多样性：物联网数据是多样的，也就是说，数据来源于不同类型、不同功能、不同位置、不同厂商的设备，每种设备可能有不同的采集频率、采集精度、采集内容等。这些不同来源的数据可能存在不一致性、冲突性或者重复性等问题，需要进行数据融合和标准化，以实现数据的互操作性和可比较性。

（6）实时性：物联网数据是实时的，也就是说，数据在产生后需要尽快地传输到云端或者边缘端进行处理和分析，以实现实时监控、实时预警、实时反馈等功能。实时性要求对数据进行快速有效的处理和响应，同时也要保证数据的安全性和可靠性。

数字孪生资产则为物联网提供了应用场景和决策支持。数字孪生资产的建模和仿真，可以通过与物联网中的实时数据交互，实现故障诊断、预测维护、虚拟仿真、优化分析和智能化控制等功能。数字孪生资产可以基于从物联网中采集到的数据构建和更新，以实时反映物理资产的状态和行为，为决策者提供基于实时数据和模型分析的决策支持，如图6-2所示。

物联网数据是数字孪生的核心资源，常见的物联网传感器数据示例如下：

时间戳	数据属性	测量对象	数据值	单位
10:02:28 2024/02/01	温度	轴承A	127.2	℃

各种物联网数据交换和归一化的最终结果是生成时序数据，其基本集成流程如图6-3所示，图中展示的时序数据包括元数据和数据。

第 6 章　数字孪生系统集成

图 6-2　数字孪生系统的数据流

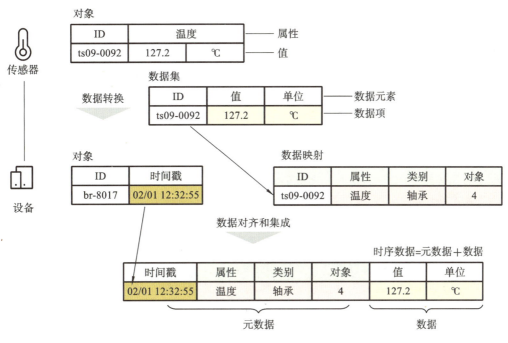

图 6-3　物联网数据集成流程

这些数据越来越多地被规范化为时间序列数据（标有时间戳的数据），并以固定间隔（基于间隔，图例绿色背景）或状态（或值）变化（基于事件，图例黄色背景）进行传输，如图 6-4 所示。

2．物联网关

物联网数据是由物理世界中的物联网通过许多不同的协议和接口，与各种设备和传感器连接和通信，从而采集得来的。物联网协议对比如表 6-1 所示。

时间戳	数据属性	测量对象	对象	数据值	单位
10:02:28 2024/02/01	温度	轴承A	4	127.2	℃
10:02:38 2024/02/01	温度	轴承A	4	123.4	℃
10:02:48 2024/02/01	温度	轴承A	4	126.1	℃
10:02:58 2024/02/01	温度	轴承A	4	177.2	℃
10:03:08 2024/02/01	温度	轴承A	4	125.6	℃

图 6-4 时间序列和事件

表 6-1 物联网协议对比

特征	HTTP	CoAP	MQTT	MODBUS TCP
结构	Ethernet，Wi-Fi	6LoWPAN	Ethernet，Wi-Fi	Ethernet，Wi-Fi
网络层	IPv4 或 IPv6	IPv6	IPv4 或 IPv6	IPv4 或 IPv6
传输层	TCP	UDP	TCP	TCP
传输口	80,443	5683	1883,8883	502,802
模型	同步	异步	异步	同步
模式	请求-回应	全	发布-订阅	请求-回应
机制	一对一	一对一	一对多	一对一
方法论	面向文档	面向文档	面向消息	面向字节
范式	基于长轮询	基于轮询	基于事件	基于轮询
量级	一级	CON 或 NON	QoS 0，1，2	一级
标准	IETF (RFC7230)	IETF (RFC7252)	ISO/IEC，OASIS	modbus.org
编码	ASCII 文本	RESTful(二进制)	UTF-8(二进制)	二进制
安全	SSL，TLS	DTLS	SSL，TLS	TLS

这些协议和接口在物联网中广泛应用于不同类型的设备和应用场景。每种协议和接口都有其特定的优势和适用范围，可根据实际需求选择合适的协议和接口进行物联网设备的连接和通信。基于数字孪生的物联设备数据集成可以通过以下两种方式实现。

（1）网关设备：物联网中的不同设备可能使用不同的通信协议进行数据传输。使用网关设备可以将不同协议的设备连接到同一个网络中，网关设备负责对不同协议的数据进行转换和传输，使得不同协议的设备可以互相通信和交互。

（2）统一数据格式：为了实现协议的整合，可以定义一种统一的数据格式，不同设备可以将数据转换为该格式进行传输和交换。这样，无论使用何种协议，设备都可以将数据转换为统一格式，从而实现协议之间的互操作性。另外，制定和采用标准化的通信协议可以促进不同设备和系统互操作性的实现。

当前，数字孪生系统经常采用物联网关，可以集成多种物联网协议和接口，简化系统架构并提高可扩展性，如图 6-5 所示为 ThingsIO 提出的物联网关，该网关充当了连接物联网设备与数字孪生系统的桥梁，实现数据的聚合、转换和安全传输，从而实现数字孪生系统的全面管理和控制。

物联网关提供更好的实时性，可以提高数字孪生体的可靠性。另外，为了降低延迟，采用5G 网络，部署时间敏感网络(TSN)可以减少通信延迟，降低延迟对数字孪生体的影响。

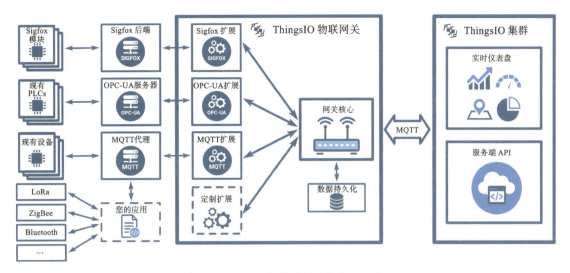

图 6-5 ThingsIO 物联网关的体系框架

6.2.2 数据互操作

除了工业物联网的时序数据之外，数字孪生系统还有很多其他类型数据，这些数据也需要传输到不同模块、模型或者数字孪生子系统中进行分析和处理，那么互操作性在数字孪生系统的数据集成中起着关键的作用。互操作性的主要实现方式包括数据集成和数据转换。数据集成涉及将来自不同源头的数据整合到一个统一的数据集中，以便在数字孪生系统中进行集成和应用。数据转换涉及将数据从一种格式、结构或语义转换为另一种格式、结构或语义，以满足数字孪生系统的需求。通过遵循数据互操作性的标准和实现方式，数字孪生系统可以实现多样数据的集成和应用。这种集成和应用促进了数据的流动和交互，增强了系统的整体性能和效果。同时，数据互操作性的实现也为数字孪生系统提供了更广阔的数据资源和更强的数据分析能力，促进了系统的精确建模、分析和优化。常见的数据互操作方式大致分为两类。

1. 可扩展的标准数据交换格式

为了实现数据的互操作性，一些主要的标准和实现方式被提出。主要的数据互操作性标准包括数据格式标准、数据通信协议标准、数据标识与命名标准、数据元数据标准和领域特定标准，例如 XML、JSON 等。这些标准确保数据在不同系统之间的一致性和可解释性。数据标识与命名标准定义了数据的唯一标识和命名方式，例如 URI 和 URL。这些标准确保数据在不同系统中可以准确地被识别和引用，从而实现数据的准确和一致的定位。

2. 基于 MTConnect 的设备间数据互操作

OPC UA 是用于工业自动化的机器对机器和机器对企业的通信协议，而 MTConnect 协议是美国机械制造技术协会提出的数据交换标准协议，采用互联网协议通过网络传输数据。MTConnect 提供了机器对机器或机器对企业的通信词汇，确保具有类似标准化功能的设备可以进行通信，在降低数据采集开销和保证通信最小延迟时间方面有较好的发挥。可以采用 MTConnect 协议和组件完成数据的采集、传输和存储。

6.2.3 语义处理与知识融合

数字孪生系统集成了产品全生命周期的各种数据，这些数据是由不同应用、不同场景和不同部门生成的，数据有不同的格式、不同的尺度、不同的存储方式等，如表 6-2 所示。数字孪生正依赖来自传感器、监控设备、生产记录等的多种数据源,感知、模拟和预测实际系统的运行情况并预测可能的故障和性能问题,从而帮助提高系统的效率和可靠性。

表 6-2 制造业生产过程中主要数据种类

数据名称	数据内容	数据来源	数据类型
设备属性	生产日期、规格型号、编号、性能等	设备运行维护系统	结构化
能耗数据	用电量等能耗数据	能耗管理系统	结构化
生产计划	人员配置、排班表等	制造执行管理系统	非结构化
运行信息	设备温度、电流、电压等	生产监控系统	结构化
环境参数	光电、热敏、声敏、湿敏等工业传感器信息	生产监控系统	结构化
产品生产信息	产品尺寸、数量等	生产监控系统	结构化
产品质量信息	产品合格数、合格率等	产品质量检测系统	结构化
设备/应用接口数据	接口类型数据(JSON 格式、XML 格式)	已建成的工业自动化或信息系统	非结构化
物料数据	生产原料相关图文数据信息等	生产供应系统	非结构化
知识数据	专利、专著、企业文献等	制造执行管理系统	非结构化
产品文档	工程图纸、仿真数据、测试数据等	制造执行管理系统	非结构化
生产监控图片	图像设备拍摄的图片	生产监控系统	非结构化
生产监控音频	语音及声音信息	生产监控系统	非结构化
生产监控视频	视频监控拍摄的视频	生产监控系统	非结构化

表中数据大多来自制造业通常使用的 ERP、PLM 和 MES 等系统,企业也依赖这些数据来管理组织和制造厂的运营。这些系统与仓库管理系统(WMS)相互配合,从操作员那里接收生产订单,并将调度计划、物料清单和工作订单发送到工厂。数字孪生系统部署人工智能驱动的模型和算法,来帮助企业更好地管理运营,通常需要完整的数据集作为基础,而不能仅仅基于 IoT 系统的部分数据工作。目前还没有简单的方法来创建这样的统一的数据集。在制造业中,数据来源众多且多样化。不同环节和部门涉及的系统和工具各不相同,导致数据分布在各个系统之间。不同系统使用不同的数据格式和标准,数据在集成过程中可能出现不一致或无法匹配的问题。制造业数据复杂,如产品设计数据与物料清单、工艺路线、生产计划等之间存在复杂的关联关系。这些关系纠缠在一起,形成了一个错综复杂的数据网络,导致企业的数据基础设施复杂,被戏称为"数据意大利面"。

对于多源异构数据而言,数据语义化处理可以帮助消除数据来源和格式的差异,使来自不同数据源的数据可以进行有效的对比和集成。对数据进行语义标注和注释,可以更好地描述数据的含义、属性和关系,使其更易于理解和使用。同时,将价值链上的数据整合起来,对于数字孪生系统的控制和决策也至关重要。知识图谱被认为可以用作机器甚至整个生产设施的数字孪生整合的基础实施,如图 6-6 所示。

在数字孪生系统中实现基于语义的知识融合需要考虑以下几个关键步骤。首先,对于数字孪生系统中的数据源和知识库,需要进行语义建模和标注。这涉及将数据和知识元素映射到统一的语义模型中,以便能够理解和比较它们之间的关系和语义含义。其次,采用语义技术,如本体建模和语义注解,对数据源和知识库进行语义表示。本体建模可以定义领域概念、属性和关系,形成一个共享的概念模型。对数据源和知识库中的元素与本体进行注解,可以为

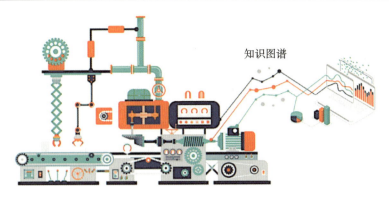

图 6-6 基于知识图谱的数字孪生制造知识集成概念图

它们赋予语义标签,使其具备语义关联和语义推理的能力。接下来,利用语义匹配和语义推理技术来实现知识融合。语义匹配可以通过比较语义标签和语义关系来发现不同数据源和知识库中的相似性和关联。这有助于将相关的知识和数据进行融合,形成更全面和一致的知识图谱。同时,语义推理可以根据本体中定义的语义规则和逻辑进行推理和推断,填补知识间的缺失,生成新的知识和洞察。数据语义处理与融合框架如图 6-7 所示。

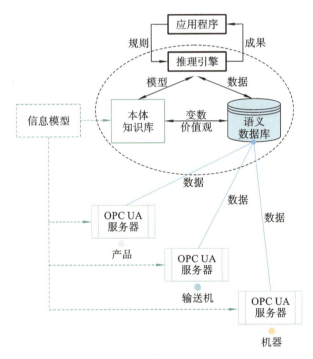

图 6-7 数据语义处理与融合框架

1. 知识表示

大量的工业知识存在于自然语言描述的文档中,主要以文本或表格形式承载工业信息,如工艺、质检报告等。从这些文档中提取知识的关键是通过识别命名的实体和这些实体之间的关系,先进行实体标注,然后识别单个实体,最后再识别复合实体。目前有很多知识表示方法,比如早期的基于规则的方法,后来的基于统计的方法,现在的基于深度学习的方法。本书在第 5 章详细给出了知识图谱建模方法,其中也给出了相关的表示方法。知识表示指将图谱的节点和边表示成机器可读的形式,知识表示方法通常有符号化和向量化两种重要类别。

（1）符号化表示：资源描述框架（resource description framework，RDF）是一个早期的符号化的知识图谱表示模型，它提供了一个统一的框架来描述资源。RDF 将一个语句表示为一个三元组〈主语，谓语，宾语〉，但它未能阐明三元组中各组成部分的含义及其关系。因此，RDF 不能从主语或宾语中抽象出一般的概念，也不能将宾语与类区分开。为解决该问题，RDFS（RDF schema）用一些词汇表扩展了 RDF，如类、域、范围、subClassOf 和 subProperty。尽管 RDFS 有比 RDF 更丰富的规则，但由于它对子类和属性的层次结构的限制，RDFS 仍然存在表达能力不足的问题。随后，OWL 通过用更丰富的数据类型来丰富 RDFS，从而实现了复杂的类和本体的映射。虽然上述符号表示模型的特点是明确表达和高可解释性，但它们存在规则不足和检索效率低的问题。

（2）静态知识向量化表示：与符号化知识表示不同，向量化知识表示，也称为知识嵌入（knowledge embedding），旨在将知识图谱节点表示为低维和连续的向量。通过这种方式，计算机可以有效地理解和处理嵌入的知识图谱。向量化知识表示基于线性的模型将三元组 (h,t,r) 中的实体和关系间的互动视为线性传递函数。TransE 是典型的基于线性的模型之一，将实体和关系表示为同一空间的向量，并抽象出 $h+t \approx r$ 的语义度量方式，如图 6-8 所示。

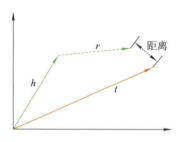

图 6-8　TransE 嵌入概念图

嵌入通常通过学习得到，旨在保留数据之间的语义关系和相似性。例如，词嵌入可以将单词映射为连续向量表示，以捕捉单词之间的语义关联。数字孪生系统通过制造知识的嵌入，将生命周期中的知识以能够被机器理解和处理的形式进行表示和应用，如图 6-9 所示。

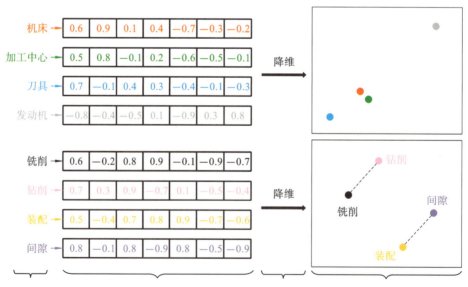

图 6-9　制造知识嵌入示例

传统的知识表示方式，如自然语言文本或人类专家的经验，通常是非结构化的，难以直接被计算机系统所利用。嵌入制造知识，可以将知识转化为向量或特征的形式，使得计算机可以对其进行数值计算、相似度比较和机器学习等操作。嵌入制造知识能够提高数字孪生系统中知识的表达和共享效率，通过将知识嵌入向量空间，可以将复杂的知识结构化为简洁的数值表示。这样做可以减少对存储空间的需求,并且可以更快速地进行知识查询和检索。此外,嵌入制造知识还可以促进知识的共享和交流,因为可以通过共享嵌入来传递知识,而无须共享完整的知识库或文档。同时,嵌入制造知识可以支持机器学习和智能决策。将知识嵌入向量空间,可以利用机器学习算法对嵌入进行分析和挖掘。这样可以发现知识之间的关联和模式,并且可以应用这些知识来支持智能决策和预测。例如,可以利用嵌入制造知识来完成产品质量预测、故障诊断和优化方案生成等任务。

2. 图谱化融合

嵌入的制造知识可方便支持知识图谱的构建和应用。将知识嵌入图结构,可以建立起知识图谱的节点和边,形成丰富的语义关联;可以提供更灵活和精确的知识查询、推理和发现功能,为制造业提供更深入的洞察和决策支持。以知识图谱为代表的新一轮人工智能技术呈现出的爆发趋势,正不断拓展可解制造业问题的边界。工业知识图谱成为打通制造业通向认知智能的关键环节。研究面向制造业的知识图谱,从海量制造数据中挖掘知识,对实现制造业智能化分析决策的应用有非常重要的作用。

2012年谷歌首次提出知识图谱的概念,以增强信息搜索结果。如今,知识图谱技术在知识工程的各个方面展现出了更强大的能力。知识图谱并没有标准的定义。有人将知识图谱定义为一种由多个实体节点通过关系连接而成的多关系图。也有人将知识图谱定义为一个本体,通过推理器获取信息并推导出新的知识。然而,从定义的角度来看,我们认为知识图谱是语义网的自然演变,通过更先进的算法和应用模式的推动而得以实现。语义网络、语义网和知识图谱都基于"主体-谓词-客体"三元组集合的形式对知识进行符号化表示,区别主要在于它们的应用领域和开发方法,如表6-3所示。

表6-3 知识工程中代表性概念的定义

概　念	定　义　描　述
语义网络	语义网络是由节点和连接组成的知识的图形描述,显示对象之间的层次关系
语义网	语义网是对万维网(WWW)的提议扩展,旨在为跨应用程序共享和重用数据提供通用框架
连接数据	连接数据(linked data)是一种新型的网络分布式数据形式,特别适合机器操作和知识共享
知识图谱	知识图谱是一种多个实体节点通过关系连接而成的多关系图
工业知识图谱	工业知识图谱没有正式的定义。它是一个特定领域的知识图谱,可解决与制造知识相关的独特挑战,并满足工业应用中的严格要求

知识图谱正在催化多个领域的数字化转型,而制造业是其中一个重要方向。工业知识图谱除了具有知识图谱的基本特征外,还牢固地与工业场景的上下文信息相结合,以特定的知识支持制造中的多种应用。工业知识图谱不仅仅是指在制造业中应用的知识图谱技术,而且是伴随着制造业中数据的组织形式、整合方式和知识重用方法的重大挑战而形成的一场新的知识革命。

3. 制造知识图谱案例

下面以某面向薄壁件加工事件演化的知识图谱为例来介绍知识融合的具体步骤。

首先进行知识图谱定义。

$$KG = <E, R, S, T> = \{(es, r, eo) | \{es, eo\} \in E, r \in R, E = E_{evt} \cup E_{ent} \cup E_{attr}, R = R_{evt\text{-}evt}, R_{evt\text{-}ent}, R_{ent\text{-}ent}, R_{ent\text{-}attr}\}$$

定义中,E 表示薄壁件加工的事件、实体、属性类信息集合。e_s、e_o 分别代表主体、客体的事件或实体。E_{evt} 表示事件节点信息。E_{ent} 表示实体节点信息。E_{attr} 表示属性节点信息。R 是 E 之间连边存在的关系集合。其中:$R_{evt-evt}$ 表示事件与事件节点之间的关系;$R_{evt-ent}$ 表示事件与实体节点之间的关系;$R_{ent-ent}$ 表示实体与实体节点之间的关系;$R_{ent-attr}$ 表示实体与属性节点之间的关系。S 表示薄壁件加工中涉及的所有静态知识三元组的集合(e_s,r,e_o)。T 是所有连接具有时间特征的动态事件知识四元组的集合。四元组 T_i 可以表示为 $T_i=(e_s,r,e_o,t_i)|T_i\in T$。其中,$t_i$ 表示单位时间的时间戳。t_i 可以转换为三元组的形式,即 $T_i=(e_{st_i},r,e_{ot_i})|T_i\in T$。在节点上引入时间戳,在不改变现有知识要素的情况下,增加了实体之间在时间上的语义关联。

基于上述定义建立了如图 6-10 所示的事件知识组织关联模型架构,其主要分为本体类与实例类两层。薄壁件加工任务中主要以事件为中心,展开各种生产要素间的信息关联活动。为此,明确给出了如表 6-4 所示加工事件逻辑的类型。加工事件主要由因果事件、条件事件、顺承事件、上下位事件以及组成事件五种组成。为便于理解薄壁件加工任务包含的事件信息,表 6-4 也给出了各事件相应的含义说明、描述信息以及举例说明。

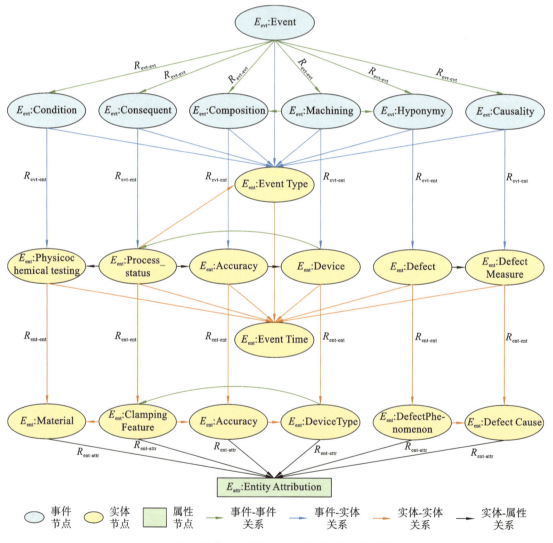

图 6-10 薄壁件加工事件知识组织关联模型架构

表 6-4 薄壁件加工事件逻辑的类型

事件	名称	含义	描述	举例
因果事件	Causality	某一事件导致另一事件的发生	A 导致 B	〈旋压件强度低,壳体易变形〉
条件事件	Condition	某事件条件下另一事件发生	如果 A 那么 B	〈焊接质量检测,金属探伤〉
顺承事件	Consequent	某事件发生紧接着另一事件发生	A 接着 B	〈旋压加工,尺寸检测〉
上下位事件	Hyponymy	某事件是另一事件的上位或下位事件	A 是 B 的一类	〈内部龟裂,质量缺陷〉
组成事件	Composition	某事件是另一事件的组成部分	A 组成 B	〈旋压加工,加工任务〉

此外,为确保加工事件中多种实体的独立性和确定性,给出了实体相应的定义以及示例说明,实体可被抽象为四大类:设备与工具类、加工过程类、质量检测类、质量缺陷类。具体加工任务涉及的实体类型有设备、设备组件、刀具、量具、工件、工件材料、加工特征、装夹特征、加工方法、表面质量、加工精度、缺陷名称、缺陷现象、缺陷原因、缺陷措施。同时给出了实体类型对应的实体名称,作为后续文本信息抽取实体类型识别的标签。另一方面,薄壁件加工事件中实体要素间存在一定的关联关系,通过建立事件或实体信息间的某种组织关系,进而形成可利用的语义信息。表 6-5 给出薄壁件加工事件中实体要素间的主要关系类型。

表 6-5 薄壁件加工事件中实体要素间的主要关系类型

关系类型		关系名称	说明	关系描述
涉及		has_(X)	生产要素中对象类型(X)涉及的关联信息	A $\xrightarrow{haspart}$ B
包含		contain	生产要素实体涉及下一级实体间的关联	A $\xrightarrow{contain}$ B
位于		location	事件/实体发生加工环节的位置	A $\xrightarrow{location}$ B
对应		corresponding	同一层次中不同实体类型且具有关联关系	A $\xrightarrow{corresponding}$ B
顺承		next	同一层次中相同类型实体间存在对应的关联	A $\xrightarrow{next}$ B
导致		lead_to	常见于加工原因或质量缺陷类实体,由某原因、现象导致某种潜在缺陷产生	A $\xrightarrow{lead\_to}$ B
关键执行动作	测量	execute_a_measurement	加工过程产品的检测测量动作	A $\xrightarrow{execute\_a\_measurement}$ B
	加工	perform_a_weld/heat_treat/machining	加工产品不同阶段的执行动作,如旋压、焊接、热处理加工等	A $\xrightarrow{perform\_a\_weld/heat\_treat/machining}$ B
	图像检测	make_an_image_detection	中间产品的数字化图像检测动作	A $\xrightarrow{make\_an\_image\_detection}$ B
	特征检测	detect_a_feature	中间产品的质量特征检测动作	A $\xrightarrow{detect\_a\_feature}$ B
	推理	make_a_reason	中间产品质量事件的推理动作	A $\xrightarrow{make\_a\_reason}$ B

续表

关系类型		关系名称	说明	关系描述
原因	直接原因	immediate_cause	多为直接导致某种质量缺陷的原因,基于现象作出的直接判断	A $\xrightarrow{\text{immediate\_cause}}$ B
	间接原因	indirect_cause	多为间接导致质量缺陷等的原因,基于直接原因递进分析得到	A $\xrightarrow{\text{indirect\_cause}}$ B
	根本原因	root_cause	多为导致质量缺陷等的根本性原因,一般无法根据现象直接判断,需根据间接原因递进分析	A $\xrightarrow{\text{root\_cause}}$ B
措施	直接措施	immediate_measure	与直接原因对应,需通过语义理解寻找解决直接原因的措施	A $\xrightarrow{\text{immediate\_measure}}$ B
	间接措施	indirect_measure	与间接原因对应,需通过语义理解寻找解决间接原因的措施	A $\xrightarrow{\text{indirect\_measure}}$ B
	根本措施	root_measure	与根本原因对应,需通过语义理解寻找解决根本原因的措施	A $\xrightarrow{\text{root\_measure}}$ B

关系类型包括涉及、包含、位于、对应、顺承、导致、关键执行动作、原因、措施。其中,为了更准确地对中间产品信息定位,将关键执行动作关系类型细分为测量、加工、图像检测、特征检测、推理五类;为了对工件质量的缺陷问题进行更充分的分析,将原因关系类型细分为直接原因、间接原因、根本原因三类,将措施关系类型细分为直接措施、间接措施、根本措施三类。

如图6-11所示,从本体层可以看出,工件、工位、设备节点对应了特定的加工事件节点,而实例层则已将加工事件的各类事件与生产要素信息联系在一起。例如"旋压壳体"实体节点在"2021-06-07"时间节点下执行了"旋压加工"事件节点。这种对加工事件的信息描述可以轻松地通过遍历知识节点之间的边进行事件演化路径的分析,也可以通过查询构成事件节点的实体之间的关系实现关键信息的追溯。在数字孪生系统中将知识图谱进行可视化,如图6-12所示。

6.2.4 统一数据访问

传统企业的数据集中、数据量少,大多可以实现对数据的统一访问。然而随着工业互联网、物联网的大量使用,分散、异构、复杂的边缘设备给互操作性、扩展性和安全性带来了巨大的挑战。当前实现统一数据访问的方法有很多,本书介绍统一命名空间(unified namespace, UNS)框架,该框架简化了数据集成,增强了数据可用性和扩展性。从自动化的角度来看,统一命名空间可以被理解为一种通用的命名规范,用于组织设备、数据点和服务。统一命名空间是业务数据和事件的语义层次结构,是连接所有智能设备和IT基础设施的枢纽,是业务中所有数据和信息的唯一可靠来源。统一命名空间反映了业务的当前状态,能够提供业务的实时快照。统一命名空间是一个本体通信层,连接了工业物联网中的各个部分。它提供了一个共享的数据交汇点,使不同的系统和相关方能够进行沟通和协作,不受其使用的技术或供应商的限制。通过使用通用的命名规则,统一命名空间使得数据点可以在不同的系统和应用之间被方便地识别、访问和分析。有了统一命名空间框架,只要有安全授权,公司内部的任何人都可

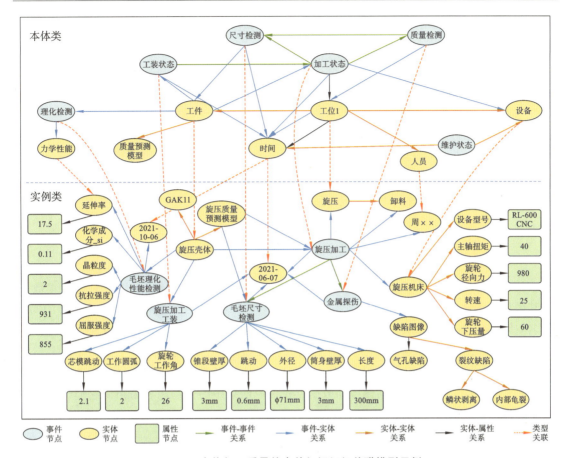

图 6-11 壳体加工质量的事件知识组织关联模型示例

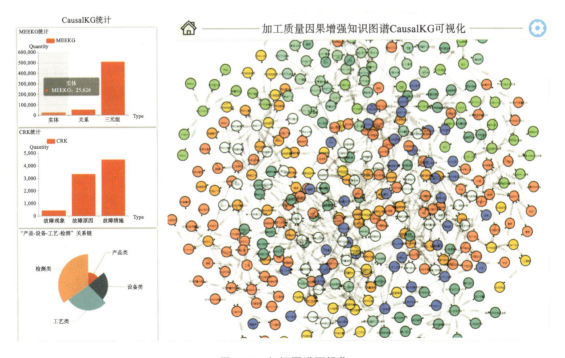

图 6-12 知识图谱可视化

以获取任何工业物联网组件的全部数据,这在目前已经成为数据集成领域的趋势之一,如图6-13所示。

图6-13 统一数据访问的演化

从本质上讲,统一命名空间是一种中间件解决方案,允许用户从各种工业系统收集数据,为其添加上下文,并将其转换为其他系统可以理解的格式。统一命名空间有四种类型:①功能命名空间(functional namespaces),按照设备和数据点在工业网络中的功能或目的来组织它们。例如,在一个制造厂中,与生产过程有关的设备和数据点可能被归入一个功能命名空间,而与维护有关的设备和数据点可能被归入另一个功能命名空间。②信息命名空间(informative namespace),根据设备和数据点在工业网络中的信息内容来组织它们。例如,在一个制造厂中,与温度有关的设备和数据点可能被归入一个信息命名空间,而与压力有关的设备和数据点可能被归入另一个信息命名空间。信息命名空间的目的是便于访问和分析工业网络中的数据。按照信息内容来归类设备和数据点,可以更容易地识别数据中的规律和趋势,并根据数据做出明智的决策。③定义命名空间(definitional namespace),按照设备和数据点的定义或属性来组织它们,即设备和数据点按照类型、大小或功能等特性被归类。例如,在制造厂中与电机有关的设备和数据点被归入一个定义命名空间,而与传感器有关的设备和数据点被归入另一定义命名空间。④临时命名空间(ad hoc namespace),一种暂时或非正式的组织设备和数据点的方式,在还未建立更正式的命名空间时使用,或者在设备和数据点需要快速归类以满足特定目的时使用。例如,如果一个制造厂中突然发生了一个设备故障,一个临时命名空间可能被建立,用来将所有与那个故障设备相关的设备和数据点归类在一起,以便尽快地诊断和解决问题。

数字孪生系统的数据集成非常适合采用统一命名空间结构,例如在面向制造业时,数字孪生系统使用ISA-95标准创建企业层次结构的信息区,实现统一数据访问。该结构由不同的级别组成,包括单元级别、生产线级别、区域级别和企业级别,每个级别都包含与其相关的特定信息,如图6-14所示。单元级别包含与特定工作单元相关的信息。这可以是一个单独的设备、机器或工作站,或者是一个功能上相关的部分。生产线级别包含与特定生产线相关的信息。这可以是一条生产线,负责特定产品或产品系列的制造。对于区域级别和企业级别,可以重复相同的约定。区域级别包含与特定区域或地理位置相关的信息,例如不同工厂的数据可以被组织在不同区域中。企业级别是最高级别,包含整个企业的相关信息。遵循ISA-95标准的层级结构和信息区的约定,可以实现统一命名空间结构。这使得数据能够按照一致的方式组织和访问,无论是在特定单元、生产线、区域还是整个企业级别。

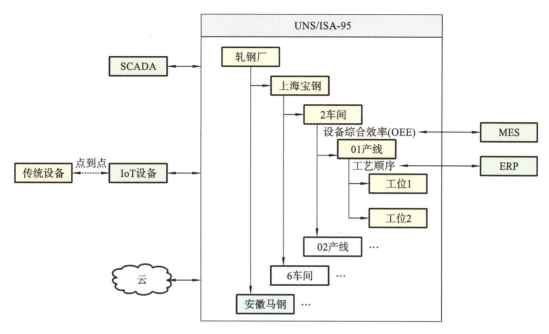

图 6-14 ISA-95 通用层级数据模型

而统一命名空间则更像是一种设计方法和策略,它为系统创建上下文数据结构和公共端点以连接和交换信息。例如将数字孪生与 SCADA 系统集成来获得 IoT 数据的应用,通过订阅 UNS 以接收所需的所有数据。订阅者简单地从主题"Enterprise A/Site A/Area A/Process Cell A/BAO Reactor"获取数据,它既能够自动识别数据的来源,又能在任何给定时刻,知道特定生产线上正在运行什么,并根据实际情况做出相应的处理。返回的 JSON 数据格式如下:

```
{
    "timestamp": 1486144502122,
    "metrics": [{
        "name": " Enterprise A/Site A/Area A/Process Cell A/BAO Reactor ",
        "alias": 1,
        "timestamp": 1479123452194,
        "dataType": "int",
        "isHistorical": true,
        "value": 12800
    }],
    "seq": 2
}
```

此外,数据访问需要和系统虚实同步匹配,同步意味着使数字孪生的状态与其现实世界中的对应状态保持一致。实时或近实时地从传感器或其他来源传输数据来更新虚拟模型,可以实现同步。同步还涉及从虚拟模型发送命令或反馈以控制或影响物理系统。在某些特定情况下,它还可以应用人机交互操作。根据数据传输的方向和频率,同步可分为不同类型。

①单向同步:数据仅从物理域传输到虚拟域,反之亦然。
②双向同步:数据在物理域和虚拟域之间双向传输。

③连续同步:定期或每当状态发生变化时传输数据。
④离散同步:仅在特定时间点或根据请求传输数据。

6.2.5 数字主线集成

数字主线概念最先是美国空军和洛克希德·马丁公司在研发F-35战斗机时提出的。数字主线技术实现了前所未有的设计数据和制造数据的打通,从而极大提升了战斗机制造的自动化水平。随着现代产品复杂度和业务复杂度的增加,企业正在面临数据量急剧增加的挑战,让企业头疼的是工业数据种类繁多,格式复杂,而且散落在各个独立的信息系统。因此工业企业迫切需要做的是让这些数据集成和打通,形成利用价值。数字主线的功能就是打通产品全生命周期(研发、制造、营销、服务等)、全价值链(用户、供应链、物流等)的数据链路,以业务为核心对这些数据进行解耦、重构和复用。

数字主线是指可拓展、可配置和组件化的企业级分析通信框架。基于该框架可以构建覆盖系统生命周期与价值链的全部环节的跨层次、跨尺度、多视图模型的集成视图,进而以统一的模型驱动系统生存期活动,为决策者提供支持。数字主线的目标就是在系统的全生命周期内实现在正确的时间、正确的地点,把正确的信息传递给正确的人。数字主线是某个或者某类物理实体与其对应的若干数字孪生体之间的沟通桥梁,这些数字孪生体反映了该物理实体不同侧面的模型视图。能够实现多数图模型数据融合的机制或引擎是数字主线的核心。

数字孪生环境下,对数字主线有如下需求:
(1) 能区分类型和实例;
(2) 支持需求及其分配、追踪、验证和确认;
(3) 支持系统跨时间尺度各模型视图间的实际状态纪实、关联和追踪;
(4) 支持系统跨空间尺度各模型视图间的关联及其与时间尺度模型间视图的关联;
(5) 记录各种属性及其值随时间和不同的视图的变化;
(6) 记录作用于系统以及由系统完成的过程或动作;
(7) 记录使能系统的用途和属性;
(8) 记录与系统及其使能系统相关的文档和信息。

数字主线也是在制造业中以数字化技术为基础的整体化运营管理系统。它涵盖了整个价值链,从供应链管理到生产过程控制、质量管理、设备维护和产品追溯等。数字主线旨在实现生产过程的可视化、协同和优化,以提高效率、灵活性和质量。

数字主线和数字孪生系统之间的集成是通过将数字孪生系统与实际生产环境中的数据相连接和交互而实现的。数字主线提供实时数据和运营信息,供数字孪生系统使用。而数字孪生系统则通过模拟和分析生产环境的数据,提供优化建议和决策支持,以帮助数字主线实现更高效、灵活和可持续的运营。

6.3 模型集成

本小节将介绍如何在数字孪生中对数学模型、机理模型和数据模型进行集成,涉及常用的集成框架和方法。

6.3.1 基于服务的模型集成框架

1. 基于服务的架构(SOA)

基于服务的架构是数字孪生系统中常用的模型集成方法。基于服务的模型集成框架将系统功能划分为独立的服务,并通过定义的接口和协议实现模型之间的通信和交互,如图 6-15 所示。每个模型作为一个独立的服务存在,提供特定的功能和服务,并通过定义的 API 与其他模型进行交互。这种松耦合的设计使得不同模型可以独立开发、部署和维护,而且能够以可重用的方式进行组合和集成。模型的独立部署和运行使得不同模型可以使用不同的技术栈和独立的开发团队进行开发和维护。每个模型可以独立进行部署、扩展和升级,而不会影响其他模型的运行。基于服务的架构通常使用标准化的接口和协议,如 RESTful API、SOAP 等,使得不同模型之间可以以一致的方式进行通信和数据交换。这种标准化和互操作性使得模型集成更加方便和无缝,不同模型之间可以共享数据和交换结果,实现实时的数据流和信息传递。基于服务的架构具有良好的可扩展性和灵活性。新的模型可以相对容易地集成到系统中,只需开发相应的服务和 API 即可。同时,如果需要替换或升级某个模型,只需对该模型进行修改或替换即可,而不会对系统的其余部分产生影响。基于服务的架构通过松耦合和可重用性、分布式和可独立部署性、标准化和互操作性,以及可扩展性和灵活性等优势,实现了模型的高效集成、可维护和可扩展,促进了数字孪生系统的高效运行和持续发展。

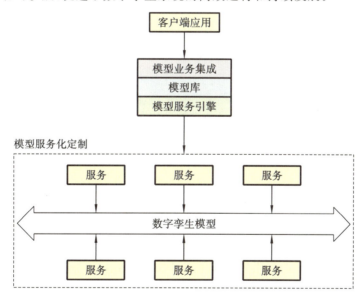

图 6-15 基于服务的模型集成框架

2. 基于微服务的架构

微服务(micro-service)架构也是一种面向服务的架构,将应用程序划分为一组小型、独立的服务,每个服务都专注于单一的业务功能,如图 6-16 所示。在微服务架构中,每个服务都有自己的数据库和独立的部署单元,并通过轻量级通信机制(如 HTTP/REST API)进行通信。微服务架构强调服务的自治性和可独立部署性,每个服务可以使用不同的技术栈和开发团队,使得系统更容易扩展和维护。

微服务架构与 SOA 一样,都是在分布式环境下,形成很多不同的独立服务,在技术的异构性的兼容上有着一致的风格。但是,相对于 SOA,微服务架构是细粒度的,SOA 是粗粒度

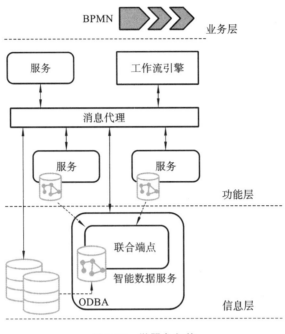

图 6-16 微服务架构

的。微服务架构通过通信机制,主要调用 Restful API,实现不同微服务的相互协作,是一种更简化的分布式架构形态,尤其满足更为互联网化应用的需求。本书更推荐微服务架构。

6.3.2 模型集成典型方法

数字孪生系统通常包含多个模型,每个模型负责描述和模拟系统的不同方面。这些模型可以是基于数学模型、机理模型或数据模型的,它们可能具有不同的计算需求和特点,因此需要集成。模型集成典型方法如下。

1. 联邦集成

在模型集成的过程中,可以采用联邦集成的方式,如图 6-17 所示。每个模型作为一个独立的应用或服务存在,通过定义的接口与其他模型进行通信和交互。每个模型保持自己的自治性和互操作性,可以独立进行开发、部署和维护。通过定义标准的接口和协议(如 RESTful API 或 SOAP),不同模型之间可以共享数据、交换结果,并实现实时的数据流和信息传递。

2. 事件驱动集成

在数字孪生系统中,事件是制造系统中发生的有意义的事情,它可以是制造状态的变化、某个操作的触发、通知等。事件总线中的所有通信都是围绕事件进行的。事件源是事件的生产者,可以是不同的应用程序、服务、外部系统或物理设备。事件源产生事件并将其传递到事件总线中,可以和数字主线集成。事件目标是事件总线中的输出组件,它接收符合规则的事件,并执行相应的操作。事件过滤是一种机制,订阅者可以使用它来选择只接收满足特定条件的事件。这有助于订阅者仅关注它们感兴趣的事件。其中数字孪生模型主要用作事件代理,它可以感知事件、处理事件,并将对事件的处理结果发送到事件目标中,用作决策。在事件驱动的系统中,事件由事件生产者生成,由事件代理引入和过滤,然后扇出到相应的事件订阅者(或接收器)。事件将转发到由一个或多个匹配触发器定义的订阅者。这三个组件(事件生产

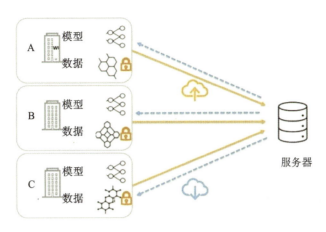

图 6-17 联邦集成框架

者、事件代理、事件订阅者)是分离的,可以独立部署、更新和扩展。这种方式下,模型之间可以实现实时的通信和协作,适用于需要快速响应和实时性的场景,如图 6-18 所示。

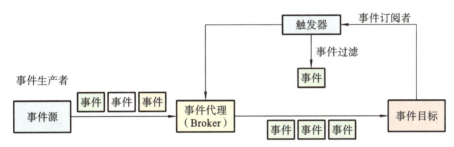

图 6-18 事件驱动集成

3. 服务总线集成

可以利用服务总线或企业服务总线(ESB)来实现模型的集成,如图 6-19 所示。将不同的模型连接到一个通用的中介件(如企业服务总线或服务总线),可以实现模型之间的跨平台交互和信息共享。这种集成方式适用于大规模的系统集成,提供了更加完善的管理、监控和治理功能,以提高模型集成的可靠性和可维护性。其实,SOA 就依赖企业服务总线上的公共服务,以及到供应商和设计合作伙伴的轻量级接口。

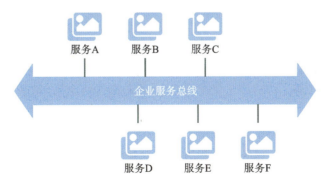

图 6-19 企业服务总线驱动集成

选择何种集成方法取决于数字孪生应用的需求和特点。合理地组织和集成模型,可以实现数字孪生系统的高效运行和持续发展。

6.4 全生命周期应用集成

6.4.1 应用集成概述

当前产品的复杂程度增加，企业研发任务的需求在产品各个生命周期阶段往往会跨越多个工程领域，典型的如需求管理、架构设计、产品设计、质量管理、仿真验证等。在全生命周期中，利益相关方会使用不同的领域工具来解决相应领域遇到的问题，数字孪生系统主要有两类应用集成问题。

1) 跨生命周期的应用集成问题

在数字孪生系统中，微服务是一种常用的模型定义和集成方式。然而，并非所有系统都能提供微服务作为集成接口。当前领域工具间的数据和工作流彼此割裂，导致无法在产品的全生命周期内实现跨领域的数据一致性表达和相互通用。

2) 面向特定应用的数据、模型共享与组装问题

在数据整合方面，不同应用可以共享相同的数据。这意味着数据只需在一个地方进行维护，并可以被多个应用访问和使用。数据可以存储在共享的数据库中，或者通过数据服务的方式提供给其他应用。通过数据共享，不同应用可以共享一致的数据视图，避免数据冗余和一致性问题，提高数据的可靠性和有效性。在集成过程中，需要考虑模型和数据之间的适配和转换。不同应用可能使用不同的数据格式和模型表示方式，因此需要进行适当的格式转换和映射，以确保数据能够在不同应用之间流动和交换。这可能涉及数据的解析、转换和重新打包，以满足不同应用的需求。

模型可以被封装为一个独立的服务或库，以便其他应用可以方便地调用。这种模型共享的方法可以提高模型的复用性和维护性，并减少重复开发的工作量。

在模型组装方面，不同应用可以共享相同的算法模型。这意味着模型的开发和维护只需在一个地方进行，而其他应用可以通过调用该模型来使用其功能。

6.4.2 基于 OSLC 的应用集成方法

数字孪生将实体世界的物理对象或系统映射到数字模型，这些数字模型具有不同尺度、不同粒度，分散在产品的全生命周期中。而开放式生命周期协作服务（open services for lifecycle collaboration，OSLC）是一组开放标准和规范，旨在促进不同工具和系统之间的集成和协作，支持软件和系统开发的全生命周期应用。OSLC 基于 Web 技术和标准，如 HTTP、REST、RDF 和 Linked Data，提供了基于 Web 的方法，使不同工具和系统能够通过标准化的接口和协议进行通信和数据交换。OSLC 定义了资源、关系和操作的规范，实现了不同工具和系统以一致的方式共享和访问数据。它提供了统一的数据模型和语义，使不同工具和系统能够相互理解和交互。此集成和协作覆盖了软件和系统开发的各个阶段，包括需求管理、设计、开发、测试、部署和维护等。通过使用 OSLC，组织可以更容易地集成不同工具和系统，实现数据的无缝流动和交换。这有助于减少重复工作、提高效率，并促进团队和组织之间的协同工作。此外，OSLC 还提供了可扩展的方式，允许组织根据特定需求进行定制和扩展。

数字孪生与 OSLC 集成可以提供更强大的协同和集成能力，使得数字孪生系统可以与其他工具和系统进行数据交换、共享和协同工作。集成步骤如下。

1) 定义数字孪生模型的接口和资源

首先,需要定义数字孪生模型的接口和资源,以允许其他系统与其进行交互。这可以通过使用 OSLC 规范中的资源和服务提供者来实现。数字孪生模型可以作为一个服务提供者,向其他系统提供自己的服务和数据。利用 OSLC 将数字孪生生命周期资产进行资源化,如图 6-20 所示。用户通过 HTTP 协议对这些资源进行访问。基于 OSLC 定义可对数字孪生资产表述进行 RDF(资源描述框架)描述,同时支持例如 JSON/HTML 等其他资源格式。

图 6-20 基于 OSLC 的数字孪生资产资源定义

2) 建立数字孪生模型与其他系统的链接和关联

使用 OSLC 规范中的链接和关联机制,可以在数字孪生模型与其他系统之间建立关联关系和链接关系。这样,数字孪生模型可以与其他系统共享数据和关联信息,实现数据的交换和共享。

3) 实现数据查询和操作

OSLC 提供了一组标准的查询和操作机制,使得不同系统可以进行数据的查询和操作。这些查询服务其实就是前文所述的各种接口和微服务。数字孪生模型可以通过定义标准的查询语言和操作 API,允许其他系统对其进行数据的检索、修改和更新。

4) 实现事件传播和通知

通过使用 OSLC 规范中的事件和通知机制,数字孪生模型可以实现实时的事件传播和通知。当数字孪生模型的状态发生变化时,它可以发布相应的事件或通知,其他订阅该事件或通知的系统可以接收到并作出相应的响应。

如图 6-21 所示,OSLC 服务化系统工程整合框架包括数据前端平台调用、OSLC 处理、基础组件三个层次。

基础组件层包括整个产品开发过程中的生命周期数据及数字孪生方案两部分。生命周期数据指系统仿真实验数据库、模型数据库(CAD 模型、CAE 模型、CFD 模型、架构模型)、代码、形式化文档(型文件、仿真文件、结果文件、仿真报告和其他文件)、用户权限数据库及文件等。数字孪生方案包括工业生产设备、传感器采集的实时数据等。

OSLC 处理直接面向数据,将基础组件中的模型数据及从工业生产设备、传感器硬件 IO 接口所收集的数据转化为 OSLC 服务。OSLC 标准基于基础的数据结构框架,系统工程师可以将 OSLC 给定的标准定义作为参考模型,定制自己企业内部的数据集成标准(该过程类似于系统工程师需要根据 SysML 模型建立自己的 profile)。该层 OSLC 服务是基于 OSLC 标准开发的服务配置器生成的。针对不同资源,开发对应 OSLC 服务配置器,可以将该资源表达为统一的 OSLC 服务,每个 OSLC 服务可以通过统一资源定位符(URL)访问。此处需要注意的是,不能单纯地把 OSLC 技术看成简单的 Restful 服务或者 RDF 技术。

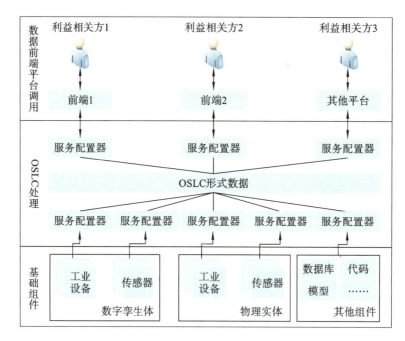

图 6-21 OSLC 服务化系统工程整合框架

通过以上 OSLC 服务集成架构,产品生命周期过程中的数据、模型及形式化文档以及数据孪生中产生的数据可以统一表达,并实现更加方便的集成。

6.5 数字孪生系统开发

不同于其他软件研发,数字孪生工业软件和制造过程紧密耦合、实时交互。针对数字孪生系统要具备极高的鲁棒性、极低的缺陷率和极可靠的运行需求,可以通过形式化方法来定义数字孪生的软件对象或组件的集成接口,包括数理逻辑一致性、完备性定义和软件实现的规范化约束。针对制造系统中数字孪生体的网络化协同问题,数字孪生系统的组件虚拟化可实现软件前端 MVVM 范式的高响应性组件集成,确定数字孪生组件间的交互行为和响应机制,定义数字孪生组件的协同交互方法。

6.5.1 组件形式化方法

首先,建立数字孪生原子组件,给出数字孪生组件的最基本组成,包括数据、状态和行为等;然后基于逻辑、状态机、网络、进程代数等形式化方法,以及差量第一性原则,对数字孪生系统的原子组件进行形式化表达。软件环境应包括属性集、双向数据接口、各种机理和数据模型及其容器、回调函数,通过可视用户界面展示,如图 6-22 所示。

基于状态空间进行模型形式化:从一个模型到另一个模型的语义差异包含前一个模型语义中的元素,而后一个模型的语义中没有这些元素。揭示从一个模型版本到后续模型版本的语义差异,有助于理解为获得后续模型版本而对原始模型版本进行的句法修改对语义的影响。针对各种具体建模语言的语义差异方法和具体建模语言无关的方法,实现数字孪生组件形式化及自动生成,以促进解决语义模型演化分析问题,如图 6-23 所示。

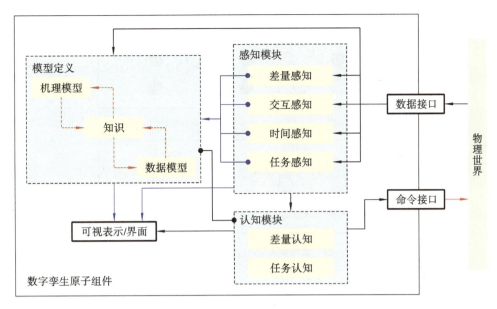

图 6-22 数字孪生原子组件

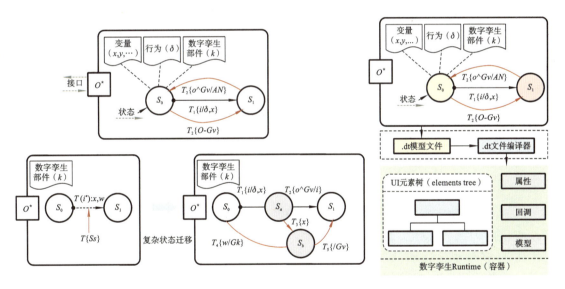

图 6-23 数字孪生组件形式化及自动生成

6.5.2 响应式虚拟化方法

数字孪生虚拟组件模型:数字孪生组件层次是基于树来表示的,如果基于数字孪生原生节点进行遍历和更新,则效率低下。参考虚拟文档对象模型(DOM)方法,对数字孪生组件建立一个虚拟数字孪生组件模型(DTCM)。对数字孪生组件的交互就是对内存中的数字孪生组件模型进行操作,当节点状态差量发生后,进行差量计算可以获得更新的对象范围,再次进行数字孪生节点渲染等操作时效率高、反应迅速,如图 6-24 所示。

数字孪生系统中包括不同数字孪生体,每个数字孪生体又由若干组件构成,其位于不同层次,包括机理模型和数据模型,接收不同的数据,响应不同的机理。外在刺激在组件间传递的

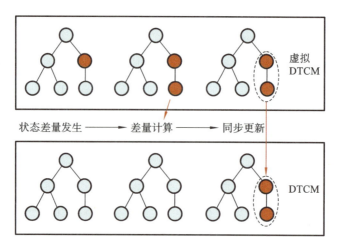

图 6-24　数字孪生虚拟组件模型工作原理

路由非常复杂。基于虚拟 DTCM 研究一种响应式路由方法,可以使得制造上下文的模型得到快速响应,原理是对目标刺激源的度进行分析,然后拓扑简化实现快速路由传播,实现主路径后,再重建信息路由,如图 6-25 所示。

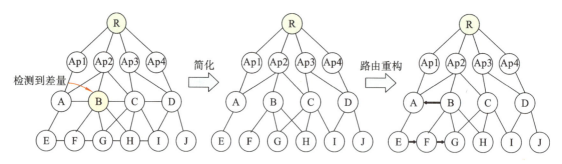

图 6-25　组件模型的响应式路由选择

基于容器的数字孪生组件虚拟化方法:对数字孪生组件进行虚拟化可以提高其敏捷性、灵活性和可扩展性。虚拟化后的数字孪生组件具备更高的工作负载移动性、更好的性能和资源可用性,能够自动化运维,目前基于容器的技术是软件或服务虚拟化的主要方法。基于 Docker 的数字孪生组件容器框架主要有两种服务,分别是数字孪生运行时服务和数字孪生容器配置服务,如图 6-26 所示。

6.5.3　数字孪生工业软件构架

1. 软件平台渐进式构架

模型的演化属于渐进过程,质变产生于量变的累积,然而量变并不是独立存在的,渐进方向受限于量变的影响。基于渐进的演化过程存在以下问题:无用渐变过程造成计算资源浪费;渐变量单独作用于模型导致信息割裂;高频渐变造成系统阻塞等。本书所述渐进式数字孪生系统通过构建中间媒介承接量变,基于差异合并实现数字孪生系统高效运转。

在基于数字孪生视图模型(TVM)的构建模式中,视图是数字孪生模型的表现形式,用于可视分析,模型是机理和数据层面的数字孪生虚拟模型,视图模型是从模型到视图的一个过程

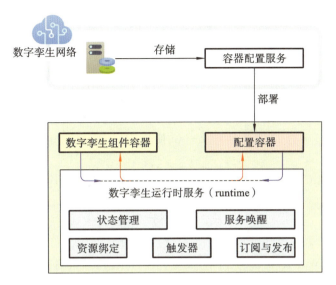

图 6-26　基于 Docker 的数字孪生组件容器框架

量。视图模型承接模型渐变差异,对于历史视图,构建新的视图需基于更新算法实现视图的演化过程。渐进式数字孪生工业软件的 TVM 实现流程:视图作为应用层和表示层;AI 算法(认知大脑)作为会话层;视图模型差异传输作为传输层;知识图谱作为网络层,实现离散数据和信息到知识的转变,将数据驱动模型优化为知识驱动模型;多源异构数据的传输作为数据链路层;设备实体作为物理层,如图 6-27 所示。

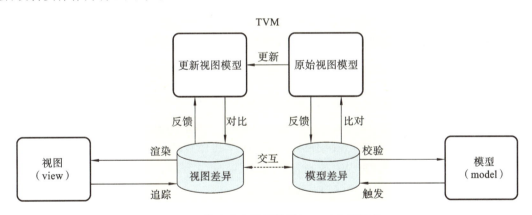

图 6-27　数字孪生视图模型(TVM)实现原理

2. 基于 AOP 的功能模块设计

系统平台软件框架采用面向切面编程(AOP)模式,以差量形式化描述为骨架,使用系统建模语言 SysML 进行框架建模,将真实的物理场景、状态等通过交互化界面进行隔离和融合。

由于数字孪生软件系统非常庞杂,系统模块的划分根据制造业特点泛化而成,以微服务构架为主要框架,分为若干模块;数字孪生系统由数字孪生基础组件构成,主体体现为模块和组件关系图;模型状态的变迁引起的交互行为,转换为模块间的数据交互和数据流;而数字孪生机理模型和数据模型以容器方式进行虚拟化。

习 题

数字资源

1. 数字孪生系统集成分为哪几个层次？如何理解这样的集成体系？
2. 数字孪生数据集成的本质是什么？
3. 统一数据访问的方法是什么？请定义基于 UNS 的机床命名空间。
4. 数字孪生模型融合的机理是什么？试使用 Restful 风格定义一个简单的模型融合接口。
5. 如何理解 OSLC 和数字孪生集成的关系？OSLC 分为哪几个层次？

参 考 文 献

[1] TAO F, QI Q, WANG L, et al. Digital twins and cyber-physical systems toward smart manufacturing and Industry 4.0: correlation and comparison[J]. Engineering, 2019, 5(4): 2805-2817.

[2] TAO F, ZHANG M, LIU Y, et al. Digital twin driven prognostics and health management for complex equipment[J]. CIRP Annals, 2018, 67(1):169-172.

[3] TONG X, LU Q, PANG S. Real-time machining data application and service based on IMT digital twin[J]. Journal of Intelligent Manufacturing, 2020, 31(5):1116-1132.

[4] SEMERARO C, LEZOCHE M, PANETTO H, et al. Digital twin paradigm: a systematic literature review[J]. Computers in Industry, 2021, 130(7):1-23.

[5] 宋学官,来孝楠,何西旺,等. 重大装备形性一体化数字孪生关键技术[J]. 机械工程学报, 2022, 58(10):298-325.

[6] 谭飚,张宇,刘丽冰,等. 面向动力学特性监测的主轴系统数字孪生体[J]. 中国机械工程, 2020, 31(18): 2231-2238.

[7] JALOUDI S. Communication protocols of an industrial internet of things environment: a comparative study[J]. Future Internet, 2019, 11(3):66.

[8] STEINDL G, KASTNER W. Semantic microservice framework for digital twins[J]. Applied Sciences, 2021, 11(12): 5633.

第7章 数字孪生控制系统

7.1 概 述

传统的控制与优化方法在工程领域得到了广泛应用,特别是在控制系统设计、工业过程控制和机器人控制等领域。传统的控制与优化基于数学模型和经典的控制理论,如 PID 控制器、根轨迹分析、频域设计等,对系统状态和输入进行测量和分析,应用控制算法来实现对系统行为的调节和稳定,目标是按照预定的要求或期望值控制系统输出,而且通过调整系统的控制参数或结构,使系统能够达到最佳的性能指标,如图 7-1 所示。

图 7-1 系统控制概念图

基于数字孪生的控制系统(以下简称数字孪生控制系统)是一种结合数字孪生技术和现代控制理论的新型控制方法,通过建立物理子系统和虚拟子系统的孪生控制模型,来实时模拟和预测实际系统的行为和性能。相比传统的控制方法,数字孪生控制系统有显著的优势。

(1) 设计和调优控制策略:数字孪生可以在虚拟环境中设计和调优控制策略,而无须直接影响真实系统。这种虚拟试验方式可以降低实际系统的成本和风险,并加快控制策略的开发和优化过程。

(2) 实时控制和响应:数字孪生可以与真实系统实时交互,使得控制系统能够更快地对系统变化做出响应,并采取相应的调整措施,以保持系统的稳定性和性能。

(3) 故障诊断和预防:通过与真实系统的对比分析,结合数字孪生集成的各阶段历史数据,数字孪生控制系统可以更精准地识别和预测潜在的故障情况。

(4) 模型更新和自适应控制:数字孪生可以通过与真实系统的实时数据交互,更新模型并进行自适应控制。基于数字孪生的控制系统能够更好地适应系统变化和不确定性,提高控制的准确性和鲁棒性。

(5) 远程监控和远程控制:数字孪生控制系统可以通过云平台进行远程监控和控制,可以远程访问和操作,实现远程监控、远程故障诊断和远程控制,提高系统的灵活性和可操作性。

7.2 定义与组成

数字孪生框架简化了智能控制系统的设计和开发过程,创建了实际系统或过程的虚拟表示,主要由数学模型或描述、可视化表示两个基本部分组成。对系统的数学描述其实仍然是控制系统的基本概念。经典的单输入单输出控制系统 $y(t)$ 的输出通过传感器测量值 F 反馈,与参考值 $r(t)$ 进行比较。然后,控制器 C 利用基准源和输出之间的误差 e(差值)将输入 u 更改为控制 P 下的系统,如图 7-2(a)所示。其中,比例-积分-微分控制器(PID 控制器)是一种广泛用于控制系统的控制回路反馈机构控制技术。

当前现代控制理论和方法也在不断涌现,如模糊控制、自适应控制、模型预测控制等,这些方法在特定的应用领域中具有更好的性能和适应性。同时,基于实时数据采集、模型构建和仿真分析,可以实现对实际系统的监测、预测、优化和决策支持。

数字孪生和控制系统之间存在紧密的联系。数字孪生通过建立物理子系统和虚拟子系统之间的关联,实时模拟和预测实际系统的行为和性能。而控制系统的目标是调节和管理系统的行为,以实现所期望的性能和稳定性。数字孪生为控制系统提供了关键的信息和工具。结合数字孪生技术,控制系统可以在虚拟环境中进行设计和调优,而无须直接影响真实系统。同时,数字孪生还使得控制系统能够与真实系统实时交互。这种新型的控制方法提供了实时模拟、预测和优化的能力,为控制系统提供了更精确、更智能的控制策略和决策支持。因此,数字孪生控制系统可以被定义为:数字孪生控制系统是一种基于虚实融合、可对系统状态进行实时感知和认知的闭环迭代控制系统,其基于数据驱动进行预见性分析、洞察和学习,对系统进行快速响应、自动调整和自动适应。数字孪生控制系统主要由三部分组成:①物理系统,它是一个实际的闭环反馈控制系统,包括真实的设备或工厂和控制器;②虚拟系统,它是一个虚拟的闭环反馈控制系统,包括数字化的设备或工厂和控制器;③物理系统和虚拟系统之间的信息交换,如图 7-2(b)所示。

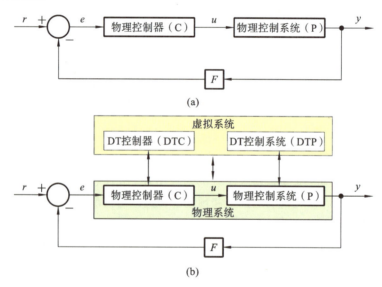

图 7-2 经典闭环控制系统与数字孪生控制系统
(a)单输入单输出控制系统;(b)数字孪生控制系统简图

在这个数字孪生控制系统中,真实的设备或系统代表了待控制的实际过程或系统,而数字化的设备或系统则是真实设备或系统的模型,可以被离线/在线地识别以跟踪真实设备的动态变化。数字化设备的控制器,称为 D 控制器,具有与真实设备的控制器(R 控制器)相同的结构,如果需要,可以将前者的参数传递给后者。实际上,真实设备和数字化设备是孪生的,R 控制器和 D 控制器也是孪生的。因此,物理子系统和虚拟子系统也是孪生的。

数字孪生控制系统的目标是构建一个与现实世界中的物理控制系统具有相同动态特性的数字控制系统，充分利用物理机制、感知信息和操作数据，通过数字手段，对物理控制系统进行动态模拟、跟踪、监测、诊断、预测、分析、综合等操作。

7.3 典型的控制模式

数字孪生控制系统在以下几个方面具有优势：动态跟踪、性能预测、性能保持以及对真实系统的容错控制。其控制模式也可以分为基于自适应模型跟踪的控制、基于性能预测的控制、基于性能保持的控制、基于容错的控制四种，以下对这四种控制模式分别展开介绍。

7.3.1 基于自适应模型跟踪的控制

由于真实设备的动态特性可能随时间变化，或者真实设备存在一些不确定性，数字孪生系统的模型应该跟踪设备中发生的变化。为了保持数字设备和真实设备具有相同的动态特性，基于自适应模型跟踪的控制使得数字设备的模型参数根据真实设备的动态变化进行自适应更新，如图 7-3 所示。

在基于自适应模型跟踪的控制系统中，R 控制器负责处理期望的参考输入信号 r，并生成一个控制信号 u_p，该信号引导过程工厂产生一个尽可能接近参考输入的输出 y_p。同时，D 控制器响应外部扰动，通过产生一个扰动控制信号 u_d 来调节扰动工厂，以稳定系统的扰动输出 y_d。这两个控制器的自适应特性确保了即使在面对未知的动态变化和外部扰动时，系统也能持续以高精度标准跟踪期望的输出轨迹，保证了整体系统的鲁棒性和稳定性。

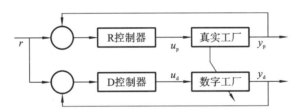

图 7-3 基于自适应模型跟踪的数字孪生控制系统

7.3.2 基于性能预测的控制

真实设备的性能预测在数字孪生系统的控制和调度中起着非常重要的作用。利用虚拟子系统，可以在下一次采样之前提前模拟物理子系统的未来行为。如图 7-4 所示，在性能预测控制中，基于截止时间 t 的可用信息，可以预测从 $t+1$ 到 $t+N$ 的真实设备的未来状态、输出和控制输入，其中 N 是预测长度。性能预测控制不是一次离线进行，而是反复在线进行的。同时，为了防止数据失真和环境干扰等引起的控制偏差，数字孪生在新的采样时刻首先检测对象的实际输出，并利用这一实时信息对基于性能预测的控制结果进行修正，然后再进行新的优化迭代。此外，现实世界中往往存在各种各样的约束条件，由于性能预测控制是通过构建高保真数字化虚拟模型来实时映射设备动作的，所以可以非常自然地将这些约束建立在数字孪生规则模型中以此来满足这些约束。

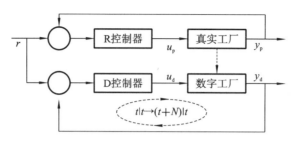

图 7-4 基于性能预测的数字孪生控制系统

7.3.3 基于性能保持的控制

由于真实设备的动态特性和环境通常会随时间变化,系统性能可能会降低到预期水平以下。在基于性能保持的控制系统中,控制器通常需要实时地评估系统的当前性能,并与既定的性能目标进行比较。如果性能偏离预定的范围,控制器将调整其控制策略,以引导系统回到期望的性能轨迹上。这可能涉及采用自适应控制、鲁棒控制或优化控制等高级控制技术。如图 7-5 所示,R 控制器负责根据参考输入(r)计算出控制信号(u_p),以期达到期望的输出(y_p)。D 控制器则主要用于抵消外部扰动(u_d),确保输出(y_d)的稳定性。该系统典型地应用于数字孪生技术,即通过创建物理系统的虚拟副本来实现对实际物理系统的实时模拟和分析。这种结构设计能够实现对系统性能的实时监控和动态调整,确保即使在面临参数不确定性和外部扰动时,系统性能也能得到保持和优化,这对于确保复杂系统在不断变化的环境中维持高精度和稳定的操作至关重要。

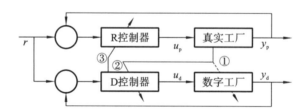

图 7-5 基于性能保持的数字孪生控制系统

7.3.4 基于容错的控制

数字孪生控制系统在应对系统故障方面比传统的控制系统具有更多优势。这是因为数字孪生控制系统中存在一个虚拟子系统。物理子系统的故障部分可以由虚拟子系统的相应部分替代。容错应考虑真实系统的两种故障,一种是传感器故障,另一种是控制器故障,分别提出传感器容错和控制器容错。

(1) 传感器容错:假设用于测量真实设备输出的传感器发生故障。如果采用传统的控制方法,物理子系统将变成一个开环控制系统,系统的稳定性和性能将发生显著变化,可能会崩溃。传感器容错控制方案如图 7-6(a)所示。在这个方案中,由故障传感器测量的真实设备输出被数字设备的输出所替代。同时,可能需要采用自适应模型跟踪方案,以确保真实设备和数字设备之间的差异在可容忍的范围内。

(2) 控制器容错:在传统的控制系统中,如果真实设备的控制器发生故障,系统就必须停止运行。例如,当控制器的硬件损坏或控制器的软件崩溃时,系统就必须停止。对于一个实际的系统来说,这可能导致巨大的经济损失或灾难。如图 7-6(b)所示的控制器容错方案至关重要。

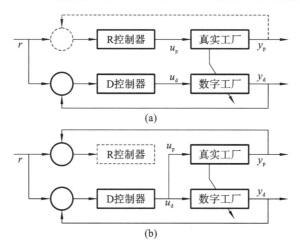

图 7-6 基于容错的数字孪生控制系统
(a)传感器容错;(b)控制器容错

当 R 控制器无法工作时,真实设备的控制输入被设置为 D 控制器的输出,即

$$u_p(t) = u_d(t)$$

基于容错的控制系统的设计和实现是一个复杂的过程,需要对系统的可能故障模式有深入的了解,并且能够设计出在故障发生时进行快速响应的控制策略。通常涉及使用高级控制理论,如鲁棒控制、自适应控制和智能控制等,以及在设计阶段就考虑系统的冗余和故障管理能力。

7.4 数字孪生控制方法

7.4.1 虚实融合的闭环实时控制方法

闭环控制系统的一个简单例子是家用恒温器。恒温器可以向加热器发送信号以打开或关闭加热器。恒温器使用温度传感器来检测当前的空气温度。当温度低于设定值时,恒温器会打开加热器。当传感器检测到温度高于设定值时,恒温器会关闭加热器。对闭环控制系统进行适当调整以实现系统的最佳运行非常重要。例如,如果空气温度接近恒温器的设定值,可能会导致系统快速打开和关闭,如此短的循环可能会损坏压缩机并破坏系统。这种系统具有阻尼附加值,可以控制输出的快速循环和不必要的振荡。在闭环系统中,传递函数定义了输入和输出之间的数学关系。输入对输出的影响或检测到的传感器值之间的关系称为系统的增益。根据增益和所需状态定义系统的传递函数,可能需要仔细计算以获得最佳结果。

闭环控制系统的一个更复杂的例子是汽车中的巡航控制。巡航控制系统希望汽车保持设定的速度,以车轮的速度(所需的系统输出)来衡量。它可以控制汽车的油门并改变发动机功率(系统输入)。油门与速度的关系不是直接的。此类控制系统的特点是实时的,对鲁棒性和系统响应要求非常高,因此闭环实时系统被应用于越来越多的数字孪生控制系统。

数字孪生控制系统的特点就是虚实融合,不仅包含两个数字孪生体的实时虚实交互,还包括虚拟和物理两个系统的虚实交互。传感器在固定间隔 t 感知分析被控对象数字孪生体（P，DTP）的状态变化 Δs，以及控制器数字孪生体（C，DTC）的参数状态变化 Δp。

$$\Delta s = S_P - S_{DTP}$$
$$\Delta p = P_C - P_{DTC}$$

在闭环实时控制中，被控对象的状态和控制器的参数被实时感知，DT 控制器和 DT 被控对象也被实时计算和评估，系统的控制周期 $\Delta t = t_2 - t_1$，该周期也接近实时，如图 7-7 所示。

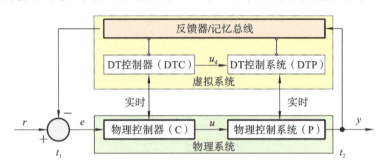

图 7-7　数字孪生实时闭环控制系统

Δt 越小，实时性越高，对整个控制系统的要求越高。一般可以通过快速感知系统状态、高速数据处理、快速计算控制策略、快速执行控制指令和最小化延迟等手段来实现实时性。数字孪生系统通过一个软件实时策略，构建统一的记忆总线来计算控制的上下文，处理数据同步、参数估计和相应的参数补偿。另外，实时性的实现大致有硬件实时和软件实时两种，在具体系统实现时有很多方法，实现的策略也不尽相同，读者可自行查阅相关资料。

7.4.2　数据驱动的预测控制方法

数据驱动控制（data-driven control）最早来源于计算机科学领域。它在控制领域中使用的名称却不尽相同，如 data-based control、modeless control、model-free control 等。严格地讲，data-driven control 和 data-based control 是有一些区别的，data-driven control 讲的是"控制的出发点和归宿都是数据"，是一种闭环控制方式，而 data-based control 则仅指明出发点，是一种开环控制方式。数据驱动控制的定义：控制器设计不包含受控过程数学模型信息，仅利用受控系统的在线和离线 I/O 数据以及经过数据处理而得到的知识来设计控制器，并在一定的假设下，有收敛性、稳定性保障和鲁棒性结论的控制理论与方法。简单地讲，数据驱动控制就是直接从数据到控制器设计的控制理论和方法。

数据驱动的数字孪生控制系统是使用从工厂运行历史中获取的传感器数据构建的分析模型。它是被控对象变量之间物理关系的表示，并且在不包含第一性原理模型的情况下构建，如图 7-8 所示。该控制系统利用在线和离线数据，在数字孪生系统中实现基于数据的预报、评价、调度、监控、诊断、决策和优化等各种期望功能。

数字孪生控制系统的决策是基于数据而不是基于直觉做出的，主要依赖从系统或流程的全生命周期中收集的历史数据来建立输入、内部和输出变量之间的关系。机器学习是人工智能的一个子领域，与数据驱动的建模密切相关，因为它还专注于使用历史数据来创建可以进行预测和识别模式的模型。事实上，许多数据驱动的模型都采用了机器学习技术，例如回归、分类和聚类算法，以处理和分析数据。本书前文已经详细给出了数据建模的方法，这些方法同样适用于系统控制。

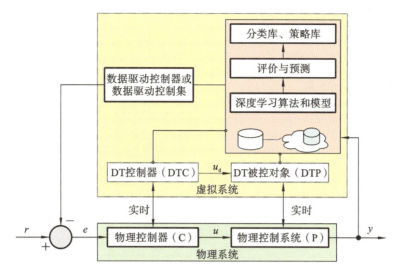

图 7-8 数据驱动的数字孪生控制系统

机械故障是风力发电设备、航空发动机、高档数控机床等大型机械装备安全可靠运行的"潜在杀手"。机械设备剩余寿命定义为机械设备从当前时刻运行至失效状态时刻的时间间隔，剩余寿命预测是指在健康因子组成的性能退化曲线的基础上，预测机械设备从当前时刻运行至失效时刻的时间间隔。针对剩余寿命预测，目前有不少基于数字孪生的研究：基于物理模型的方法、数据驱动的方法和基于混合模型的方法。

基于物理模型的剩余寿命预测方法主要依据机械设备失效机理建立数学模型，即在数字孪生系统中嵌入机械设备失效机理，构建性能退化过程物理模型，描述性能退化过程，然后进行事前或事后预测。然而，机械设备结构复杂，作业工况多样，难以建立准确的失效机理模型。

基于数字孪生的数据驱动故障诊断是当前保障机械装备安全运行的研究热点，主要分为两类：基于统计模型的剩余寿命预测方法和基于智能学习模型的剩余寿命预测方法。①基于统计模型的剩余寿命预测方法也称为基于经验模型的方法，主要利用经验知识建立统计模型，然后利用历史观测数据确定模型参数，进而得到机械设备剩余寿命的概率分布函数。②智能学习模型能够利用智能算法从监测数据中自主学习机械设备性能退化模式，预测剩余寿命，不需要事先构建物理模型或者统计模型，因此基于智能学习模型的剩余寿命预测方法逐渐成为主流。

针对设备故障诊断，目前主要获取三类数据（监控数据、事件数据和状态数据），如图 7-9 所示。在剩余寿命预测领域，本书前文已经介绍了常用的数据驱动智能模型，如人工神经网络模型、支持向量机模型等。同时 ISO 13374 描述了一种用于监控和监测工业设备的模块化架构，本书基于此提供了一种适配于数字孪生的框架，如图 7-10 所示。

7.4.3 远程控制方法

远程控制在现代工业领域中具有重要的作用。它提供了更高的操作效率、更强的实时监控和故障诊断能力，同时提供了灵活性、便利性和安全性。使用远程控制，企业可以更好地管理和控制设备，提高生产力和效益。数字孪生控制系统可以通过云平台进行远程访问和操作，实现远程监控、远程故障诊断和远程控制，提高系统的灵活性和可操作性。

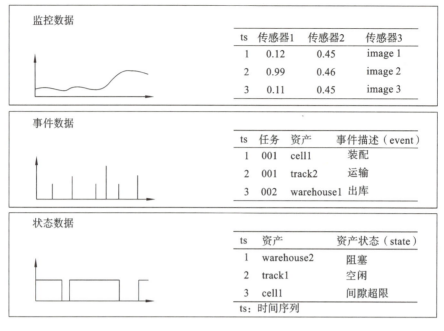

图 7-9 用于故障诊断的三类数据

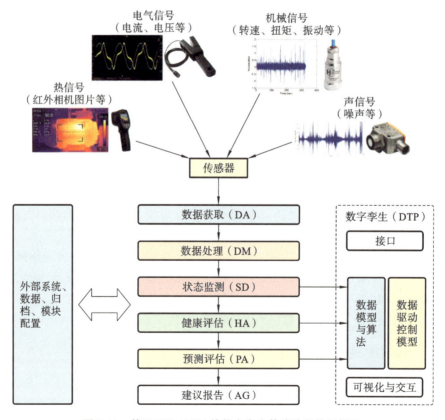

图 7-10 基于 ISO 13374 的数字孪生故障诊断控制框架

一个典型的数字孪生远程控制如图 7-11 所示,物理系统部署在远程,数字孪生系统则部署在主控中心。被控对象 Plant 包括控制器和实时操作的数据采集系统,数字孪生系统包括各种滤波器、非线性估计等模型,并更新数字孪生控制器 DTC。DTC 根据预测和评估控制结果,更新物理系统的控制器。

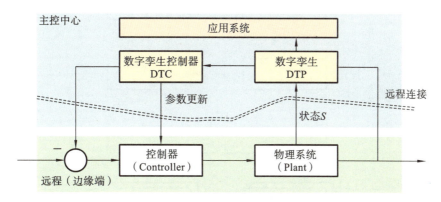

图 7-11　典型的数字孪生远程控制

可以看出,数字孪生的各个组件都在主控中心侧。数字孪生控制系统充分利用了云计算和大数据的支持,能够进行精准的预测和模拟。然而,这种远程数字孪生控制系统也存在一些缺陷。首先,实时性不够高,由于网络延迟和数据传输的限制,数字孪生系统无法实时获取和处理物理系统的数据,可能导致控制器的响应速度变慢,影响整个系统的实时性能。其次,在远程控制系统中,数字孪生系统需要通过互联网连接进行通信和数据传输。网络延迟可能会导致控制指令的延迟和不稳定性。此外,涉及的敏感数据和控制指令可能面临安全性威胁,需要采取相应的安全措施来保护系统的机密性和完整性。

随着边缘计算和云边协同技术的快速发展,另外两种远程控制系统也快速发展,如图7-12所示。边缘控制方式是指将控制功能部署在边缘设备或边缘节点上,靠近被控对象。边缘控制方式注重低延迟、本地决策和数据安全性,适用于实时性要求高、对数据隐私和安全性有较高要求的场景,如图 7-12(a)所示。边云控制方式是指将控制功能分布在边缘设备和云端之间,通过边缘设备与云端之间的协作实现控制。云端具备强大的计算和存储资源,能够处理大规模的数据和复杂的计算任务。边云控制方式可以根据需求动态调整边缘设备和云端之间的任务分配,根据实际情况进行资源的优化配置。云端可以收集和分析来自多个边缘设备的数据,具备全局视角和智能决策能力,可以进行更加综合和精确的控制,如图 7-12(b)所示。

7.4.4　基于强化学习的智能控制方法

强化学习在数字孪生虚实融合方面正在扮演着重要的角色。强化学习通过智能体与环境的交互学习来制订决策策略,以最大化累积奖励,其核心思想是通过试错和经验积累来优化策略,使智能体能够在复杂、不确定的环境中做出最优决策。数字孪生和强化学习紧密结合,强化学习可以使用数字孪生作为虚拟环境,通过与虚拟环境的交互来学习最优策略。智能体可以在数字孪生中进行试验和仿真,收集环境状态和奖励信号,并通过强化学习算法进行训练,从而优化决策策略。这种数字孪生与强化学习的结合使得系统可以在虚拟环境中进行大量的试验和学习,而无须在实际系统中进行昂贵的试验。通过不断在数字孪生中训练和优化,智能体可以学习到最优的控制策略,然后将其应用于实际系统,从而实现数字孪生深度虚实融合。

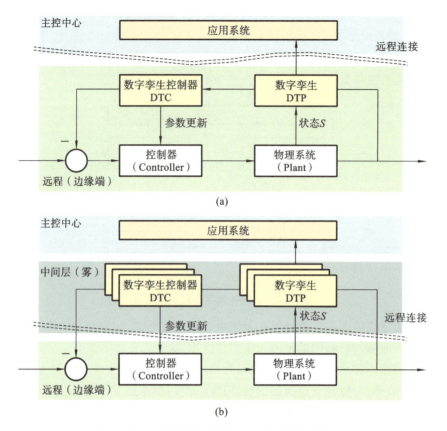

图 7-12　边缘部署的两种数字孪生远程控制系统
(a)边缘布置的数字孪生远程控制系统；(b)边云融合的数字孪生远程控制系统

1. 基于强化学习的数字孪生闭环控制

强化学习框架和数字孪生闭环控制在体系上存在一定的相似性，它们都涉及在一个交互式环境中进行决策和控制，都以实现特定目标为导向，如图 7-13 所示。首先，强化学习通过智能体与环境的交互来最大化累积奖励或效用函数，数字孪生闭环控制通过控制系统的输入和输出来实现某种期望的状态或动态响应。其次，在强化学习中智能体通过学习和制订决策来选择行动，以最大化长期回报。数字孪生闭环控制系统通过实时测量和反馈信息来调整输出，以实现期望的状态或响应。重要的是，强化学习和数字孪生闭环控制都涉及学习和优化的过程。强化学习中智能体通过与环境的交互进行学习，通过试错和经验积累来优化策略。而数据孪生闭环控制系统通过反馈信息进行学习和调整，以优化控制器的性能和响应，二者都是在一个反馈环境中进行操作。在强化学习中，智能体的行动会影响环境状态，并获得反馈奖励以调整策略。而数字孪生闭环控制系统通过观察系统状态和测量数据，并根据反馈信息来调整控制器输出。

尽管存在相似性，但二者也有一些关键区别。强化学习更侧重于学习和决策制订的过程，通常涉及试错和探索，以获得最佳策略。而数字孪生闭环控制系统更注重系统的稳定性和动态响应，通过反馈控制来实现期望的状态。强化学习通常涉及延迟奖励和长期回报的优化，而数字孪生闭环控制系统更注重实时性和瞬时反馈的优化。当前数字孪生闭环控制系统通常应用于确定性环境，基于强化学习的数字孪生闭环控制系统适用于不确定或复杂的环境是重要的发展趋势。

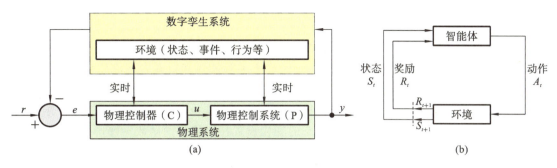

图 7-13 数字孪生闭环控制系统与强化学习体系对比图
(a)数字孪生闭环控制系统；(b)强化学习示意图

2. 基于强化学习的人机共融控制

在制造系统中人的因素不可或缺，尤其是在复杂产品的装拆过程中。人机共融作业环境，是指人与机器人在同一个工作空间中，共同完成任务的一种环境。这种环境通常可以是物理的或虚拟的，也可以同时包含两者。在人机共融作业空间内，人与机器人能够深度融合，以实现高级、智能、个性化的应用与服务，如图 7-14 所示。人机共融作业环境旨在为人与机器人操作任务提供包括工作台在内的一切服务与实体，通常包括物理实体、虚拟模型、感知和交互设备，以及计算处理系统等。

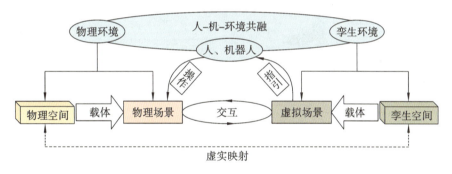

图 7-14 人机共融控制

为了进一步实现机器人与人的自主交互，在任务执行过程中提供主动协作，需要机器人在已有感知信息与交互信息的基础上做出自主决策。在面向复杂产品拆装任务的人机共融系统中，由于任务的动态性以及协作场景的不确定性，机器人的自主决策行为是困难的，而常用的基于马尔可夫、贝尔曼方程及其拓展方式的决策方法鲁棒性差，安全性相对较低。强化学习方法不同于连接主义中的监督学习，而是一种模拟生物的主动试错学习，这种自我优化的学习方式能够自主生成行为动作的智能体，并与作业环境不断进行交互，通过观测交互的结果以及所获得的回报来不断调整行为动作。按照学习目标，强化学习分为基于策略的(policy-based)强化学习和基于价值的(value-based)强化学习。数字孪生控制系统可以根据目标任务选择不同的算法，如 Q-learning、Sarsa、DQN、Policy Gradient、A3C、DDPG、PPO 等。

对于执行人机共融拆装任务的智能体而讲，如果只是简单地设定时间最优或难度最小等约束条件进行决策规划，则所获得的人与机器人任务的划分往往只能保证每一部件的拆装工作都由最能胜任的操作者来执行，并没有考虑到协同作业整体的完工效率以及在一系列的执行过程中人类操作能力稳定性下降的问题。强化学习的方法将执行者的状态、任务的操作难易程度及对应的执行时间考虑在内,通过奖励的方式,让操作人员和机器人不断地进行尝试,学习得到高效率的任务分工模式。

本书给出的基于强化学习的人机共融控制采用 A3C 算法,如图 7-15 所示。作业环境中包含待操作的产品部件和相关的操作工具。设置人类智能体和机器人智能体的动作空间 $α_H$ 和 $α_R$,在强化学习环境中通过调整人类与机器人之间的任务操作序列来完成不同的操作任务的执行模式划分,即决定某任务应该交由机器人或者人类单独完成,还是需要二者协作完成。在分配新任务的决策过程中,根据任务状态的变化设置相应的奖励函数。评价网络(critic)用于评价动作(actor)的决策。基于强化学习的数字孪生人机虚实交互,其重要性是它提供了一种基于试错学习和优化的方法,可以有效地改进数字孪生模型的预测能力和决策性能。通过强化学习,数字孪生可以更准确地模拟实际系统的行为,并为实际系统提供更优化的控制策略。这种虚实融合的优化可以帮助真实系统提高性能、降低成本,并为真实系统提供更好的决策支持。

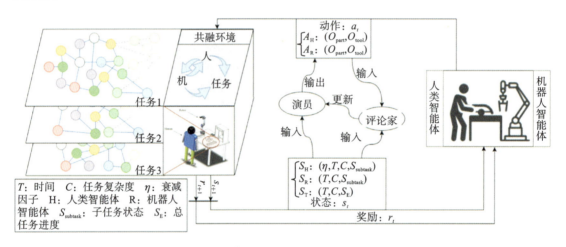

图 7-15 基于强化学习的人机共融控制

习 题

数字资源

1. 什么是数字孪生控制系统?请绘制数字孪生控制系统体系框架。
2. 数字孪生控制系统有哪几种控制模式?请详细阐述。
3. 基于数字孪生的控制方法有哪些?针对某电力控制系统,应该采用哪些方法来满足其实时性和远程控制要求?
4. 欧盟委员会提出工业 5.0 的三个核心要素,分别是以人为中心(humancentric)、可持续(sustainability)和韧性(resilience),其中以人为中心是核心概念,基于数字孪生的控制系统如何满足以人为中心的要求?

参 考 文 献

[1] LIU G. Control strategies for digital twin systems[J]. IEEE/CAA Journal of Automatica Sinica,2024,11(1):170-180.

[2] ISO 13374-1:2003, Condition monitoring and diagnostics of machines data processing, communication and presentation(part 1): general guidelines[EB/OL]. [2024-04-09]. https://www.iso.org/standard/21832.html.

[3] YOAV V, STEPHEN J E. The use of digital twins to remotely update feedback controllers for the motion control of nonlinear dynamic systems[J]. Mechanical Systems and Signal Processing, 2023, 185:109770.

[4] ZHANG R, LV Q, LI J, et al. A reinforcement learning method for human-robot collaboration in assembly tasks[J]. Robotics and Computer-Integrated Manufacturing, 2022, 73:102227.

第8章 数字孪生可视化

8.1 概 述

人类获得的信息约 70% 来自视觉系统。根据 C. Koch 等人的研究成果,人类视觉系统每秒能够处理 1000 万比特的图像信号。与目前的计算机水平相比,人类的模式识别、注意力导向、扩展联想和形象化思维能力更为出色。数字孪生系统强调虚实融合,与数字孪生的交互和决策主要依赖视觉形式。数字系统的可视化有助于用户更深入地了解数字世界中的各种参数和变量,以及它们对物理系统性能的影响。这种可视化形式有助于用户更好地理解数字孪生系统中的复杂关系,并提供一个直观的界面来控制和管理数字孪生系统。

因此,人与数字孪生的虚实融合的交互主要靠可视化手段,可视化"镜像"了物理实体(PEs)和虚拟实体(VEs),形成了虚实边界,通常以人机用户界面(UI)来实现。数字孪生系统虚拟空间包括数据(D)、PE-VE 的映射模型(M)、PE-VE 间的交互(O)三部分。交互贯穿了数字孪生系统的各个阶段,可视化是人机交互的桥梁,如图 8-1 所示。

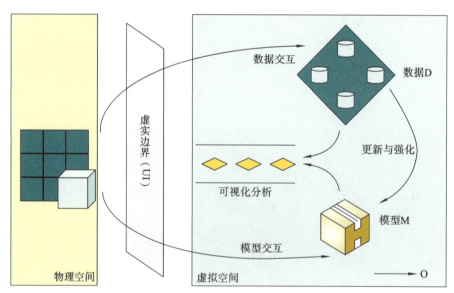

图 8-1 数字孪生系统可视化概念图

8.1.1 可视化简介

可视化技术要追溯到 20 世纪 70 年代初。大型计算机在重要科学研究中得到了广泛应用,科学计算成为科学活动中与理论分析、实验研究等并列的重要的研究手段。对科学计算结果进行可视化分析是数据可视化中最早出现,也是最成熟的一个跨学科的研究与应用领域。1986 年 10 月,美国国家科学基金会(NSF)主办了一次重要会议——"图形学、图像处理及工作站专题讨论",首次提出科学计算可视化(visualization in scientific computing,VISC),被认为是数据可视化领域的里程碑。科学计算可视化发展是爆炸性的,几十年前,数据可视化还不存在,如今,数据可视化在科学探索、医学领域、工程领域等已经深入展开。

20世纪90年代以来,互联网推动了可视化的另一分支——信息可视化(information visualization)的发展,其起源于制图学和统计图形学,主要处理对象为抽象信息(如文本、地图等)和高维数据。数据可视化和信息可视化是两个相近的专业领域名词,也容易混淆。狭义上的数据可视化指的是将数据用统计图表方式呈现,而信息可视化则是将非数字的信息进行可视化。前者用于传递信息,后者用于表现抽象或复杂的概念、技术和信息。而广义上的数据可视化则是数据可视化、信息可视化以及科学可视化等多个领域的统称。可视化的本质是将数据映射到图形空间(包括二维、三维)的过程,如图8-2所示。需要注意的是,计算机图形学和可视化技术是不同的。计算机图形学更注重图像的生成和表现,而可视化技术更注重数据的可视化和交互。计算机图形学提供了可视化技术所需的基础算法和技术,它为可视化的数据呈现和交互提供了重要的支持。

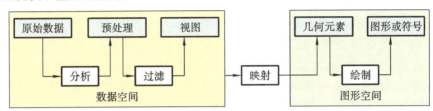

图 8-2 数据空间向图形空间的映射

随着海量数据分析在各学科领域中日益重要,可视化技术与数据分析技术结合,又发展出新的分支——可视分析(visual analytics),其被定义为以可视化交互界面为基础的分析推理科学。数字孪生系统需要处理海量数据。大家都知道大数据背后隐藏着信息,信息之中蕴含着知识。从数据到知识的发现过程,若纯粹通过数值、数字和表格来完成就显得非常不清晰、不具体。数字孪生在产品生命周期中发挥作用,其涉及的数据种类非常复杂,不仅包括产品、设备或工厂等的几何外观信息,还包括分析计算与仿真分析,如工程数值分析、结构与过程优化设计、强度与寿命评估、运动/动力学仿真等计算机辅助工程(CAE)数据。数字孪生融合了虚实世界(PE、VE),观察数据(D_O),可视化评估、信息集成和仿真分析(D_I、D_S),获得洞察(D_K)并验证未来产品/工程的可用性、可靠性和可加工性等,其中可视分析VA在数字孪生体系中至关重要,如图8-3所示。

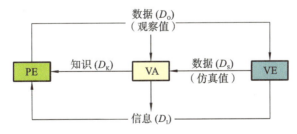

图 8-3 数字孪生体系中的可视分析

8.1.2 可视化流程

科学计算可视化将分析结果数据等转换成几何、图形或图像等,使研究者能够观察有限元分析仿真过程,将不可见的数据变成可见的图形并展示给用户。可视化流程可简单分为三阶段:分析、处理、图形生成,如图8-4所示。

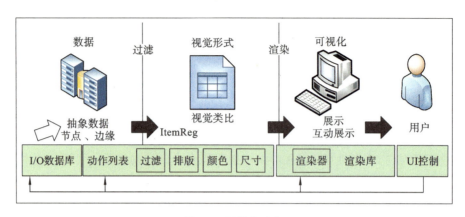

图 8-4 可视化流程

1. 分析阶段

首先要分析可视化的出发点和目标是什么、遇到了什么问题、要展示什么信息、最后想得出什么结论、验证什么假说等。数据承载的信息多种多样，不同的可视化方式会使侧重点有较大差别。只有确定以上问题，才能确定要过滤什么数据、用什么算法处理数据、用什么视觉符号进行编码等。其次要分析数据，这是至关重要的一步。不同领域、不同任务的可视化任务针对的数据不同，数据类型、数据结构和数据维度也千变万化，需要确定抽象的数据类型如何对应现实中的概念、不同的数据类型如何进行视觉编码等问题。

2. 处理阶段

处理阶段主要分为数据处理和视觉编码设计处理。数据处理是指在可视化之前进行数据清洗、数据规范、数据分析等处理。首先把脏数据、噪声数据过滤掉；其次再剔除和目标无关的冗余数据，调整数据结构以满足系统处理要求；最后选择需要展现的数据维度，进行可视化。而视觉编码设计处理是指如何使用坐标位置、尺寸大小、灰度值、纹理、色彩、方向、形状等视觉通道，以映射要展示的每个数据维度。

3. 图形生成阶段

图形生成阶段采用计算机图形学技术，使用美观的科学表达，实现工程数据呈现。该阶段既通过艺术渲染和视觉加工，让工程分析数据看起来更好看、更有冲击力，同时提供更加形象的科学表达，使用公有领域的视觉符号或者概念，将专业领域的知识变得更容易被理解。

8.2 三维几何场景可视化

数字孪生的三维几何场景可视化是对真实物理世界中的物体、环境和交互元素的三维图形化表示，在制造场景中经常需要对工厂、生产线、仓储、机器设备等各种实体和环境进行可视化。这些场景如何建模，本书在第 3 章已经详细介绍。对数字孪生几何场景进行可视化的过程，其实就是几何图形渲染的过程。如何实现高交互环境下的真实感视觉效果，这是目前数字孪生系统需要面对的问题。

8.2.1 真实感渲染流程

图形渲染是一个非常复杂的过程，它需要从一系列的顶点、纹理等信息出发，把这些信息最终转换成一张人眼可以看到的图像。CPU 渲染是传统的方式，CPU 内核以高频率运行，可以访问板载随机存取存储器(RAM),允许用户相对轻松地渲染具有大量数据的场景。随着GPU(图形处理器)的出现,基于 GPU 的渲染获得了很大的普及,GPU 有数千个以相对较低的时钟速度运行的小内核,在本质上被设计为以并行方式运行任务,渲染允许同时运行更多的并行进程。当前常用的渲染方式是 CPU 和 GPU 密切配合,渲染管线具体的实现细节会严重依赖于所使用的软件和硬件。

1. CPU 渲染过程

CPU 渲染阶段最重要的输出是渲染所需的几何信息,即渲染图元。渲染图元可以是点、线、三角形面等,这些信息会传递给 GPU 渲染管线处理。CPU 渲染主要包含以下几个步骤。

(1) 对象剔除:根据显示范围需要进行视锥体剔除,如果场景中的物体在视锥体外部,那么说明物体不可见,不需要对其进行渲染。可以根据场景的层级关系进行剔除,给物体设置不同的层级,让摄像机不渲染某一层。可以根据对象的遮挡关系进行剔除,当一个物体被其他物体遮挡而不在摄像机的可视范围内时不对其进行渲染。

(2) 渲染顺序设置:渲染顺序主要由渲染队列决定,如根据摄像机距离从前往后排序,先渲染离摄像机近的物体,远处的物体被遮挡剔除。

(3) 图形基本参数计算:变换矩阵、灯光、材质参数等。

(4) 数据打包:将数据按格式打包发送给 GPU。数据主要包含模型的顶点坐标、法线、UV、切线、顶点颜色、索引列表等。

2. GPU 渲染管线

GPU 渲染管线由顶点处理、基元处理、碎片处理、输出合并等任务组成,如图 8-5 所示。这些渲染任务可以并行化执行,因此 GPU 比 CPU 更具优势。

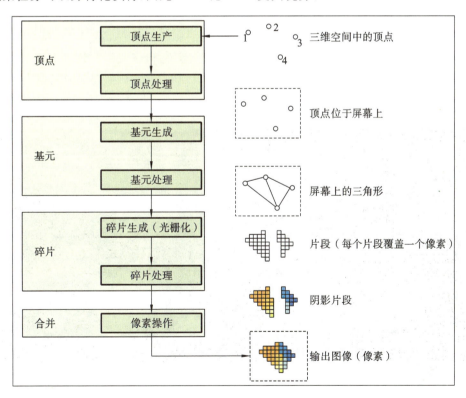

图 8-5　GPU 渲染管线

8.2.2 真实感渲染内容

实现具有真实感的数字孪生场景涉及图形学渲染的很多关键技术,目前主流图形引擎大多提供便捷的实现方式。为了让数字孪生场景具备较好的真实感,应进行以下渲染。

(1) 光照和阴影:真实感渲染中的光照和阴影是至关重要的,包括实时计算场景中的光照效果,如全局光照、阴影投射和环境光遮蔽等。常用的技术包括光线追踪、辐射度贴图、实时阴影映射和屏幕空间环境光遮蔽等。

(2) 材质和纹理:逼真的材质和纹理对于实时渲染至关重要,包括基于物理的材质模型,如 PBR(基于物理的渲染),以及纹理映射技术,如法线贴图、置换贴图和镜面反射等。这些技术能够模拟物体表面的微观细节和光照反射属性。

(3) 多边形网格细节:为了增强数字孪生系统的实时性和交互性,需要处理多边形网格的细节。常用的技术包括细分曲面、细节程度(level of detail,LOD)和几何着色器等,可以根据观察距离和屏幕分辨率等因素,动态地调整物体的细节级别,以提高渲染效率和视觉质量。

(4) 实时阴影技术:实时渲染中的阴影处理对于增强真实感至关重要。常用的实时阴影技术包括阴影映射、体积阴影、屏幕空间阴影和实时光线追踪技术等。

(5) 粒子和特效:实时渲染中的粒子系统和特效可以增加场景的真实感和动态效果。如机床切削过程中烟雾、大型港口的天气效果模拟等。

(6) 实时物理模拟:建立刚体动力学、布料仿真、液体流动和软体仿真等物理模型,可以模拟物体的运动、碰撞和物理特性,使场景中的物体具有真实的物理行为和互动性。

宝马汽车利用英伟达的 Omniverse 平台为整个汽车工厂开发了数字孪生装配场景,采用实时光线追踪 RTX 技术对装配场景进行实时光照、阴影、物理模拟等实时渲染,实现了企业级的应用,如图 8-6 所示。需要说明的是,渲染中的真实感和交互实时性之间存在一定的平衡。有些高级渲染技术可能会牺牲一些性能来实现更强的真实感,而在实时应用中,可能需要根据具体场景和硬件限制做出合理的选择和折中。

图 8-6 基于 Omniverse 的宝马汽车数字孪生装配场景

8.2.3 常见开源三维图形渲染引擎

1. 面向桌面的三维图形渲染引擎

Ogre 是一个基于 C++语言的开源 3D 图形引擎，提供了高性能的 3D 渲染和物理引擎，支持多种 3D 模型格式和材质，具有良好的可扩展性和易用性。

OpenSceneGraph 是一个基于 C++语言的开源 3D 图形引擎，提供了高性能的 3D 渲染和物理引擎，支持多种 3D 模型格式和材质，具有良好的可扩展性和易用性。

2. 面向浏览器的三维图形渲染引擎

Three.js 是一个基于 WebGL 的 JavaScript 3D 库，提供了丰富的 3D 渲染功能和易于使用的 API，支持多种 3D 模型格式和材质，是最流行的 WebGL 三维渲染引擎之一。

Babylon.js 是一个基于 WebGL 的 JavaScript 3D 游戏引擎，提供了高性能的 3D 渲染和物理引擎，支持多种 3D 模型格式和材质，具有良好的可扩展性和易用性。

Cesium 是一个基于 WebGL 的 JavaScript 3D 地球渲染引擎，提供了高性能的地球渲染和地理信息系统功能，支持多种地图数据格式和材质，具有良好的可扩展性和易用性。

8.3 信息可视化

智能制造和工业互联网催生了超越以往任何年代的巨量数据，制造业已经进入了大数据时代。数字孪生是实现智能制造的关键使能技术，数字孪生虚实融合需要处理体量巨大、类型繁多、时效性高的制造大数据。当前很多制造业数据还没有得到有效分析，在企业中产生的价值很低。对数据进行建模，然后结合人机交互可视分析，被认为是实现大数据价值的关键范式。数字孪生系统的初级阶段表示形式就是大屏可视化，如图 8-7 所示。

8.3.1 信息可视化概述

Stuart K. Card 等 1999 年给出了信息可视化的定义：对抽象数据使用计算机支持的、交互的、可视化的表示形式以增强认知能力。信息可视化是数据的一系列转换过程，包括从原始数据到可视化图形，再通过人的感知认知系统，获得知识的过程。信息可视化可分为以下几个阶段。

(1) 数据变换阶段：将原始数据转换为数据表形式。

(2) 可视化映射阶段：将数据表映射为可视化样式，由空间基、标记以及标记的图形属性等可视化表征组成。

(3) 数据处理阶段：对数据进行数据清洗、数据规范、数据分析。首先把脏数据、敏感数据过滤掉，其次再剔除和目标无关的冗余数据，最后将数据结构调整到系统能接受的形式。数据分析方法包括求和、中值、方差、期望、标准化（归一化）、采样、离散化、降维、聚类等。

(4) 视觉编码设计阶段：视觉编码的设计是指使用位置、尺寸、灰度值、纹理、色彩、方向、形状等视觉通道，以映射要展示的每个数据维度。

(5) 视图变换阶段：将可视化结构根据位置、比例、大小等参数设置显示在输出设备上。

从图 8-8 所示信息可视化流程中可知人机交互占据了重要的位置，它贯穿于可视化的三个转换过程。这些转换过程在数字孪生的虚实交互中担负了重要角色。数字孪生系统中的人机交互采用各种先进交互式的图形用户界面，包括 VR/AR 等，对显式的、隐式的数据进行深度挖掘，并通过图形化语言，洞察和发现系统的状态。

图 8-7 基于信息可视化的数字孪生大屏可视化范式

(a)原始数据;(b)某个维度下的数据可视化;(c)某数字孪生大屏信息可视化

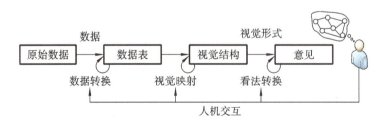

图 8-8 信息可视化流程

8.3.2 信息可视化方法

信息可视化的主要作用是使密集型数据间形成相关性,将海量数据压缩至视觉可接受的轻量维度,提供多种视角来洞察数据,并使用多种层次来挖掘数据的细节,支持视觉图形的高效率对比,利用数据来叙事。在数字孪生系统中集成信息可视技术,不仅是在进行数据自动分析挖掘,而且利用人机交互方式进行有效虚实融合,提升对物理世界的认知能力。随着制造大数据的快速发展,尤其是物联网、传感网络在企业的快速普及,制造过程中产生的结构化数据、半结构化数据、非结构化数据,覆盖了文本、视频或图、时空以及多维数据等。面向数字孪生的信息可视化大致可分为三类,分别为结构化信息可视化、文本类型信息可视化、复杂类型信息可视化。

1. 结构化信息可视化

制造业场景中结构化信息是最有价值的,大多存储在企业的信息系统如 ERP、MES 中。这些关系型数据库中信息和数字孪生系统集成在一起,配合信息可视化技术,可以体现数据的分布特性,挖掘数据的相关性,分析数据的权重等,如表 8-1 所示。

表 8-1 结构化信息可视化样式表

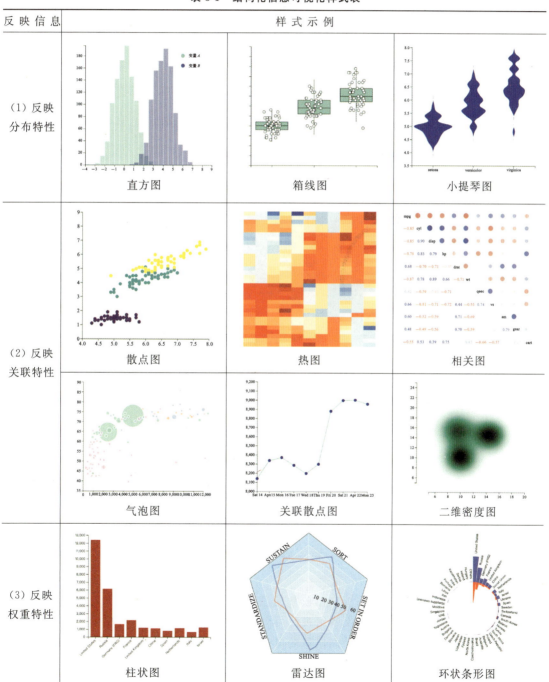

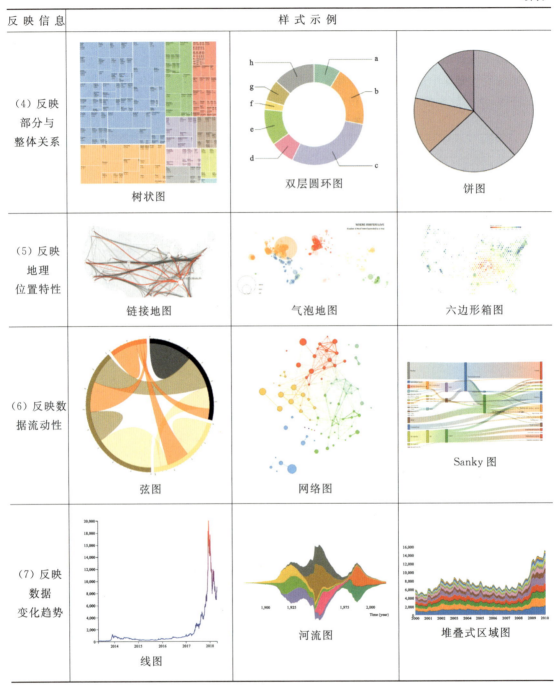

2. 文本类型信息可视化

文本类型信息在数字孪生系统中也较常见,如车间生产过程中的各种工艺信息、质检数据等都是文本类型信息。其对应的文本可视化可分为四类:简单类型文本可视化、文本内容的可视化、文本关系的可视化、文本多层面信息的可视化。简单类型文本可视化就是以表单的方式绘制出来,如图8-9所示。

图 8-9　简单类型文本可视化

3. 复杂类型信息可视化

在结构化信息和文本类型信息之中,有部分数据是相互关联的,有时序关系的。这些数据之间形成了复杂关系,在数字孪生系统中需要被揭示出来,例如车间的物流配送网络是否堵塞等。本书主要介绍两类复杂类型信息:图类型和时空信息类型。

图类型信息数据核心包含网络节点和连接的拓扑关系,其可视化结果可直观地展示网络中潜在的模式关系,例如节点或边聚集性,如图 8-10 所示。

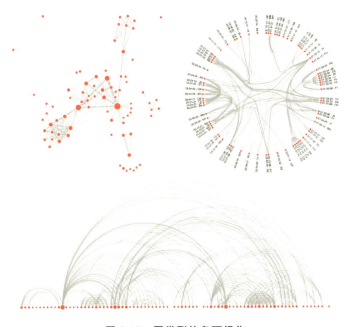

图 8-10　图类型信息可视化

时空信息往往是带有地理位置与时间标签的数据。制造过程中部署了大量传感器,使得时空数据成为数字孪生典型的数据类型。单纯的时序数据可以采用折线图、散点图来表示时序特征,如股票的波动图。既考虑时序又考虑空间维度,将时空数据的高维性、实时性等特点展现出来是目前数字孪生可视化的重点之一。为了反映信息对象随时间进展和空间位置所发生的行为变化,通常通过信息对象的属性可视化来展现。流式地图(flow map)是一种典型的方法，将时间事件流与地图进行融合，对整个生产过程中的物流进行了描述，通过价值流图以流程图的方式详细记录制造过程的每一个步骤。

P. Xu 等给出了一种装配线的虚拟诊断可视化方法，在马累图的基础上支持装配线性能的实时跟踪和历史数据探索，以识别低效率，定位异常并形成关于其原因和影响的假设，如图8-11 所示。

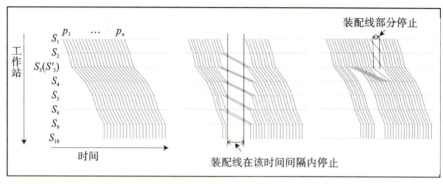

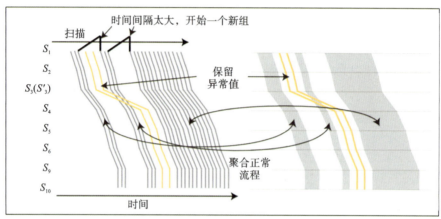

图 8-11　基于马累图的装配线可视化系统

数据投射在二维平面，有诸多局限性。采用时空立方体，以三维方式将时间、空间及事件直观展现出来，对物流进行可视化是比较适合的方法，能够直观地对该过程中的地理位置变化、时间变化、物流设备变化以及特殊事件进行立体展现。德国凯泽斯劳滕大学 T. Post 等人提出了 CPPS（信息物理生产系统）环境下的用户指导可视化方法，用来可视化产品制造流，如图 8-12 所示。

图 8-12　产品制造流数据可视化

8.3.3 常见信息可视化开发工具

（1）AntV：基于 JavaScript 的数据可视化图表库，是阿里巴巴的蚂蚁企业级数据可视化解决方案，包括多个组件：G2 统计图表、S2 多维表格、G6 关系图、X6 流程图、L7 地理图。这些组件完全满足数字孪生系统的大屏信息可视化需求。

（2）EChart：基于 JavaScript 的数据可视化图表库，提供直观、生动、可交互、可个性化定制的数据可视化图表。ECharts 最初由百度团队开源，并于 2018 年初捐赠给 Apache 基金会。ECharts 提供了常规的折线图、柱状图、散点图、饼图、K 线图，用于统计的盒形图，用于地理数据可视化的地图、热力图、线图，用于关系数据可视化的关系图、treemap、旭日图，多维数据可视化的平行坐标，还有用于 BI（商业智能）的漏斗图、仪表盘，并且支持图与图之间的混搭。

（3）D3.js：D3.js 指数据驱动的文档（data-driven documents），是一个基于数据来操作 DOM（文档对象模型）的 JavaScript 库。它可以将几乎任意数据绑定到 DOM 上，然后根据数据来计算对应 DOM 的属性值，以驱动 DOM 变化，是目前最经典的可视化框架，可定制化水平高，但学习曲线较陡。

8.4 科学计算可视化

本书前文提及数字孪生的机理模型建模往往利用有限元分析方法，对这些机理模型进行可视化，其实是对计算的结果进行可视化（也称为后处理）。科学计算可视化就是使有限元模型的全部空间或部分空间里的每一点，都对应着某个物理量的一个确定的值，即在这个空间里确定该物理量的一个场，根据不同的物理量，映射不同的图形。物理量的场分为标量场、矢量场和张量场，科学计算可视化大致分为标量场可视化和矢量场可视化。

8.4.1 有限元分析数据表示

当前工程分析计算软件对三维建模软件进行预处理，生成有限元分析需要的几何、网格单元、拓扑结构等数据，根据领域分析要求，确定约束条件，利用数值求解器进行不断迭代计算。有限元分析软件包括多种领域分析模块，如结构分析、强度分析、振动分析以及计算流体动力学分析等。分析结果数据和有限元定义的网格是相关的，这些数据将在可视化过程中被映射为各种图形和其他类型信息，如图 8-13 所示。

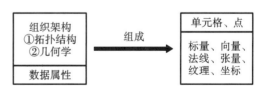

图 8-13 有限元分析数据集的结构

对产品进行有限元分析时所采用的模型，和第 2 章介绍的用于显示几何形貌的多边形网格模型有本质不同。因此产品设计的几何模型和用于性能分析的有限元模型，事实上是两种模型。有限元网格模型与多边形网格模型的差异，如表 8-2 所示。

表 8-2 有限元网格模型与多边形网格模型的差异

差异	有限元网格模型	多边形网格模型
几何属性	二维或三维	三维
规范性	考虑计算约束和规范	不考虑计算约束和规范

差 异	有限元网格模型	多边形网格模型
单元种类	包括多种单元(点、线、面、体等)	三角形面
属性类型	单元可包括标量、矢量和张量属性	三角形属性仅反映几何属性
复杂程度	复杂	简单
单元	二维元素（三角形、矩形）及三维单元	无
网格	（翼型三角网格图、三维装配件网格图）	三角形网格,蒙皮

属性数据是与有限元网格结构相关的信息。数据集结构包括几何结构和拓扑结构。属性数据通常与有限元网格的点或单元相关联,但有时属性数据可能被分配给单元组件,如边或面。属性数据也可以分配给整个数据集,或一组单元或点。典型的例子有单元节点上一个点的温度或速度、一个单元的质量等,如图 8-14 所示。

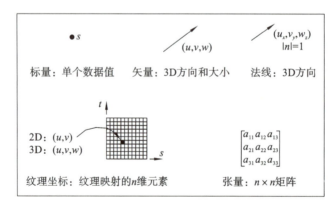

图 8-14 网格单元上的属性数据

属性数据通常被分为特定的类型:标量数据、矢量数据和张量数据。这些类型是针对常见的数据形式建立的。可视化算法也根据其操作的数据类型进行分类。

标量数据:标量数据是指在数据集中每个位置都有单一价值的数据。标量数据的例子有温度、压力、密度、海拔等。标量数据是最简单、最常见的可视化数据形式。

矢量数据:矢量数据是有幅度和方向的数据。在三维空间中,它被表示为(u,v,w)。矢量数据的例子包括流速、粒子轨迹、风运动和梯度函数等。

张量数据:张量是矢量和矩阵的复杂数学概括。秩为 k 的张量可以认为是一个 k 维表。

秩为 0 的张量是标量,秩为 1 的张量是矢量,秩为 2 的张量是矩阵,秩为 3 的张量是三维矩形阵列。阶数较高的张量是 k 维矩形阵列。属性数据中常见的张量数据是二维的、秩为 2 的张量数量,它们是 3×3 的矩阵,最常见的是应力和应变张量,表示物体在负载下某一点的应力和应变。

8.4.2 标量场可视化

标量场通常采用颜色映射、云纹图、等值线和等值面等方式进行可视化映射,在工程分析中标量数据有压强、温度等。

1. 颜色映射

颜色映射是一种常见的标量可视化技术,可将标量数据映射为颜色,并在计算机系统上显示。标量映射是通过颜色查找表索引来实现的,标量值用作查找表的索引。

查找表保存颜色的阵列,例如,红色、绿色、蓝色成分或其他可比较的表示形式)。与表相关联的是标量值映射到的最小和最大标量范围。大于最大范围的标量值将被限制为最大颜色,小于最小范围的标量值将被限制为最小颜色。然后,对于每个标量值 S_i,索引对应了颜色的序号,如图 8-15 所示。

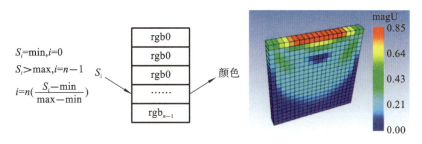

图 8-15 通过查找表将标量值映射到颜色

查找表的更一般形式是采用传递函数,传递函数将标量值映射到任何颜色规范。例如,将标量值分为红色、绿色和蓝色分量的单独强度值,如图 8-16 所示。

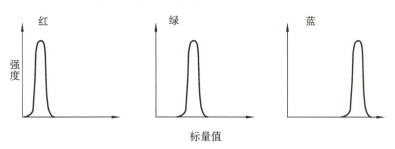

图 8-16 颜色分量红色、绿色和蓝色的传递函数是标量值的函数

颜色映射是一维可视化技术,将一条信息(即标量值)映射到颜色规范中。然而,颜色信息的显示不限于一维显示。标量可视化颜色映射的关键是选择查找表条目,图 8-17 中显示了视觉化工具函式库(VTK)可视化中四个不同的查找表,将流体在燃烧室中流动时的气体密度可视化。

第一个查找表采用灰度查找表,灰度查找表通常为眼睛提供更好的结构细节。其他三个图像使用其他不同的颜色查找表。第二个使用从蓝色到红色排列的彩虹色查找表,第三个使用从红色到蓝色排列的彩虹色查找表,第四个使用旨在增强对比度的查找表。仔细使用不同

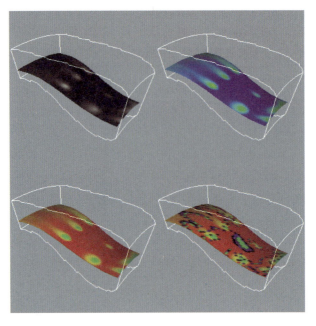

图 8-17 燃烧室气体流动案例可视化

的颜色通常可以增强数据集的重要特征。但是,由于数据、颜色选择和人体生理学之间复杂的相互作用,任何类型的颜色查找表都可能夸大不重要的细节,从而创建虚假视觉。

设计颜色查找表既是艺术,又是科学。从实用的角度来看,颜色查找表应强调重要功能,同时尽量减少次要或无关紧要的细节,如表 8-3 所示。颜色查找表还应使用固有地包含缩放信息的调色板。例如,由于许多人将"蓝色"与低温联系起来,将"红色"与高温联系起来,因此我们通常使用从蓝色到红色排列的彩虹色来表示温度范围。但是即使是这样的规则也存在问题:物理学家会说蓝色比红色热,因为较热的物体发出的蓝光(即波长更短的光)比红光多。由此看来,可视化是非常主观的,读者在实际使用的时候,需要和领域专家进行商讨。

表 8-3 多种颜色配色方案表

灰阶	双色插值
彩虹配色	定性(qualitative)离散配色
顺序配色(浅色-深色)	发散配色(两种不同色调,共享浅色)

2. 等值线与等值面

等值线是某一数量指标值相等的各点连成的平滑曲线,采用内插法找出各整数点并将其连圆滑曲线,勾画出数据对象的空间结构特征。常见的等值线类型有等温线、等压线、等高线、等势线等,如图 8-18 所示。等值线推广到三维情况,就是等值面,如图 8-19 所示。

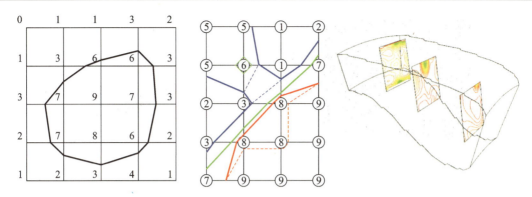

图 8-18 当值为 5 连接而成的轮廓等值线和燃烧室不同截面温度轮廓等值线

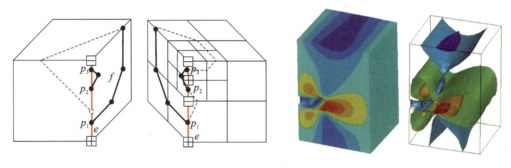

图 8-19 等值面

实现等值面的经典算法是 Marching Cubes 算法，该算法是由 W. Lorensen 等人于 1987 年提出来的一种等值面提取（isosurface extraction）算法，具体请参考 VTK。

8.4.3 矢量场可视化

对空间中指定范围的每一点 P 赋予一个矢量 v，就在该空间中形成了一个矢量场。例如电荷附近的任意一点都存在一个电场矢量，这就构成了一个矢量场。管道中任意一点的水流都存在一个速度矢量，它们也构成一个矢量场。矢量场在不同的参考系中有不同的表示方法。在空间直角坐标系中，矢量场可以用矢量的三个分量 $(\hat{x}, \hat{y}, \hat{z})$ 表示，点 $P(x,y,z)$ 处的矢量分量 (v_x, v_y, v_z) 可描述为

$$v_x(x,y,z) = \boldsymbol{v} \cdot \hat{x}$$
$$v_y(x,y,z) = \boldsymbol{v} \cdot \hat{y}$$
$$v_z(x,y,z) = \boldsymbol{v} \cdot \hat{z}$$

对于标量场，我们可以使用前文介绍的颜色映射来描述，而矢量场具有方向性，反应了动态的过程。在汽车风洞实验中，工程师常在一个或几个点处释放有色烟雾来查看验证对象在矢量场中的特性，图 8-20(a)所示是汽车风洞实验场景。矢量场可视化采用类似的方法，常使用流线（streamline）、流管（stream tube）、脉线（streakline）和迹线（pathline）来表示，图 8-20(b)所示是对飞行器的流体仿真。

1. 流线可视化

最简单的矢量场可视化方法是在单元节点处绘制箭头（包括方向、相对大小和时间相关变化等），但是过多的箭头显得非常凌乱，当箭头大小和矢量大小有比例相关性时，箭头相互重叠，箭头可视化很难反映整体矢量场特性，如图 8-21 所示。

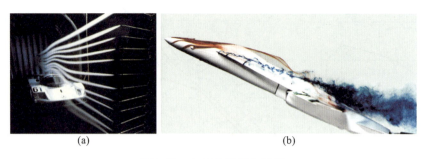

图 8-20 矢量场可视化示例

(a)汽车风洞实验;(b)飞行器流体仿真

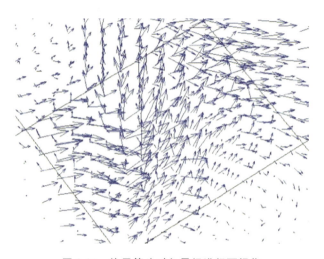

图 8-21 使用箭头对矢量场进行可视化

更常用的方法是使用线或者短线来可视化流场,其中每一点都与速度矢量相切的曲线称为流线(见图 8-22)。在整个空间中,流线的疏密程度反映了该时刻流场中速度的不同。当流体为非定常流时,流线的形状随时间改变;对于定常流,流线的形状和位置不随时间变化。

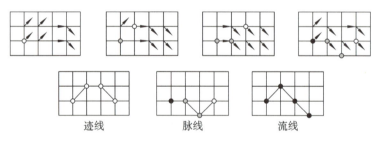

图 8-22 迹线、脉线与流线

一般动力学系统的时间演化可以用常微分方程的初值问题来描述,流场就是这样的系统。常微分方程初值问题的数值解法通常有两种:欧拉方法和龙格-库塔(RK)方法。

欧拉方法计算简单,速度快,但有累积误差,不稳定,尤其是对于分散场,积分过程很不稳定,如图 8-23 所示。

龙格-库塔方法是一种在工程上应用广泛的高精度单步算法。由于此算法精度高,采取措施对误差进行抑制,所以其实现原理也较复杂,目前常用的有二阶 RK 方法和四阶 RK 方法,如图 8-24 所示。

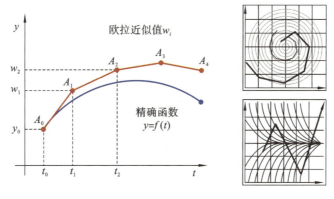

图 8-23 欧拉方法及积分误差

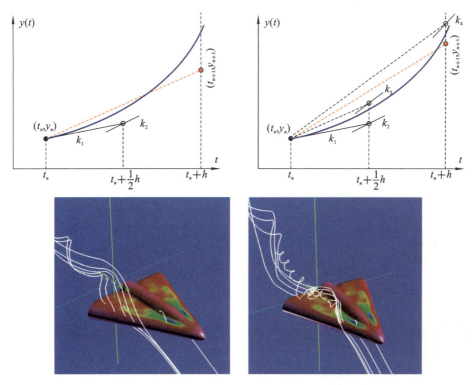

图 8-24 二阶 RK 方法和四阶 RK 方法对比

2. 基于线生成的三维体可视化

对于矢量场,流体的迹线反映了流体的重要流向特征。用颜色、箭头方向最多只能表达两维特征,因此需要设计多种流体表达图标,用来表达流体的速度、加速度、梯度、旋度甚至散度特征。当前大多采用混合图形映射方法,巧妙利用图形特征,用来表达更多的矢量信息,如图 8-25 所示。在运动流体空间内作一闭合曲线,由过该闭合曲线的流线围成的细管称为流管,流管的方向反映了流向,流管上的颜色可以反映速度特征,流管的几何扭曲可以表示旋度特征等。

8.4.4 多物理场可视化

将设计过程、制造过程的多种物理场、多学科领域融合在一起,数据科学将带动多学科融合,这种多学科融合提供的协同环境,对于设计评审阶段作用非常明显。多物理场数据的可视

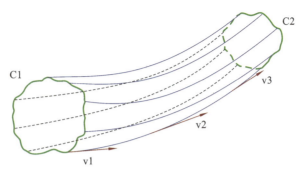

图 8-25　流管生成示意图

化包含多维度(multi-dimensional)、多变量(multi-variate)、多模态(multi-modal)、多趟(multi-run)与多模型(multi-model)。其中多维度表达物理空间中独立变量的维数；多变量表达变量和属性的数目，表示数据所包含信息和属性的多寡；多模态强调获取数据方法的不同，以及各自对应的数据组织结构和尺度的不同；多趟和多模型亦可表示数据所含信息，但此二者和多变量属于不同的概念，例如单变量多值数据，输入为同一个数据场，给定不同的计算参数或不同的计算模型得到不同的输出数据场，每个采样点含有属于同一个数据属性的多个值，其重点是描述"值"的个数，而不是数据属性和变量的个数。各种物理场数据经过可视化绘制，通过可视化接口服务接入 MBD(基于模型的定义)的属性节点之下，进行选择性叠加或者对可视化的几何要素进行透明化处理，最终通过可视化管道将各种可视化特征融合在虚拟环境中，如图 8-26 所示。

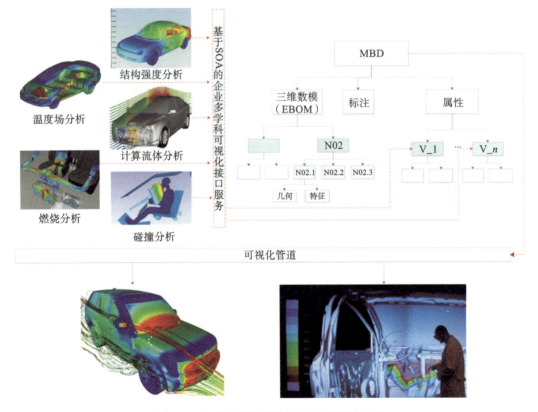

图 8-26　多物理场数据融合的 VR 可视化系统

8.4.5 常用科学计算可视化工具

VTK 是一个开放资源的免费软件系统,主要用于三维计算机图形学、图像处理和可视化,如图 8-27 所示。在科学计算可视化集成方面,本书教学采用的就是 VTK 软件。

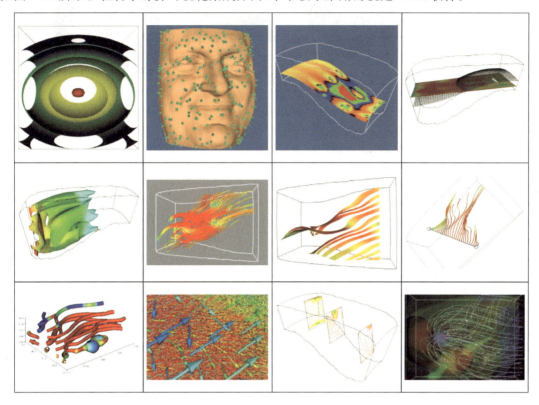

图 8-27　VTK 可视化类型

VTK 提供了丰富的可视化交互图标,常见的有 9 种类型,如表 8-4 所示。

表 8-4　VTK 交互图标

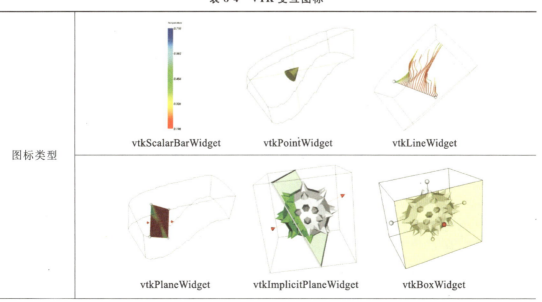

续表

图标类型	  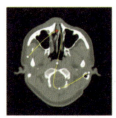
	vtkImagePlaneWidget　　vtkSphereWidget　　vtkSplineWidget

8.5 数字孪生的可视化交互与融合

8.5.1 基于人机交互的虚实可视化

智能制造的一个重要研究方向就是实现透明工厂,其中可视分析(visual analytics)是核心技术,其交叉融合了信息可视化、人机交互、认知科学、数据挖掘、信息论、决策理论等研究领域。Thomas 和 Cook 在 2005 年给出可视分析的定义:可视分析是一种通过交互式可视化界面来辅助用户对大规模复杂数据集进行分析推理的科学与技术。可视分析的运行过程可看作"数据—知识—数据"的循环过程,中间经过两条主线——可视化技术和自动化分析模型,从数据中洞悉知识的过程主要依赖两条主线的互动与协作。自 2006 年起,可视化领域国际顶级会议 IEEE VisWeek 开始每年举办可视分析科学与技术会议(IEEE Conf. on Visual Analytics Science and Technology, IEEE VAST)。可视分析不再是一个交叉研究的新术语,而成为一个独立的研究分支。可视分析概念提出时拟定的目标之一是面向大规模、动态、模糊或者常常不一致的数据集进行分析,因此可视分析的研究重点与数据分析的需求相一致。

可视分析是指将可视化技术与数据分析方法相结合,通过视觉呈现和交互探索数据,以揭示数据中的模式、趋势和关联。它提供了一种直观而有效的方式来理解和解释复杂的数据集。数字孪生是指通过数字模型来模拟和仿真物理系统的行为和性能。它可以创建一个与真实系统相对应的虚拟副本,以便进行实时监测、预测和优化。数字孪生利用物理模型和传感器数据,提供了对系统运行状态和行为的深入理解,并支持对系统进行优化和改进。将可视分析与数字孪生集成起来,可以实现更全面、深入和直观的数据分析和理解。

当前,在可视分析和数字孪生领域,人机交互起着至关重要的作用。人机交互为可视分析和数字孪生提供了直观和高效的交互手段。用户通过人机界面、可视分析和数字孪生系统进行交互,可以直观地分析数据、调整参数、观察结果等。人机交互的友好性和灵活性使用户能够更自由地进行数据分析和系统控制。人机交互还可以提供及时的反馈和指导,帮助用户更好地理解和解释可视分析和数字孪生的结果。交互式界面可以实时显示分析和模拟的过程和结果,使用户能够直接观察和理解数据的变化和系统的行为。人机交互的反馈机制可以帮助用户纠正错误、调整策略,并提供即时的建议和指导。人机交互促进了数字孪生系统中的用户参与和合作。通过交互式界面和协同工具,多个用户可以同时参与可视分析和数字孪生的过程,共同探索、讨论和决策。人机交互的协作和共享功能可以促进团队之间的合作和知识交流,优化整体的分析和决策效果,如图8-28所示。

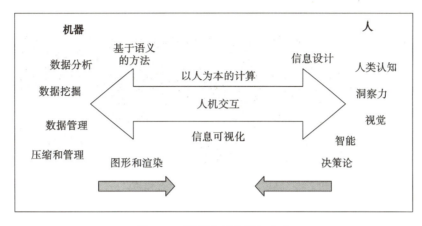

图 8-28　可视分析交互与集成

8.5.2　数据可视化与数字孪生虚拟场景融合

数据可视化的过程是将数据映射到图形的过程,将图形融合到场景中,要用到前文介绍的场景图。实现的方式非常简单,只需在场景图中添加一个可视化组节点,将标量场或者矢量场数据挂载到节点下,即可完成可视化的数据和其他虚拟场景的融合,如图8-29所示。

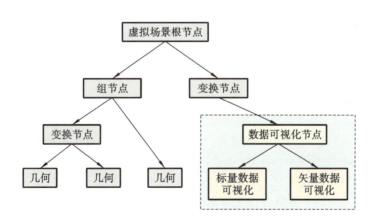

图 8-29　数据可视化节点与虚拟场景图的融合

从场景图可以看出,数据可视化往往是与虚拟场景中某个或者某些对象相关联的。如何实现无缝融合,关键是将可视化的结果和虚拟场景的对象进行匹配对应,找到一个合适的变化节点。如图8-30所示为AR场景中融合数据可视化应用的流程图。

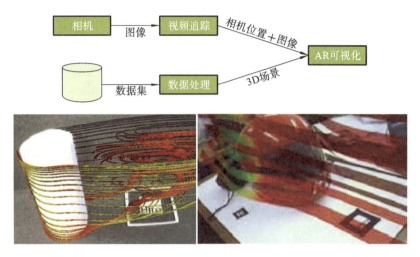

图 8-30 基于 AR 的数字孪生数据可视化场景融合流程

习 题

数字资源

1. 什么是数字孪生数据可视化？
2. 在科学计算可视化中，如何将复杂的数学和科学模型以可视化的形式呈现出来？
3. 可视化集成如何将不同数据源和可视化技术整合在一起，实现全面的数据分析和展示？
4. 可视化交互如何在用户与可视化系统之间提供实时交互和反馈机制？
5. 在数字孪生可视化中，如何有效地表示多维数据和关联信息，以便用户深入理解和探索数据的内在结构？
6. 使用 VTK.js 实现矢量数据集可视化，实现流线、流管和脉线等的可视化，并将其集成到一个简单的数字孪生系统中。

参 考 文 献

[1] KOCH C, WANG H, MATHUR B. Computing motion in the primate's visual system [J]. Journal of Experimental Biology, 1989, 146(1): 115-139.

[2] 唐泽圣. 三维数据场可视化[M]. 北京: 清华大学出版社, 1999.

[3] 石教英, 蔡文立. 科学计算可视化算法与系统[M]. 北京: 科学出版社, 1996.

[4] 李思昆, 蔡勋, 王文珂, 等. 大规模流场科学计算可视化[M]. 北京: 国防工业出版社, 2013.

[5] LORENSEN W, CLINE H. Marching cubes: a high resolution 3D surface construction algorithm [J]. ACM Siggraph Computer Graphics, 1987, 21(4): 163-169.

[6] BROLL W, LINDT I. An Infrastructure for realizing custom-tailored augmented reality user interfaces[J]. IEEE Transactions on Visualization and Computer Graphics, 2005, 11(6): 722-733.

[7] CARD S, MACKINLAY J. The structure of the information visualization design space

[C]//Proceedings of VIZ'97: Visualization Conference, Information Visualization Symposium and Parallel Rendering Symposium, Phoenix, AZ, USA, 1997:92-99.

[8] XU P, MEI H, REN L,et al. ViDX:visual diagnostics of assembly line performance in smart factories[J]. IEEE Transactions on Visualization and Computer Graphics, 2017, 23(1):291-300.

[9] TOBIAS P,REBECCA I, BERND H. User-guided visual analysis of cyber-physical production systems[J]. Journal of Computing and Information Science in Engineering, 2017,17(2):021005.

[10] BRUNO F. Visualization of industrial engineering data in augmented reality [J]. Journal of Visualization ,2006, 9(3):319-329.

第 9 章　数字孪生系统开发

数字孪生技术可以支持智能生产系统的设计、建设以及运营管理。和产品生命周期类似，生产制造系统也有其生命周期，包括设计、构建、调试、运营与维护、报废与回收。智能生产系统的典型代表就是智能车间或智能工厂，其设计和建造是为了完成某一产品或一类产品的生产制造，因此，生产系统的设计首先应满足工艺要求，然后要在各类约束（空间约束、投资约束、生产周期约束）下完成产品设计和制造。

9.1　makeTwin：数字孪生工业软件参考架构

软件统一参考架构的缺位阻碍了数字孪生理论在研究和工业应用中的进一步发展。因此，北航陶飞团队基于多年对数字孪生理论和关键技术（如数字孪生五维模型、数字孪生模型构建理论、数字孪生标准等）的系统研究，在国家重点研发计划"基于数字孪生的智能生产过程精确建模理论与方法"的支持下，提出并设计了一个数字孪生工业软件参考架构——makeTwin。makeTwin 名称起源于 *Nature* 期刊首篇数字孪生文章，给出了数字孪生工业软件发展的中国思路和参考架构。

makeTwin 旨在为学术研究者提供一个数字孪生模型、数据、算法、交互等可创建、可配置的公共仿真、测试与研究平台，为项目开发者提供一个模型、数据、协议、可视化等功能可创建、可配置的低代码开发平台，为企业用户提供一个场景、功能、模式等可配置、可切换、可迁移的应用管理平台，如图 9-1 所示。

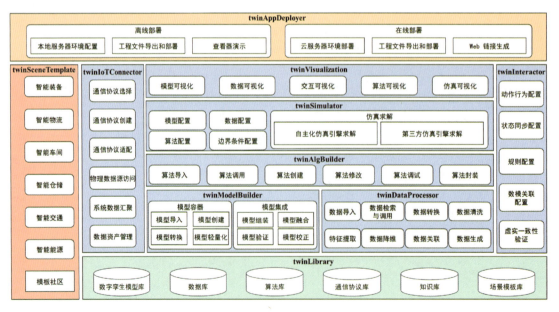

图 9-1　makeTwin 功能体系架构

makeTwin 的系统架构包含十大核心功能模块，分别是：twinModelBuilder（孪生模型生成器）、twinDataProcessor（孪生数据处理器）、twinAlgBuilder（算法生成适配器）、twinIoTConnector（数实 IoT 连接器）、twinInteractor（虚实交互配置器）、twinSimulator（孪生仿真求解器）、twinVisualization（多维可视化工具）、twinLibrary（孪生基础库）、twinSceneTemplate（孪生场景模板集）和 twinAppDeployer（孪生应用部署器）。makeTwin 的八个核心功能（除 twinLibrary 和 twinAppDeployer 外）之间可通过自定义 API 进行交互。同时，各功能模块可封装成 SDK（软件开发工具包）供其他模块或外部系统调用，如图 9-2 所示。

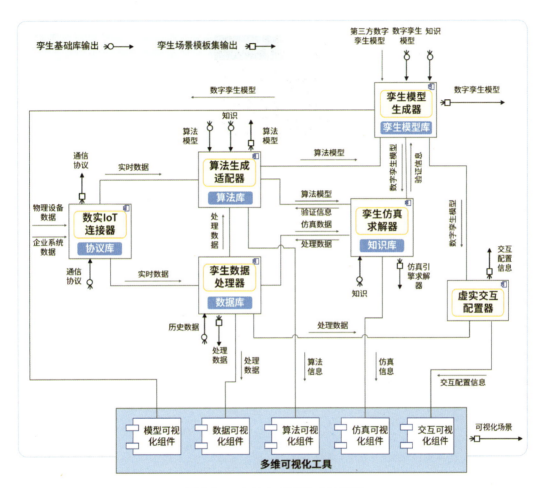

图 9-2　makeTwin 各模块交互机制

9.2　案例实现

根据 makeTwin 的系统架构，参考锂电池数字孪生系统，这里给出一个最小系统实现，完整项目开发代码可从本书代码库 https://gitee.com/iim-digitaltwin/dt-course/source 获取。

9.2.1　需求分析

可充电锂离子电池简称为锂电池，广泛应用于电动汽车和配电网络储能等领域。电池最受关注的问题是老化,经过反复的充放电循环后,电池会退化,导致充电容量降低,这种现象一直是开发长寿命电池的研究关键。本案例采用锂电池作为实物资产,建立锂电池性能数字孪生,分析和预测电池行为,并且将其集成到任意虚拟资产管理工作流程中。

9.2.2 系统定义

很显然,我们可以建立一个非常通用的数字孪生框架,其包含物理世界、虚拟世界。物理世界是一个锂电池、控制电路和接口,而虚拟世界将物理世界的各种资产和接口进行映射。我们建立一个最简单的数学模型,如图9-3所示。

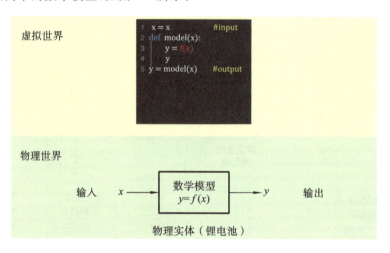

图 9-3 一个最小数字孪生系统

该数字孪生体系可以使用 DTDL(数字孪生定义语言)描述如下:

```
{
"@ context": "dtmi:dtdl:context;2",
  "@ id": "urn:com:example:BatteryMonitor;1",
  "displayName": "锂电池监控系统",
  "contents": [
    {
      "@ type": "Interface",
      "displayName": "电池接口",
      "contents": [
        {
          "@ type": "Telemetry",
          "name": "电池状态",
          "schema": "double"
        },
        {
          "@ type": "Telemetry",
          "name": "电流",
          "schema": "double"
        },
        {
```

```json
        "@type": "Telemetry",
        "name": "电压",
        "schema": "double"
      },
      {
        "@type": "Telemetry",
        "name": "温度",
        "schema": "double"
      },
      {
        "@type": "Command",
        "name": "关闭电源"
      }
    ]
  },
  {
    "@type": "Interface",
    "displayName": "控制电路接口",
    "contents": [
      {
        "@type": "Telemetry",
        "name": "电池电压",
        "schema": "double"
      },
      {
        "@type": "Telemetry",
        "name": "充电状态",
        "schema": "boolean"
      },
      {
        "@type": "Command",
        "name": "设置充电电流",
        "commandType": "synchronous",
        "request": {
          "@type": "CommandPayload",
          "schema": "double"
        },
        "response": {
          "@type": "CommandPayload",
          "schema": "boolean"
        }
      }
    ]
  },
```

```
        {
          "@ type": "Interface",
          "displayName": "传感器接口",
          "contents": [
            {
              "@ type": "Telemetry",
              "name": "环境温度",
              "schema": "double"
            },
            {
              "@ type": "Telemetry",
              "name": "湿度",
              "schema": "double"
            }
          ]
        }
      ]
    }
```

9.2.3 锂电池数学模型

电池寿命缩短的物理特性相当复杂。报废电池通常被描述为仅提供其额定最大容量的 80% 的电池。近年研究者提出了一些用于测量电池寿命损失的半经验锂电池退化模型。其中一个退化模型可以表示为

$$L = 1 - (1 - L')e^{f_d} \tag{9-1}$$

式中：L 是电池寿命；L' 是初始电池寿命；f_d 是单位时间和每个周期的线性化退化率，可以写成放电时间 t、放电循环深度 δ、平均充电循环状态 σ 和电池温度 T_c 的函数，即

$$f_d = f_d(t, \delta, \sigma, T_c) \tag{9-2}$$

为了简化计算，用电池容量 C 代替变量 L，将式(9-1)描述为

$$C = C_0 e^{f_d} \tag{9-3}$$

式中：C 是电池容量，C_0 是初始电池容量；f_d 可以使用以下近似值：

$$f_d = k \frac{i T_c}{t_i} \tag{9-4}$$

式中：i 是充放电循环次数；T_c 是循环期间在电池中测得的温度；t_i 是放电时间；k 为经验常数，值为 0.13。

我们采用 NASA AMES 实验室的先进诊断中心(PCoE)提供的锂电池老化数据集来验证所提出的数字孪生数学模型。案例使用与电池编号 5 相关的数据，绘制带有循环次数的容量特征，并将其与我们的物理模型进行比较，如图 9-4 所示。

由图可知，所建立的经验数学模型准确地预测了观测值(平均绝对误差 MAE=0.004)，该模型反映了电池容量的退化过程，说明使用简单的线性模型来近似这种行为是合适的。容量曲线图反映了锂电池容量在第一个周期中缓慢下降，然后在特定点后加速。需要说明的是这个模型是半经验的、最简单的模型，没有采用复杂的偏微分方程来描述问题。

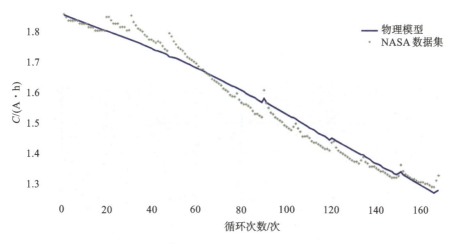

图 9-4 锂电池数学模型与 NASA 数据集的对比

9.2.4 锂电池数据模型

1. 物联网数据接口

以边缘网关（树莓派）为核心，并使用更加普遍和便捷的 Wi-Fi 协议接入互联网。为了采集锂电池数据，项目参考 NASA 实验配置：18650 可充电锂电池、可编程 4 通道直流电子负载、可编程 4 通道直流电源，电压表、电流表和热电偶传感器套件，数据卡采集和定制无线传输设备，如图 9-5 所示。

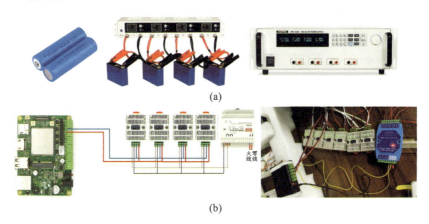

图 9-5 锂电池实验装置

(a)18650 可充电锂电池、可编程 4 通道直流电子负载、可编程 4 通道直流电源；(b)树莓派控制器

数据采集部分代码如下：

```
Voltage_measured     =      instrument.read_register(0,
functioncode= 4)         Current_measured=
instrument.read_register(1, functioncode= 4)
⋮
print("电压:{} ℃,电流:{} % ".format(Voltage_measured, Current_measured))
```

2. 物联数据存储

采集到数据之后，通过树莓派 CM4 进行数据处理和格式转换，再通过 MQTT（消息队列

遥测传输)协议上报给物联网云平台,之后数字孪生系统即可从平台上获得各种数据,实现数据的集成。可采用开源物联网平台设置,这里 MQTT 协议设备上报属性主题为"device/attributes",设备上报的数据为 JSON 格式,为{"key":"value"}形式,如图 9-6 所示。

图 9-6 物联数据存储

3. 数据驱动模型

由于数学模型是经验模型,泛化性不好,因此可以使用 NASA 实验数据继续改进数学模型,如图 9-7 所示。

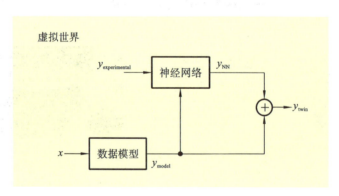

图 9-7 基于神经网络的数字孪生机理模型

随机梯度下降(SGD)法是一种简单但非常有效的训练方法,主要用于凸损失函数下线性分类器的判别式学习,采用 sklearn 库非常容易实现,代码如下:

```
epochs = 100
loss = 'mse'
model.compile(optimizer = SGD(learning_rate= 0.001),
              loss= loss,
              metrics= ['mae'], # Mean Absolute Error
```

```
)
history = model.fit(X_in_train,
                    X_out_train,
                    shuffle= True,
                    epochs= epochs,
                    batch_size= 20,
                    validation_data= (X_in_test, X_out_test),
                    verbose= 1)
```

模型验证：

```
# X_in可以是公开数据集数据，也可以是实时采集的数据
X_twin = X_in + model.predict(X_in).reshape(-1)
```

结果如图 9-8 所示。

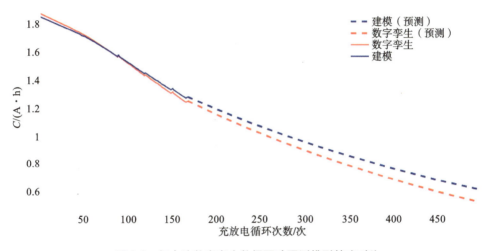

图 9-8 锂电池数字孪生数据驱动预测模型精度对比

4. 模型服务化

模型精度达到要求后，采用 FastAPI 将数据驱动模型封装为 Restful API，供前端接口调用。代码如下：

```
import tensorflow as tf
from fastapi import FastAPI
from pydantic import BaseModel
import numpy as np

MODEL = tf.keras.models.load_model('li_ion_model/')

app = FastAPI()
class UserInput(BaseModel):

    user_input: float
@app.get('/')
async def index():
    return {"Message": "锂电池寿命预测接口"}
```

```
@ app.post('/predict/')
async def predict(UserInput: UserInput):

    prediction = MODEL.predict([UserInput.user_input])

    return {"prediction": float(prediction)}
```

这里的模型服务化,不仅仅针对数据驱动模型,其实任何模型都可以封装为 API 供其他应用或者接口调用,实现多模型集成。

9.2.5 系统可视化集成

根据前文定义的数字孪生 DTDL 模型,解析并实例化形成系统场景。然后以此为基本数据结构将数字孪生各种资产整合在一起。

1. 三维场景搭建

锂电池三维建模完成后,导出为 glTF 格式文件,采用 three.js 实现场景,代码如下:

```
import* as THREE from 'three';
import liion_geom from 'Li_ion_mesh.gltf'

const scene = new THREE.Scene();
const camera = new THREE.PerspectiveCamera( 75, window.innerWidth / window.innerHeight, 0.1, 1000 );

const renderer = new THREE.WebGLRenderer();
renderer.setSize( window.innerWidth, window.innerHeight );
document.body.appendChild( renderer.domElement );

const material = new THREE.MeshBasicMaterial( { color: 0x00ff00 } );
const li_3dmodel = new THREE.Mesh( liion_geom, material );
scene.add( li_3dmodel );

camera.position.z = 5;

function animate() {
        requestAnimationFrame( animate );

        cube.rotation.x += 0.01;
        cube.rotation.y += 0.01;

        renderer.render( scene, camera );

}

animate();
```

2. IoT 数据和三维场景绑定

使用 CSS2DRenderer 即可将单个数据和三维模型绑定在一起,如果要实现二维图表加入三维场景,可以使用 CSS3DRenderer,参考微软的 3d-scenes-studio 开源实现,如图 9-9 所示。

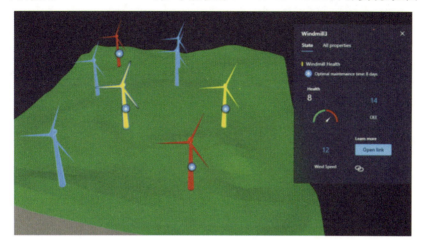

图 9-9 基于 3D Scenes Studio 的 IoT 数据和场景绑定

3. 异常检测与控制

在前端添加触发器,轮询后端电池容量预测接口,设置简单规则来触发关闭指令。代码如下:

```
import React, { useState, useEffect } from 'react';
import axios from 'axios';

const App = () => {
  const [response, setResponse] = useState('');

  const fetchData = async () => {
    try {
      const res = await axios.get('/predict'); // 发送查询请求
      setResponse(res.data); // 更新响应数据到界面
    } catch (error) {
      console.error(error);
    }
  };

  useEffect(() => {
    const interval = setInterval(() => {
      fetchData(); // 每隔一定时间执行查询请求
    }, 5000); // 设置轮询间隔,这里是每 5 秒执行一次,请根据实际需要调整

    return () => {
      clearInterval(interval); // 组件卸载时清除轮询定时器
    };
  }, []);
```

```
const handleShutdown = async () => {
  try {
    await axios.post('/shutdown'); // 发送关闭电源请求

    alert('电源已关闭');
  } catch (error) {
    console.error(error);
  }
};

return (
  < div>
    < button onClick= {handleShutdown}>基于数字孪生的电容监控< /button>
    < p> 响应数据：{response}< /p>
  < /div>
);
};

export default App;
```

9.3　课程设计

选择合适场景，设计并开发一个最小的数字孪生系统。

数字资源

参考文献

[1] ZHANG L,ZHOU L,BERTNOLD K.P. Building a right digital twin with model engineering[J]. Journal of Manufacturing Systems,2021,59:151-164.

[2] TAO F,SUN X M,CHENG J F,et al. Maketwin: a reference architecture for digital twin software platform[J]. Chinese Journal of Aeronautics,2024,37(1):1-18.